Quant au troisieme acte, intitulé: *Le prix de la valeur*, c'est un galimatias, où l'on ne comprend rien & qui ne se débrouille pas. Rien de si plat que les paroles; aucun plan, aucune exécution; une ressemblance entiere dans la fadeur des sentiments & du dialogue avec l'acte précédent, rendent celui-ci d'une monotonie très ennuyeuse. Les ballets n'ont pas plus de variété, & la musique est sans aucun caractere.

Les décorations sont assez agréables & sont sans contredit ce qu'il y a de mieux dans cet acte.

7 Octobre 1771. Le sieur *Audinot*, ci-devant acteur de l'opéra comique, & qui, depuis la transfusion de cette troupe dans celle des comédiens Italiens, s'est trouvé dans le cas de s'évertuer par lui-même, après avoir tenté différentes manieres de faire valoir son talent, a formé d'abord un théatre de marionnettes, auquel ayant ajouté un petit nain, propre au rôle d'arlequin, il a acquis une sorte de vogue & s'est porté à des plus hautes entreprises: il a fait bâtir un théatre charmant, & enfin s'est constitué directeur d'une troupe de petits enfants, auxquels il apprend à jouer la comédie, & qui par leurs graces naïves attirent une infinité de monde. Deux auteurs disgraciés, comme lui du théatre italien, MM. de *Plainchesne* & *Moline*, se sont adonnés à lui faire des pieces. La liberté qu'ils ont cru propre à ce genre de spectacle, leur a donné lieu d'y glisser beaucoup de polissonneries. Les filles se sont portées en foule de ce côté-là, & beaucoup de libertins, d'oisifs, de freluquets avec elles. Ce monde en a attiré d'un autre genre. Les femmes de la cour, qui en cette qualité se croient au dessus de tous les préjugés, n'ont pas dédaigné d'y paroître, &

ce théatre est la rage du jour. Il est encore plus fréquenté que Nicolet dans le temps de son singe.

Les amateurs du théatre sont enchantés de cette fureur, en ce qu'ils esperent que la troupe des enfants d'Audinot sera une espece de séminaire où se formeront des sujets d'autant meilleurs, qu'ils annoncent déja des dispositions décidées & donnent les plus grandes espérances. Mais les partisans des mœurs gémissent sincérement sur cette invention, qui va les corrompre jusques dans leur source, & qui, par la licence introduite sur cette scene, en forme autant une école de libertinage que de talents dramatiques.

10 *Octobre* 1771. Pour bien entendre la plaisanterie suivante, il faut savoir que M. l'abbé Terrai avoit depuis long-temps une maîtresse, nommée *la baronne de la Garde*. Cette femme abusant de son crédit auprès du controleur-général, ou même, à ce qu'on croit, de concert avec lui, rançonnoit sans pitié & à un taux exorbitant tous ceux qui avoient recours à elle pour obtenir quelque grace, ou même quelque justice de son amant. Cette dame ayant cependant commis des vexations trop criantes & qui comprommettoient le ministre, il a été obligé de s'en séparer & de la chasser. Comme le rôle qu'elle jouoit sous monsieur l'abbé Terrai, est celui que fait depuis long-temps madame *de Langeac* sous le duc de la Vrilliere, & que tôt ou tard elle est ménacée du même sort, au moment de l'expulsion de sa camarade, des persifleurs lui ont fait une pasquinade, dont elle est furieuse : sachant qu'elle n'étoit point chez

MÉMOIRES
SECRETS
POUR SERVIR A L'HISTOIRE
DE LA
RÉPUBLIQUE DES LETTRES
EN FRANCE,
DEPUIS MDCCLXII JUSQU'A NOS JOURS;
OU
JOURNAL
D'UN OBSERVATEUR,

CONTENANT les Analyses des Pieces de Théatre qui ont paru durant cet intervalle ; les Relations des Assemblées Littéraires ; les notices des Livres nouveaux, clandestins, prohibés ; les Pieces fugitives, rares ou manuscrites, en prose ou en vers ; les Vaudevilles sur la Cour ; les Anecdotes & Bons Mots ; les Eloges des Savants, des Artistes, des Hommes de Lettres morts, &c. &c. &c.

TOME SIXIEME.

. . . . *huc propius me,*
. . . . *vos ordine adite.*
Hor. L. II, Sat. 3, ℣. 81 & 82.

A LONDRES,
CHEZ JOHN ADAMSON.

M. DCC. LXXXIV.

MÉMOIRES
SECRETS

POUR SERVIR A L'HISTOIRE DE LA RÉPUBLIQUE DES LETTRES EN FRANCE, DEPUIS MDCCLXII JUSQU'A NOS JOURS.

ANNÉE M. DCC. LXXI.

1 *Octobre.* L'ÉLOGE de François de Salignac de la Mothe-Fénelon, archevêque duc de Cambrai, par M. de la Harpe, qui a remporté le prix de l'académie Françoise le jour de Saint Louis dernier, a été représenté à M. l'archevêque de Paris comme contenant des propositions très-repréhensibles. Ce prélat a fait examiner cet ouvrage attentivement, & convaincu d'une foule de traits irréligieux dont il est rempli, il en a porté ses plaintes au conseil, dont est émané

le 21 septembre un arrêt, où il est dit à l'occasion de ce discours, & d'un autre qui avoit aussi concouru & reçu les éloges de l'académie, que S. M. n'a pu voir sans mécontentement que des discours destinés à célébrer les vertus d'un archevêque distingué par son amour & par son zele pour la religion, soient remplis de traits capables d'altérer le respect dû à la religion même ; que dans le premier, l'auteur ne voit dans les vertus héroïques des saints qu'un pur enthousiasme, ouvrage de l'imagination ; qu'il tente de les assimiler à l'aveuglement de l'erreur & aux emportements de l'hérésie ; qu'il cherche à flétrir la réputation d'un évêque (BOSSUET) admiré par ses talents ; qu'il travestit son zele pour la pureté du dogme en haine & en jalousie, & qu'il blâme en lui une conduite justifiée par le jugement du souverain pontif, & par l'approbation de l'église universelle : que dans le second discours, on déclame contre les engagements sacrés de la religion ; on donne à ses dogmes le nom d'opinions, & l'on se déchaîne contre des opérations que les circonstances avoient, sous le regne précédent, fait juger nécessaires à l'intérêt de la religion & à la tranquillité de l'état, &c.

Cet arrêt, en conséquence, supprime les deux discours, &c. Et afin de prévenir par la suite de pareils écarts, S. M. ordonne que l'article 6 du réglement fait en 1671 par l'académie Françoise, à l'occasion des discours qui doivent concourir pour le prix d'éloquence, & qui porte qu'on n'en recevra aucun qui n'ait une approbation signée de deux docteurs de la faculté de Paris, &c. sera pareillement exécuté : fait défenfes à l'académie de s'écarter de cette regle, dans quelque cas & fous quelque prétexte que ce puiffe être, &c.

En outre, M. l'archevêque de Paris a nommé un comité de trois docteurs ; favoir, meffieurs *le Fevre*, *Culture* & *Agnette*, devant lefquels M. de la Harpe eft obligé de comparoître. Là, il reçoit les diverfes inftructions qui peuvent tendre à rectifier fon difcours, qu'on épluche phrafe par phrafe. L'auteur donne les explications qu'on defire, & les figne. Au moyen de cette docilité, il y a apparence que cet événement n'aura d'autre fuite que celle d'éloigner ce candidat de l'académie pour quelque temps.

5 *Octobre* 1771. Le public, qui s'étoit retiré de l'opéra depuis deux mois, c'eft-à-dire, pendant tout le temps que la *Cinquantaine* s'y eft jouée, eft revenu en foule hier pour affifter aux *Fragments*.

Le premier acte, qui étoit celui d'*Ixion*, ou de l'*Air*, quoique d'une ancienne mufique, a paru le plus digne de la fcene. Il eft bien filé, fans être long. Il y a de l'intérêt, de la nobleffe : il fe termine rapidement. Les ballets ne furchargent pas l'action, mais l'accompagnent & lui donnent plus de jeu & de dignité.

L'acte de *la Sybille* contrafte à merveille avec celui-ci : c'eft-à-dire, qu'il eft plein de longueurs, de fadeurs, en un mot très-analogue au genre. L'auteur y eft devenu infipide à force d'avoir voulu être naïf.

Les ballets font extrêmement bien deffinés, & fur-tout le dernier, où trois petits Amours préfident à la danfe & conduifent les grouppes des amants & amantes.

elle, ils sont venus successivement faire écrire toute la cour à sa porte, ainsi qu'il est d'usage quand il arrive un événement à quelqu'un, qui exige un compliment de condoléance ou de félicitation.

11 *Octobre* 1771. Depuis plusieurs années un citoyen renommé pour ses vues utiles à l'humanité, avoit répandu le *prospectus* d'une maison d'association, où les malades pourroient se rendre & être traités à beaucoup moins de frais que chez eux. Tout le monde avoit applaudi à cette imagination, que personne n'avoit voulu contribuer à réaliser. Un chirurgien plus hardi, depuis quelques mois a tenté en petit une entreprise, qui demanderoit beaucoup de fonds pour être portée au point de perfection où M. de Chamousset vouloit la monter. Il a loué une maison dans le fauxbourg Saint-Germain, en bon air, avec un jardin & tous les entours nécessaires, dans laquelle il reçoit ses malades sous deux classes, celle des maîtres, & celle des domestiques. Les derniers sont plusieurs dans la même chambre, & pour 4 livres par jour reçoivent tous les secours, de quelque nature que ce soit, dont ils auroient besoin. Il en coûte six livres par jour pour chaque maître, qui a sa chambre séparée, & du reste les mêmes ressources à proportion. Monsieur de Sartines a vu avec satisfaction la tentative du sieur Silvie, qui lui a rendu compte de son plan. Ce magistrat lui a promis sa protection & le favorise en tout ce qui dépend de lui. Il est à souhaiter, sur-tout pour les étrangers, que ce chirurgien ait le courage de continuer son projet & de l'étendre de plus en plus.

12 *Octobre* 1771. Le sieur d'Arigrand est mort il y a quelque temps. C'étoit un avocat célebre par un livre qu'il fit en 1763, intitulé : *l'Anti-financier, ou Relevé de quelques-unes des malversations dont se rendent journellement coupables les fermiers-généraux, & des vexations qu'ils commettent dans les provinces.* Sa brochure, précédée d'une *Epître au parlement de France*, fut très-recherchée dans le temps. On en fit des perquisitions séveres, & l'auteur fut mis à la Bastille. Outre la persécution que lui susciterent les traitants à cette occasion, son système de *l'unité des parlements*, établi par son épître, parut encore plus attentatoire dans un simple particulier.

L'auteur ayant été dans les emplois subalternes des aides, & ce qu'on appelle *rat-de-cave*, avoit connu par lui-même tous les abus de l'administration dont il faisoit partie. Les fermiers-généraux ne l'avancerent pas comme il l'auroit désiré & comme son mérite l'exigeoit ; il prit le parti de profiter des connoissances qu'il avoit acquises dans l'art de la maltôte, pour se venger & se rendre redoutable à ses anciens maîtres, en se faisant avocat & en se livrant particuliérement au barreau de la cour des aides, où il se chargeoit de toutes les affaires contr'eux.

Son livre fit d'autant plus de peine aux fermiers-généraux, qu'il appuyoit ses raisonnements de faits, qui, quoique succincts, justifioient pleinement ses déclamations contr'eux. Du reste, il étoit écrit durement ; mais il y avoit des endroits sublimes, & le résultat tendoit à *l'impôt unique*, le grand problême à réfoudre par les politiques en burfalité.

Depuis fa fortie de la Baftille, l'orateur en déploya une éloquence plus fougueufe contre fes irréconciliables ennemis. Ceux-ci tenterent en vain de le féduire par les offres les plus éblouiffantes; mais il refta inflexible, & il n'a fufpendu fes combats que par la deftruction de la cour des aides.

13 *Octobre* 1771. Le fieur Marin ne pouvant, malgré fa bonne volonté, conferver la place de fecretaire-général de la librairie avec celle de rédacteur & directeur de la gazette de France, a été obligé de renoncer à la premiere. Elle a été donnée au fieur le Tourneur, le noir traducteur des triftes *Nuits du docteur Young*. C'eft M. le chancelier qui a conféré cette place. M. de Sartines, chef de la librairie, dont cet homme de confiance doit être le bras droit, eft très-piqué qu'on lui ait ôté la liberté de mettre en ce pofte quelqu'un qui lui convînt.

16 *Octobre* 1771. M. l'archevêque de Paris a fait fes plaintes à M. le lieutenant-général de police fur le nouveau fpectacle d'Audinot, dont on a parlé. *Le Triomphe de l'Amour & de l'Amitié*, qui attire tant de monde, n'eft autre chofe que l'opéra d'*Alcefte*, réduit & proportionné à ce théatre. Comme il y a un grand-prêtre & un chœur de prêtres, que l'habillement de ceux-ci reffemble aux aubes des nôtres, on a fait entendre au prélat que c'étoit tourner en dérifion les miniftres de notre religion augufte; ce qui a donné lieu à fa lettre. Sur quoi le fieur Audinot repréfente à la police que fur tous les théatres

on a vu des prêtres & des sacrifices; qu'à l'opéra cela se pratique tous les jours; qu'on ne représente point *Athalie* à la comédie Françoise que toute la pompe des anciennes cérémonies judaïques n'y soit développée. M. de Sartines n'a encore rien prononcé & la piece se continue.

17 Octobre 1771. Le Sr. Marin a pour adjoint à la rédaction de la gazette de France, & à la direction de la manutention des fonds, M. Collet, ancien secretaire du cabinet de feue madame l'infante duchesse de Parme, chevalier de l'ordre du roi. C'est un homme de lettres, connu par une piece en un acte, jouée à la comédie Françoise en 1757, intitulée : *L'Isle déserte*.

18 Octobre 1771. Il paroît deux nouveaux mémoires de M. Linguet, dont l'un est un mémoire à consulter pour un mari dont la femme s'est remariée en pays protestant, & qui demande s'il peut se remarier de même en France?

L'avocat, dans sa consultation, datée de Lucienne le 16 août 1771, est pour l'affirmative.

Ce mémoire, fort singulier, & la consultation du sieur Linguet encore plus singuliere, méritent un détail particulier, ainsi qu'un développement des motifs secrets qui ont fait agiter une pareille question, qu'on regarde comme fictive, seulement relativement aux personnages qu'on introduit sur la scene.

Le second mémoire est une consultation pour dom Pedro d'Alvarada, capitaine du vaisseau Espagnol *le St. Jean-Baptiste*, & pour les gens de son équipage, détenus depuis un an dans les cachots de la commission établie à Caen; contre les employés, directeurs & fermiers-généraux du sel & du tabac.

Dans cette consultation, datée de Luciennes le premier octobre 1771, l'orateur paroît annoncer que les fermiers-généraux n'ont point à se réjouir de la mort du sieur d'Arigrand, & qu'ils vont trouver dans le sieur Linguet un adversaire non moins implacable & plus éloquent. Cette affaire, très-importante à l'histoire de l'humanité, sera aussi plus amplement détaillée.

19 Octobre 1771. Le discours censuré par l'arrêt du conseil renouvelle les regrets des académiciens, qui sont très-humiliés de cet événement. Ceux qui ne sont point de la cabale encyclopédique, lui imputent cette disgrace. Ils lui reprochent d'avoir voulu, à quelque prix que ce fût, couronner M. de la Harpe, qui n'avoit pas fait le meilleur éloge de Fénelon, mais qui avoit plu à ces messieurs par la liberté de sa façon de penser & la hardiesse de ses assertions. M. Duclos est celui qu'on trouve le plus répréhensible dans tout ceci : la fureur qu'a cet homme remuant de se mêler de tout & d'innover par-tout, lui fit annoncer en 1768, à l'occasion de l'éloge de Moliere proposé, que l'on se passeroit de l'approbation des deux docteurs de Sorbonne, toujours exigée jusques-là. Il est vrai que le sujet sembloit peu digne de la gravité des théologiens ; mais c'étoit à eux à se refuser à cette censure, s'ils ne la jugeoient pas de leur ressort, & non à l'académie à s'y soustraire.

Cet événement ne contribue pas peu à accréditer le sentiment de ceux qui pensent que le système du gouvernement actuel est d'étendre le despotisme jusques sur les esprits, en nous replongeant doucement dans les heureuses ténèbres dont nous sommes sortis pour notre malheur. Voilà différentes mortifications données, à l'académie, bien propres à matter l'amour-propre des beaux-esprits, tandis qu'on prend d'autres moyens plus efficaces pour les décourager & les faire se tourner vers d'autres objets que les lettres.

10 *Octobre* 1771. Simon Sommer, charpentier à Landau, s'est marié au mois de mai 1761, à Elisabeth Ultine, fille du village d'Obersbach. Ce malheureux, quoiqu'âgé de 22 ans seulement & d'une figure agréable, fut six mois à éprouver des refus de la part de sa moitié, jeune & jolie, avant de pouvoir jouir de ses droits. A peine eut-elle consenti à devenir la femme de son mari, qu'elle parut vouloir être celle de tout le monde. Au bout de trois ans d'une vie scandaleuse, elle s'attacha à un sergent du régiment de Lochman, Suisse, avec qui elle a déserté. Tous deux se sont retirés en Prusse; on est en état de prouver qu'ils y ont contracté un mariage en forme. Sommer n'a conservé du sien qu'un enfant. Il n'a que 31 ans : il est bien constitué, il est vigoureux ; que doit-il faire ? Sera-t-il réduit à maudire le reste de sa vie les présents de la nature ? ou cherchera-t-il dans le libertinage des ressources que permet la politique, mais que la religion défend ? En un mot, placé entre le crime & le désespoir, comment se dérobera-t-il à cette cruelle alternative ?

Le consultant cite ensuite des états où le divorce est permis : il s'appuie de différents passages de l'écriture qui sont favorables à sa demande : il réfute, il commente, il interprete ceux qui lui sont contraires : il a recours aux peres de l'église, d'où il tire aussi des autorités : il prétend que des conciles mêmes on peut inférer des inductions lumineuses sur cette question, & il trouve les décisions de quelques-uns absolument concluantes pour lui. Il continue par établir que le divorce n'est contraire ni à la loi des Juifs, ni à celle du christianisme ; qu'il ne choque ni l'ancien ni le nouveau testament ; que la primitive église n'a jamais balancé à permettre la dissolution des mauvais mariages, & que la politique a été d'accord avec elle sur cet objet ; que jusqu'au dixieme siecle, la même façon de penser s'est perpétuée chez toutes les législations catholiques. Il finit par les raisons qui doivent autoriser le divorce, la meilleure maniere de le supprimer étant de le permettre.

Tel est le résumé du mémoire du prétendu charpentier, qui n'est qu'un extrait du *Cri de l'honnête-homme*, ouvrage publié il y a environ deux ans & demi, & composé par le premier magistrat d'une ville de province du second ordre, qui, obligé de se séparer de sa femme à cause de ses débordements, fit beaucoup de recherches sur cette matiere, & en fit part au public dans le temps.

22 *Octobre* 1771. On a parlé beaucoup dans le public du portrait en pied de *Charles I*, roi d'Angleterre, par Vandyck, acheté il y a quelques mois, 20,000 livres par madame la comtesse Dubarri. Cette dame l'a placé dans son

appartement auprès de celui du roi, & il paroît que ce n'est pas sans dessein. On assure que toutes les fois que S. M. revenant à son caractere de bonté naturelle, semble fatigué de sa colere & se tourner vers la clémence, elle lui représente l'exemple de l'infortuné monarque, elle lui fait entendre que peut-être ses parlements se seroient-ils portés à un attentat de cette espece, si M. le chancelier ne lui avoit fait entrevoir leurs complots insensés & criminels, & ne les avoit arrêtés avant qu'ils fussent formés au dégré de noirceur & de scélératesse où ils auroient pu parvenir. Quelqu'absurde, quelqu'atroce que soit l'imputation, elle renflamme le prince pour le moment, & c'est du pied de ce tableau que partent les foudres destructeurs qui vont frapper la magistrature & la pulvériser dans les extrêmités les plus reculées du royaume.

On sent parfaitement qu'une calomnie aussi atroce, aussi réfléchie, aussi combinée, ne peut partir du cœur tendre & ingénu de madame la comtesse Dubarri, & que les alarmes qu'elle donne au roi lui sont inspirées à elle-même par des conseillers d'une politique aussi adroite qu'infernale.

Cette anecdote, justifiée par les événements, est attestée par des courtisans, dont le témoignage est d'un grand poids.

23 *Octobre* 1771. Le 10 août 1770, un navire paroît avec pavillon Espagnol à la hauteur de l'anse de Colleville, sur la côte de Normandie. Il venoit d'Ostende, & sa destination étoit pour l'isle de Guernesey : contrarié par le vent, il mouille à trois lieues de terre, suivant le journal du capitaine.

Les commis des fermes font inftruits par leurs efpions qu'en juillet précédent ils avoient cru appercevoir à la hauteur des ifles de St. Marcou, un bâtiment qui y faifoit des verfements de fel & de tabac ; qu'un autre s'eft approché d'Ifigny, & que le capitaine a parlé à un particulier de Bayeux, *à qui il a dû promettre de livrer 500 liv. de faux tabac.* Ils veulent que ce foit celui-ci.

En conféquence les commis mettant en œuvre *des rufes permifes*, difent-ils, abordent le vaiffeau, & fuppofant la conviction de la fraude ils s'en emparent & mettent aux fers le Sr. d'Alvarada, le capitaine & fon équipage, compofant en tout le nombre de neuf.

Suivant les réglements arrêtés entre la France & l'Efpagne, dans le cas où un vaiffeau de cette derniere puiffance eft faifi en contravention, même dans nos ports, les commis font affujettis à appeller le conful d'Efpagne, afin qu'il foit préfent à la vifite & à toutes les procédures qui en pourroient dériver. Le directeur n'ignoroit pas cette loi. Il fe tranfporte chez le protecteur de la nation Efpagnole en fon abfence, & laiffe par écrit une réquifition par laquelle il le fomme de fe tranfporter au vaiffeau.

Le vice-conful revendique les loix, il protefte, il s'oppofe à tout ce qui a été fait & à tout ce qui doit fe faire. Malgré fes réclamations réitérées, le procès eft inftruit par la commiffion fifcale établie à Caen. Le vaiffeau, avec fa charge, eft déclaré confifqué : Alvarada eft banni, lui & fes gens font condamnés folidairement à une amende de 1,300 livres chacun, &, fuivant les loix fiscales, faute de paiement dans le mois, cette peine doit être commuée en celle des galeres Ce comble d'atrocités n'a pas encore eu lieu à l'égard d'Alvarada & de son équipage, non par la sensibilité & l'indulgence des fermiers, mais par la générosité des propriétaires du saint Jean-Baptiste (le navire), qui consacrent depuis un an 200 livres par semaine pour retarder l'exécution de ces malheureux.

Le Sr. Linguet constate d'abord ces faits & les discute. Il établit les différents moyens de défense de ces étrangers : après les avoir développés amplement, son résumé est qu'Alvarada & son équipage sont innocents ; qu'ils n'ont point fait la contrebande ; que le projet de verser des marchandises défendues n'est point prouvé ; que le verbal des commis atteste qu'eux-mêmes ne l'ont cru que *prêt* à être consommé ; qu'il ne l'a pas été ; qu'il n'a pu l'être ; puisque dans la saisie on a retrouvé en nature la même quantité de marchandises indiquée par les connoissements d'Ostende : que, quand il l'auroit été, il ne pourroit pas mériter le nom de fraude ; que le lieu où il auroit été conçu le justifieroit ; que le journal, soustrait par les employés, prouve que la saisie a été faite à trois lieues des côtes, & que par conséquent elle n'est point fondée ; qu'en supposant qu'elle ait eu lieu dans les limites qui l'autoriseroient, elle seroit encore une preuve de la prévarication des gardes, & non pas de celle des étrangers ; qu'il n'y a aucun tribunal au monde où la manœuvre abominable qui en a été le prétexte puisse être tolérée ; qu'il n'y a aucune puissance qui ne soit intéressée à réprimer, à punir exemplairement une fraude aussi nuisible pour le commerce, qu'il n'y en a aucune qui ne doive trembler de laisser ses côtes hérissées de pieges plus redoutables mille fois pour les négociants, que les bas fonds & les écueils les plus dangereux.

Dans ces circonstances le jurisconsulte estime que le capitaine Alvarada, son équipage & les propriétaires du navire, doivent présenter une requête en cassation; qu'elle sera sans doute appuyée de la recommandation de M. l'ambassadeur d'Espagne; qu'il a droit de demander vengeance de l'insulte faite au pavillon de son maître, & réparation des torts faits à ses compatriotes.

Quant au style du mémoire, il est d'une énergie supérieure à tout ce qu'a fait l'orateur. Il est d'une amertume contre les fermiers-généraux, d'un fiel tel que n'en a jamais distillé la plume du sieur d'Arigrand. On pourra donner quelques morceaux par extrait de cette piece oratoire, digne de figurer à côté des catilinaires & des philippiques.

24 *octobre* 1771. Mlle. de Bourbon, fille du prince de Condé, & dans l'enfance encore, a un goût singulier pour la maçonnerie. Elle est à Vanvres, où le prince son pere faisoit faire quelques bâtiments & réparer le château. Elle se fait affubler d'un sarreau de toile; elle met de mauvais gants, & dans cet accoutrement elle porte le mortier, elle manie la gâche, & se plaît à faire l'office de manœuvre. C'est ce qui a donné lieu aux vers suivants:

  D'un enfant l'instinct mal-faisant,
  Trop souvent le porte à détruire:

Princesse, ton goût, en naissant,
Est d'élever & de produire.

Un palais, dans tes nobles jeux,
Réparé de tes mains fragiles,
Nous rappelle ces temps heureux
Où les dieux bâtissoient des villes.

A leur exemple, tes loisirs
Nous annoncent ta bienfaisance ;
Mais le temps vient où ton enfance
S'occupera d'autres plaisirs.

Quand Jupiter eut fait le monde,
Ce ne fut pour ainsi rester :
Du sein de sa bonté féconde
L'homme sortit pour l'habiter.

Ce n'est le tout, de tes ancêtres
De réparer les vieux châteaux ;
Pour les remplir il faut des maîtres :
Bourbon, voilà tes vrais travaux !

25 octobre 1771. Le Sr. l'Oiseau de Mauléon, avocat, qui s'étoit fait une sorte de réputation par des mémoires écrits avec beaucoup d'appareil, & toujours dans des causes extrêmement intéressantes, telles que celles des Calas & de Mlle. le Monnier, vient de mourir très-jeune encore & d'une maladie de langueur, dans laquelle l'avoit plongé une passion très-vive pour une femme qui

n'y avoit pas répondu. Il avoit quitté le barreau depuis quelque temps. Il avoit obtenu une commission de maître des comptes à la chambre de Nanci, & acheté la charge de procureur-général de monsieur le comte de Provence. C'étoit le fils d'un laquais parvenu, & qui avoit acquis de la fortune. Cet avocat, & son frere, aujourd'hui fermier-général, s'étant mis dans la tête de s'illustrer, avoient obtenu des lettres de réhabilitation, par lesquelles ils descendoient de l'ancienne famille de *l'Oiseau*. Au surplus celui-ci avoit fait sa profession très-noblement : uniquement curieux de gloire, il ne se chargeoit que de causes célebres, & presque toujours gratuitement : en outre, comme il étoit peu foncé sur la jurisprudence, il s'attachoit sur-tout à celles qui par leur tournure romanesque prêtoient à l'imagination, & se décidoient plus au tribunal du cœur qu'à celui de l'esprit, plus par le jeu des passions que par la force des raisonnements & des autorités.

26 *Octobre* 1771. Voici le temps qui approche où l'académie Françoise doit procéder à l'élection du successeur de M. le comte de Clermont. Beaucoup de candidats, suivant l'usage, sont sur les rangs; mais depuis l'aventure du Sr. de la Harpe, le Sr. le Mierre augmente sa prétention. Il disoit l'autre jour dans une société avec une emphase poétique, que sa tragédie d'*Hypermnestre*, (la seule qui ait réussi) lui donneroit l'entrée; que son sceptre de Neptune) allusion à un assez beau vers d'une de ses pieces couronnées)

Le Trident de Neptune est le sceptre du monde :

lui ouvriroit le passage, & qu'enfin les vers de

son poëme *de la peinture* le pousseroient par le cul. —— *On a donc toujours eu raison de dire* (reprit en ce moment avec vivacité l'abbé de Lille, traducteur des Géorgiques, & aussi aspirant) *que tes vers étoient des bou.... de vers.* Cette saillie, peu décente dans la bouche d'un abbé, & exprimée en termes grossiers, parut extrêmement heureuse pour la critique fine & judicieuse, & fit beaucoup rire par sa tournure grivoise.

28 *Octobre* 1771. Les fermiers-généraux sont furieux du mémoire du sieur Linguet contr'eux. En effet cet avocat les traite avec un mépris singulier; il manifeste en outre une animosité, une chaleur, qui donnent à son éloquence la plus grande force, & se transmettent aisément dans l'ame des lecteurs, naturellement prévenus contre les traitants. On va citer quelques morceaux de cet écrit. L'orateur débute ainsi :

« Dans la liste nombreuse des attentats de toute espece, commis par les suppôts de la ferme-générale, sous le prétexte respectable des *droits du prince*, il seroit difficile d'en trouver un plus révoltant, plus audacieux, plus criminel en tout sens que la saisie du vaisseau le *Saint Jean-Baptiste*. »

Voici comme il décrit les différents ordres de la ferme.

« Dans la hiérarchie fiscale de la ferme, les fonctions sont différentes & les rôles artistement distribués. On ne parle pas ici des chefs, qui donnent de loin le mouvement à toute la machine, & dont l'unique occupation est de faire couler vers leur voluptueuse résidence les contributions que des armées innombrables levent sans cesse à leur profit dans toutes les parties du royaume.

Il n'est question que des subalternes, qui supportent seuls la fatigue & le danger des expéditions, & dont on a soin d'entretenir l'ardeur en leur abandonnant une petite portion du butin, quand les prises sont avantageuses. Il y a des directeurs, qui imitent tant qu'ils peuvent la dignité immobile & lucrative de leurs maîtres. Il y a des chefs de bande qui s'approprient les dénominations honorables de *capitaines-généraux*, &c. Il y a enfin les simples milices, connues sous le nom de *gardes*, de *commis*, d'*employés*, qui se permettent trop souvent les plus frauduleuses manœuvres, sous prétexte d'empêcher la fraude, & des violences continuelles, pour prévenir, disent-ils, la rebellion.

„ Mais ce n'est pas assez d'avoir des meutes pour forcer la proie & des piqueurs pour les gouverner ; les instituteurs de la régie ont poussé plus loin leur prévoyance & leur sagacité. On n'a pas toujours du gibier à suivre. Ils ont établi dans chaque département une espece d'emploi, à la faveur duquel ils sont sûrs de n'en jamais manquer. Il consiste à faire naître la contrebande à propos, à créer la fraude quand elle n'existe pas, & à préparer ainsi une prise factice, mais réelle, aux employés ; quand la sagesse ou la timidité des négociants les réduit à une trop longue inaction. C'est ce qu'on appelle dans l'argot de la ferme, des *affidés*. Ce sont des hommes qui se chargent de battre les frontieres ou les côtes du royaume : ils vont s'aboucher avec les propriétaires des marchandises ; ils feignent d'en vouloir acheter ; ils en achetent ; ils jouent précisément le rôle de ces animaux dégradés par l'éducation, qui trahissent leur propre espece en faveur de ses tyrans. Les négociants trop ardents, qui se laissent séduire à leurs invitations, sont amenés peu-à-peu dans le filet du chasseur ; on le baisse à propos : l'oiseau privé recouvre bientôt sa liberté pour recommencer ses trahisons, & les étrangers captifs déplorent en vain l'imprudence qui les a perdus. „

On a rapporté ce morceau, un peu long, tout entier, pour faire juger par cette peinture énergique & vraie des fonctions des suppôts de la ferme, à quel point doivent être odieux à leurs concitoyens des hommes qui se vouent ainsi par état à espionner, à vexer, à tourmenter, à ruiner leurs semblables, à s'engraisser de leur substance.

29 Octobre 1771. Extrait d'une lettre de Fontainebleau, du 27 octobre 1771. La comédie de l'*Ami de la maison*, exécutée pour la premiere fois hier samedi 26, sur le théatre de la cour, n'a pas eu le succès qu'on s'en promettoit. C'est un opéra comique en trois actes & en vers libres, mêlés d'ariettes. Le principal personnage est une espece de Tartufe, qui, sous le masque de la philosophie, s'étant impatronisé dans une maison, subjugue la maîtresse & profite de cet enthousiasme pour séduire la fille, dont il est l'instituteur aux sciences, & supplanter un amant convenable & bien assorti, & l'épouser. Heureusement, celle-ci, quoique novice, plus fine que lui, lui suggere une démarche qui le décele & manifeste ses vrais sentimens. Il se voit berné ; & pour se tirer adroitement & avec honnêteté du mauvais pas où il s'est engagé, il travaille lui-même à réunir les deux amants, qu'il vouloit séparer d'abord, & fait tourner à leur profit la confiance que la mere conserve en lui jusqu'au bout.

Ce caractere principal, peu neuf & assez froid, glace le reste de la piece, où l'on distingue pourtant deux ou trois morceaux charmants, une scene assez gaie & bien filée, enfin un dénouement adroit & ingénieux, quoique peu naturel.

Quant à la musique, tout en a paru de la meilleure composition. L'ouverture a produit un grand effet. On a été vivement ému de plusieurs *adagio* très-tendres, mais qui, trop répétés, ont dégénéré en monotonie. Tel est le jugement de la cour, communément en contradiction avec celui de la ville.

Le sieur Marmontel, de l'académie Françoise, auteur des paroles, étoit présent, l'épaule haute, le sourcil élevé, la bouche béante. Il sembloit prêt à dévorer l'acteur qui eût bronché dans son rôle. On a été surpris de la prétention qu'annonçoit sur une pareille misere ce poëte devenu philosophe, & se livrant actuellement à l'instruction la plus sublime du genre humain.

L'activité du sieur Gretry, auteur de la musique, se distinguoit par des attitudes plus vives & plus variées. Il battoit la mesure, & tout le désordre de sa personne caractérisoit l'intérêt qu'il prenoit à la chose. Son amour-propre a paru mieux fondé, d'autant que le succès de ces jolis riens est dû, presque toujours, uniquement au musicien.

30 *Octobre* 1771. Le sieur de Monville, financier très-renommé par son luxe & par ses prodigalités, ne l'est pas moins par son adresse à tous les exercices du corps. Il s'est exercé depuis quelque temps à tirer de l'arc, à la maniere des sauvages, & à chasser avec des fleches. Il s'y

s'y est perfectionné au point de faire les gageures les plus fortes. M. le duc de Chartres lui ayant fait l'honneur de parier contre lui qu'il ne tueroit pas en dix coups un faisan au vol, le jour de l'expérience a été indiqué la semaine derniere au bois de Boulogne, à la Meute. Un grand concours de spectateurs s'y est rendu, & du premier coup le chasseur a percé l'oiseau : il a manqué les neuf autres coups.

1 *Novembre* 1771. M. le vicomte d'Aubusson, enflammé d'un enthousiasme patriotique, pareil à celui de M. le comte de Lauraguais, a fait un mémoire sur la révolution du gouvernement actuel, dans lequel il s'explique avec autant de force que de liberté. L'atteinte portée aux propriétés est le principal objet de ses réclamations. Il a fait imprimer son ouvrage & il l'a envoyé aux ministres, aux princes, aux grands du royaume & à ses amis. Il ne se vend point. M. le lieutenant-général de police a écrit à ce seigneur, & au lieu de le mander très-poliment, comme il s'en est arrogé le droit vis-à-vis des particuliers & même des magistrats démis, il lui a demandé l'heure où il pourroit le voir. M. le vicomte d'Aubusson lui a répondu que sachant les occupations importantes dont un magistrat comme lui étoit chargé, il ne vouloit point lui faire perdre des moments aussi précieux ; qu'il auroit l'honneur de l'aller voir à une heure indiquée. Le sujet de cette conversation étoit le mémoire en question, dont M. de Sartines avoit discuté le fonds & la forme. Quant au fonds, l'auteur a répondu que c'étoit sa façon de penser, & qu'il ne croyoit pas devoir la dissimuler : par rapport à la forme, c'est-à-dire, à l'impression,

il a répliqué qu'il n'ignoroit pas les défenses de faire imprimer sans permission, mais qu'elles ne concernoient que les libraires ou autres gens qui vendoient leurs ouvrages; que la maniere, le lieu & les co-opérateurs de cette impression étoient son secret, & qu'il trouvât bon qu'il ne lui en donnât aucune connoissance. Ainsi a fini cette entrevue, dont M. le lieutenant-général de police a sans doute rendu compte au ministre, & qui n'a produit encore aucun effet.

2 Novembre 1771. M. le duc d'Aiguillon écarte insensiblement de son département tous ceux qui passoient pour créatures de M. le duc de Choiseul, ou que leur attachement connu à son prédécesseur lui rend suspects. C'est par ce motif qu'on assure que M. de Rulhieres vient de perdre sa place & la pension qu'il avoit sur les affaires étrangeres. Cet homme de lettres, connu par des pieces de poésie, l'est sur-tout par une histoire qu'il a écrite de la derniere révolution de Russie, dont il a été témoin oculaire, comme secretaire d'ambassade, alors résidant en cette cour. Cet ouvrage encore manuscrit, est au gré de tous les connoisseurs qui en ont entendu la lecture, digne d'être comparé aux plus beaux morceaux de Salluste & de Tacite. M. le duc de Choiseul, qui connoissoit tout le prix de l'écrivain, avoit jugé à propos de l'attacher à son ministere, comme un homme de talents très-distingué dans cette partie.

On prétend que l'impératrice des Russies a fait faire à M. de Rulhieres les offres les plus séduisantes pour l'engager à se dessaisir de son manuscrit, mais qu'il a répondu à cette souveraine qu'il lui étoit impossible de la satisfaire, le double de son histoire se trouvant entre les mains d'un ami dont il ne pouvoit le retirer. Il a, du reste, assuré S. M. impériale que son ouvrage ne verroit jamais le jour de l'impression du vivant de l'auteur.

3 *Novembre* 1771. Des curieux ont ici des morceaux de ce rocher épouvantable que l'impératrice de Russie a fait transporter à Pétersbourg, pour servir de base à la fameuse statue de Pierre le Grand, dont est chargé le sieur Falconnet, sculpteur. C'est une espece de granite, dont la pesanteur calculée, selon les proportions de la masse entiere, donne un résultat de trois milliars deux cents milliers. Le transport de ce rocher énorme, traîné plus de quarante lieues de loin, surpasse de plus des deux tiers les travaux des Romains en pareil genre, puisque l'obélisque le plus énorme qu'ils aient voituré, n'avoit que neuf cents milliers de poids.

4 *Novembre* 1771. L'ouvrage de M. le vicomte d'Aubusson a pour titre : *Profession de foi politique d'un bon François*, avec cette épigraphe : *Vox clamantis in deserto*. Elle a 36 pages & est souscrite ainsi : *Ita sentiebat rusticanus vir Petrus Arnoldus Vice-Comes Albucensis, anno domini* 1771.

Cette brochure est suivie de : *Essais du simple bon sens sur la théorie des états policés, par un membre externe de la société d'agriculture de Brive la Gaillarde*. Ceux-ci contiennent 40 pages. Les *Essais* & la *Profession de foi* méritent un extrait particulier.

5 *Novembre* 1771. On a donné hier la premiere représentation du *Bourru bienfaisant*, comédie en trois actes & en prose du sieur Goldoni. Le nom

de cet auteur, très-connu en Italie, son âge de plus de 60 ans & la douceur de ses mœurs, lui ont mérité la bienveillance du public, très-bien disposé pour un étranger qui composoit pour la premiere fois dans notre langue ; & sa piece a été beaucoup mieux reçue & plus applaudie que de la part de tout autre.

C'est une piece dans le goût de celles qui composent son théatre, plutôt un cannevas qu'un ouvrage fini, dont les situations ne sont qu'indiquées : pathétique par le fonds : comique seulement par l'accessoire ; joliment conduite, mais dont l'intrigue commune n'excite que la curiosité de voir le dénouement de l'imbroglio, extrêmement compliqué par la diversité des intérêts qui se croisent & s'excluent réciproquement. Le principal caractere ressort moins, parce qu'il n'est pas contrasté ; tous les autres se développent foiblement, & lui sont par trop subordonnés. En général, ils ont tous une teinte uniforme de probité & de vertu, qui ôte à l'auteur la ressource féconde des oppositions si nécessaires au théatre, & qui en produisent les grands effets. En un mot, il n'y a point ce *vis comica*, ce piquant de la critique, qui anime & satisfait la malignité du cœur humain.

Le dialogue est extrêmement naturel, & c'est une des premieres qualités de l'auteur ; mais le ton trop élevé sur lequel se sont montés nos comiques modernes, a fait paroître celui-ci, trivial & plat à quantité d'amateurs.

6 *Novembre* 1771. Le feu pere Griffet, jésuite très-connu par la célébrité qu'il a eue, ayant entrepris dans un de ses ouvrages de prouver que MM. de Rohan ont eu le titre de princes, aussi-

tôt que les princes étrangers ont commencé à user de cette domination pour caractériser leur naissance, & qu'ils en ont eu de tout temps le rang & les honneurs : un auteur anonyme a publié l'année derniere un mémoire, dans lequel il prétend faire connoître par des principes constants & des faits incontestables, que ces prétentions n'ont aucun fondement ; qu'il n'y a point en France de rang intermédiaire entre la famille royale & la noblesse ; que MM. de Rohan n'ont jamais eu d'autre titre & d'autre rang en Bretagne, du temps de ses ducs, ni en France, depuis sa réunion à la couronne, que ceux qui sont communs à toute la noblesse. Comme ce mémoire a jeté beaucoup d'incertitude sur l'assertion du pere Griffet pour la plupart des lecteurs, la maison de Rohan se propose de faire paroître incessamment une réponse, appuyée de titres & de pieces probantes qui justifieront ses droits.

7 Novembre 1771. Suivant le rapport de ceux qui se sont trouvés à la cour le samedi 2 novembre, à la représentation du *Faucon*, cette piece a été huée, malgré le respect dû au lieu. Elle a paru si indécente & si ignoble, que tout le monde en a été révolté. Le sieur Sedaine est fort humilié.

8 Novembre 1771. M. le vicomte d'Aubusson est un homme d'environ 50 ans. La délicatesse de sa santé & la fierté de son ame l'ont toujours empêché de se livrer aux intrigues de la cour & de suivre la route que sa naissance lui ouvroit à la fortune & aux honneurs. Grand propriétaire de terres, ses vues se sont tournées du côté de l'agriculture ; & après avoir combiné dans le silence tous les avantages de cet art pour la prospérité d'un état, il a senti de quelle importance il étoit de lui conserver l'intégrité de sa liberté. C'est à l'occasion de l'atteinte qu'il lui avoit portée par contre-coup dans la révolution actuelle, qu'il a cru devoir ouvrir les yeux à ses concitoyens & au ministere, en communiquant ses idées à cet égard. Elles sont fortes, lumineuses, hardies: mais, ainsi que la plupart des politiques, il détruit plus aisément qu'il n'édifie. Dans la seconde partie de son ouvrage sur-tout, il annonce un projet pour liquider promptement les dettes de l'état, sans mettre d'impôt, & avec tous les avantages possibles, sans y trouver aucunes difficultés que sa simplicité. Comme il ne donne pas le mot de l'énigme, & que la raison de son silence est fondée uniquement sur ce que dans ce siecle incrédule on lui riroit au nez, on seroit tenté de regarder ce système comme une rêverie, si le surplus de cet écrit ne partoit d'une tête trop bien organisée pour en juger aussi légérement, sans connoître toutes ses ressources.

9 Novembre 1771. Tout le monde a lu les éloges outrés dont M. de Voltaire accabloit M. le duc de Choiseul, & l'on sait avec quelle adulation basse il exalte aujourd'hui M. le chancelier & ses opérations. Le premier n'a pas cru pouvoir mieux se venger de ce perfide vieillard que par une plaisanterie qu'il s'est permise sur son compte ; il a égayé par le ridicule la noirceur du vice de l'ingratitude, dont l'apôtre de l'humanité s'est rendu coupable envers son bienfaiteur. Dans son château de Chanteloup le ministre disgracié a fait élever une girouette à la mode, qui marque les quatre vents cardinaux. Elle est surmontée d'une tête modelée sur celle de M. de Voltaire, &, jouet mobile des airs, elle tourne sans cesse au gré des aquilons. On sent aisément l'allusion de cet emblême.

9 *Novembre* 1771. On écrit de Fontainebleau que *le Bourru bienfaisant* y a été joué devant le roi le mardi 2 de ce mois, & que cette comédie a été très-bien accueillie; qu'elle a fait rire & pleurer alternativement par des transitions douces, qui ne donnent point à l'ame ces secousses convulsives qu'occasionent les drames modernes. Ainsi la cour & la ville se sont trouvées d'accord en matiere de goût, ce qui arrive rarement.

Au surplus, c'est peut-être par cet esprit de contradiction, que la comédie en question, le lendemain mercredi, n'a pas reçu à Paris les mêmes applaudissements que le premier jour. Le nombre des spectateurs avoit déja diminué beaucoup, & certains connoisseurs prétendent qu'on revient des éloges trop forts prodigués à l'auteur.

10 *Novembre* 1771. De nouvelles lettres de Fontainebleau apprennent que S. M. a fait appeller à son lever l'auteur du *Bourru bienfaisant*, qu'elle l'a accueilli avec beaucoup de bonté, qu'elle lui a dit être très-contente de sa comédie; qu'il continue à travailler dans ce genre, qui est bon.

11 *Novembre* 1771. Il nous est arrivé depuis quelque temps de l'étranger un nouveau livre, ayant pour titre: *De la Constitution de l'Angleterre*, avec cette épigraphe: *Ponderibus librata suis*. Il est précédé d'une épître dédicatoire à mylord comte d'Abington, pair d'Angleterre, datée de Londres le 24 décembre 1770, & signée *De l'Olme*, nom qui paroît être celui de l'auteur. Dans cet ouvrage, un des meilleurs en politique qui ait paru depuis long-

temps, l'écrivain remonte aux causes qui ont produit la liberté angloise, & établit celles qui la maintiennent.

Il distingue trois grandes époques dans l'histoire de cette constitution : le regne de Jean Sans-Terre, celui d'Edouard I, & l'expulsion de Jacques II, ou plutôt l'exaltation sur le trône de la maison de Brunswick. Dans la premiere, la grande-charte indique les bornes où devoit se renfermer le pouvoir du roi. Dans la seconde, on trouve le premier exemple de l'admission des députés des villes dans le parlement; nouvelle barriere élevée contre le même pouvoir. Enfin la révolution de 1688 acheva d'en fermer l'enceinte : c'est alors que la Grande-Bretagne donna le rare spectacle d'un contrat primitif & formel entre le peuple & le souverain.

La constitution de cet état est indélébile, suivant l'auteur, parce qu'elle est dictée par la nature elle-même ; qu'elle est de plus décidée par une forme très-marquée de gouvernement, ayant par conséquent pour nouvel appui l'opinion, cette cause puissante, qui maintient les gouvernements les plus absurdes ; qu'elle a l'attachement d'une nation éclairée, & que par le balancement de toutes ses parties, elle regagne nécessairement d'un côté ce qu'elle perd de l'autre.

Ce traité court, précis & rapide, est soutenu d'un style animé & vigoureux. L'écrivain s'est quelquefois permis des termes nouveaux, non par un néologisme ridicule, mais pour mieux rendre sa pensée & lui donner plus d'énergie; ce qui arrive presque toujours.

Ceux qui n'auront pas lu l'ouvrage en question, seront surpris de la sévérité avec laquelle le gouvernement en empêche l'introduction; mais pour peu qu'on le parcoure, on en trouve aisément les raisons. Il suffira de citer le paragraphe suivant : à l'occasion de la révolution de 1688, ce défenseur des droits de l'humanité dit :

« C'est à cette époque que se posèrent les grands & vrais principes des sociétés, par l'expulsion d'un roi, violateur de ses sermens. La doctrine de la résistance, cette ressource finale des peuples que l'on opprime, fut mise à l'abri du doute, par l'exclusion donnée à une famille héréditairement despotique. Il fut décidé que les nations n'appartiennent pas aux rois. Tous ces principes d'obéissance passive, de droit divin, de pouvoir indestructible, en un mot, cet échafaudage de notions fausses, sur lesquelles l'autorité royale avoit porté jusques-là, fut détruit; & l'on y substitua les appuis solides & durables de l'amour de l'ordre, & du sentiment de la nécessité d'un gouvernement parmi les hommes. »

12 *Novembre* 1771. L'objet des écrivains patriotiques actuellement est de s'opposer au projet du chancelier, qui commence à s'effectuer par la foiblesse de certains magistrats qui se font liquider. Dans une *lettre d'un François aux victimes d'Ebroin*, en date du 20 octobre 1771, on traite la matière fort amplement. Elle porte pour épigraphe ce fameux axiome : *Nobis cunctando restituit rem.*

Cet écrit, dont l'extrait seroit trop long, est plein de choses, de raison & d'éloquence, & bien propre à faire impression sur tous les magistrats, qu'un intérêt personnel, que la crainte ou l'espérance n'aveugleront pas.

13 *Novembre* 1771. Assemblée publique de l'académie royale des sciences du mercredi 13 novembre 1771.

Le sieur le Moyne, fameux sculpteur, ayant fait présent à l'académie d'un buste en marbre de Fontenelle, le sieur de Fouchy, secretaire de l'académie, a prononcé à cette occasion un compliment public à l'artiste. En effet, cet ouvrage, outre le mérite de reproduire aux yeux de l'assemblée un de leurs plus dignes & plus célebres confreres, est précieux par le travail même. Il représente le Nestor des sciences & de la littérature dans toute la majesté d'un antique. Les rides de son front n'alterent pas la douceur de la physionomie du vieillard, & son ame imperturbable y semble survivre aux outrages du temps. Le public a vu ce buste avec le plus grand intérêt. Il s'est trouvé placé dans la salle, ainsi que ceux de *Réaumur*, de *Winslow* & le portrait de *la Hire*, fameux astronome, qui s'étoit peint lui-même. C'est le sieur Hérissant qui avoit fait présent à l'académie de ces trois derniers morceaux. L'orateur en a rappellé l'époque à l'occasion de celle-ci, a renouvellé les remerciements de son corps, & a exhorté les parents & amis des académiciens défunts à faire désormais de semblables dons à l'académie.

M. de Fouchy a commencé ensuite l'*éloge du lord Morton*, illustre Ecossois, associé étranger de l'académie. Quoiqu'il fût mort en 1768, l'éloignement & les difficultés de rassembler les matériaux de sa vie, avoient mis jusqu'à présent obstacle au zele du secretaire. Par ce qu'il a lu, il n'a pas même paru qu'il eût été bien secondé à cet égard, & cet éloge contenoit peu de particularités intéressantes. On y voit en général un grand, qui réunit aux dignités l'amour des sciences : alliance très-commune en Angleterre. Il étoit président de la société royale de Londres, & la célébrité de son mérite s'est trouvée confirmée par cette place, qui n'est point comme celles de cette espece en France, souvent le fruit de l'intrigue, de l'adulation & d'une vanité sotte, puisqu'elles ne servent qu'à mettre plus au jour l'ineptie des illustres honoraires.

A cette lecture a succédé celle d'un mémoire du sieur Tillet sur le *varech*. Cette plante marine est très-commune sur les côtes de Normandie. On s'en sert à l'engrais des terres, & du surplus on en fait une soude emp'oyée dans diverses opérations. Il y a quelques années que l'on conçut des craintes sur la fumée de cette plante, qu'on prétendit être contraire aux hommes, aux animaux, aux grains & aux fruits. Cette rumeur ayant fait fermenter le peuple, le procureur-général du parlement de Rouen prit connoissance des plaintes, & sur son rapport, la compagnie, en 1768, rendit un arrêt qui défendoit de brûler ainsi le varech amoncelé. Une telle défense jeta la désolation parmi les malheureux qui vivoient de ce travail. Des habitants plus éclairés réclamerent contre l'arrêt & contre les plaintes qui y avoient donné lieu. L'affaire fut portée au conseil, & ayant été arrêté qu'avant de statuer sur les mémoires respectifs, l'académie des sciences seroit consultée, la compagnie a nommé au printemps dernier trois de ses membres, dont deux ont dû aller vérifier les faits sur les lieux, & le troisieme sur les bords de la Méditerranée, pour prendre de nouvelles connoissances dans ces parages. MM. Tillet & Fougeroux ont eu en partage la Normandie, qu'ils se sont sous-divisée entr'eux. Ils sont d'accord que d'après les informations les plus exactes, les plus détaillées, les plus multipliées; d'après les expériences faites par eux-mêmes & sur leurs propres personnes, la respiration de la fumée du varech n'est nullement nuisible ni aux hommes, ni aux animaux, ni aux grains, ni aux fruits; que c'est une erreur accréditée par l'ignorance, ou peut-être par des passions particulieres combinées.

A ce rapport M. le marquis de Paulmy, président de l'académie à cette séance, a ajouté que M. Guettard, envoyé dans la Méditerranée, n'étoit pas encore revenu, mais que son compte rendu à l'académie étoit conforme dans tous les points à celui de ses confreres.

Pendant cette lecture M. de Fouchy avoit repris haleine, & a fait part de *l'éloge de M. de Mairan.* On sait qu'il avoit succédé au secretariat de l'académie, occupé par M. de Fontenelle, avec qui M. de Mairan avoit beaucoup de ressemblance. Il réunissoit, ainsi que lui, à la plus profonde théorie des hautes sciences, l'agrément des lettres & des arts aimables. Il a été aussi de l'académie Françoise, & a poussé dans un âge très-avancé sa carriere douce & fortunée. Un caractere égal, une ame tranquille, n'ont pas peu contribué à prolonger le cours de l'un & de l'autre, & fans un accident particulier, peut-être le dernier auroit-il égalé les nombreufes années de fon prédéceffeur. Ses *mémoires fur les caufes du chaud & du froid, & fur les aurores boréales*, font les ouvrages qui lui ont fait le plus de réputation. En général, quoiqu'il ait beaucoup travaillé, il digéroit lentement fes productions. Comme d'ailleurs elles font d'une nature moins variée & moins à la portée du grand nombre, fa célébrité n'a jamais approché de celle du vieillard aimable qu'il avoit remplacé.

Le météore lumineux du 7 juillet a été l'objet d'une differtation de M. le Roy, qui, après en avoir fait une defcription exacte & détaillée, après avoir rendu compte de la maniere dont il a été obfervé en divers endroits de la France, a traité dans fa feconde partie des explications données par plufieurs favants de ces globes de feu dont il y a plufieurs exemples, & a fini par convenir qu'il n'en trouvoit aucune fatisfaifante, & que ce n'étoit qu'en accumulant une quantité d'expériences qu'on furprendroit peut-être enfin le fecret de la nature.

M. Bailli devoit lire un mémoire d'aftronomie fur les inégalités de la lumiere des fatellites, fur la mefure de leurs diametres, & fur un moyen auffi fimple que commode de rendre les obfervations comparables, en remédiant à l'effet produit par la différence des vues & des lunettes. Mais l'heure étant plus que paffée, il a feulement annoncé le titre de cet ouvrage, trop fort d'ailleurs pour la plupart des auditeurs, & qui les auroit fans doute ennuyé beaucoup.

13 Novembre 1771. Assemblée publique de l'académie des inscriptions & belles-lettres, du mardi 12 novembre 1771.

L'assemblée d'hier a été peu nombreuse, & le banc des honoraires ne s'est trouvé garni que du duc de St. Aignan & du sieur Bignon, prévôt des marchands.

M. le Beau a ouvert la séance par annoncer que M. l'abbé le Blond, sous-bibliothécaire du collège Mazarin, avoit remporté le prix. C'est pour la troisieme fois qu'il est couronné.

Il a ensuite fait lecture du programme contenant le sujet du prix que l'académie doit donner dans son assemblée à pâque 1773. Il s'agit d'examiner *pourquoi les descendants de Charlemagne, princes ambitieux & guerriers, ne purent se maintenir aussi long-temps sur le trône des François que les foibles successeurs de Clovis?*

A ces deux annonces a succédé l'éloge de M. l'abbé Mignot. C'étoit un savant, modeste & obscur, dont la vie n'a point d'époques intéressantes par leur célébrité, & dont les ouvrages même sont peu connus. Son principal travail consiste en des recherches curieuses & profondes sur l'histoire des Phéniciens, sujet neuf ou du moins très-légérement effleuré par ses confreres. Il l'a traité de maniere à n'y laisser rien desirer, quand les manuscrits trouvés après sa mort auront été joints à ses autres mémoires déja imprimés sur la même matiere.

M. l'abbé Mignot a beaucoup écrit sur la théologie, mais l'usure est l'objet sur lequel il a travaillé avec plus de soin & de complaisance. Comme tout est de mode successivement dans ce pays-ci, il a été un temps où les recherches des savants se sont tournées de ce côté-là. L'érudition & l'amour de l'étude n'empêchent pas que l'amour de l'argent ne se trouve réuni dans le même individu. L'avarice est encore la passion favorite des gens de lettres, & sans en chercher des exemples bien loin, personne n'ignore avec quelle ardeur M. de Voltaire, en courant à la gloire, a poursuivi la fortune. L'usure, c'est-à-dire, l'intérêt qu'on retire d'un argent prêté, étant le premier & le seul véhicule sous différentes formes qui amene la richesse, cette question intéresse l'humanité en général, ou, pour mieux dire, elle n'en devroit pas faire une. Tout ce que les théologiens ont avancé là-dessus, est trop contraire au bon sens, à la saine philosophie, à la politique, à l'essence des propriétés, pour mériter une réfutation dans un siecle éclairé. L'académicien dont on a parlé, a cependant discuté ce point de controverse avec toute la bonne foi possible : il a démontré que l'usure a été en usage chez tous les peuples de la terre, & cet usage subsistera tant qu'il y aura un esprit de cupidité, ou plutôt une prévoyance du lendemain, qui exige nécessairement qu'on s'assure des revenus périodiques & toujours renaissants. C'est à un législateur sage, en ménageant une circulation abondante & continuelle, à prévenir ces stagnations d'argent, qui occasionnent l'abus de la chose & l'oppression du pauvre.

Après l'éloge de M. l'abbé Mignot, monsieur l'abbé Arnaud a lu la *traduction d'un dialogue de Platon*, précédée d'un discours préliminaire. Suivant l'auteur, son but a été de faire voir qu'il ne falloit pas juger de Platon par les traductions qu'on avoit données de quelques-uns de ses ouvrages, & à cette occasion il s'est déterminé à traduire un des dialogues de ce grand philosophe. Il a choisi celui intitulé : *Jon*. C'est un *rapsode*, c'est-à-dire, un de ces hommes qui récitoient, pour gagner leur vie, les vers d'Homere. Il le fait dialoguer avec Socrate. Ce dernier, suivant sa maniere subtile de raisonner, après avoir promené son adversaire par mille détours, le circonscrit insensiblement, le resserre dans un cercle d'arguments pressants, & l'oblige de convenir que les poëtes, ne faisant que céder à une impulsion divine, parlent de tout sans rien savoir, & conséquemment sont fort au dessous des philosophes, dont le propre est d'étudier l'essence des choses, de les développer, de les connoître parfaitement : en un mot, en derniere analyse, il en fait résulter la supériorité de la philosophie sur la poésie. On ne sera pas surpris du choix que l'académicien a fait de ce dialogue, quand on saura qu'il ne compose point de vers, mais qu'il se pique d'être un sage moderne, & un des enthousiastes du système de nos philosophes, qui voudroient déprimer le bel art en question, & amener tout à leurs principes, en s'établissant pour législateurs des sciences & des arts, sous le titre imposant & illimité d'encyclopédistes.

Au surplus, le mémoire du traducteur est écrit avec ce style animé, qui n'est pas celui de la dissertation, mais que l'imagination exaltée de cet abbé provençal porte par-tout, & sous lequel il fait disparoître l'odieux de ses prétentions & le faux de ses sophismes.

Le mémoire de M. l'abbé Batteux, *sur la tragédie & sur ses fins*, est beaucoup plus dans le ton de la chose. Il est clair, méthodique, raisonné. L'auteur veut justifier Aristote, tant critiqué à l'occasion de sa définition de la tragédie. Il en donne une nouvelle analyse, & l'accompagne de développements fondés sur une métaphysique très-déliée & difficile à saisir. Le grand point de la question est de savoir si le poëte doit se proposer une maxime de morale pour but de son ouvrage; conséquemment, si tout drame tragique doit nécessairement se terminer par le triomphe des bons & la punition des méchants? L'académicien prétend que la tragédie n'ayant jamais eu pour objet que le plaisir des spectateurs, il suffit qu'ils en sortent émus de passions purgées, c'est-à-dire, qui ne soient pas exaltées au degré qui déchireroient l'ame douloureusement.

Quoique le raisonnement du traducteur soit fondé sur l'expérience, & qu'on voie d'excellentes tragédies, dont le résultat n'est rien moins qu'encourageant pour la vertu & effrayant pour le vice, on sent pourtant qu'un législateur habile pourroit aisément faire tourner cet art du côté de la politique, & que si le plaisir lui donna naissance, il est devenu chez les peuples de la Grece un ressort puissant pour produire les grands mouvements & l'enthousiasme patriotique. C'est ainsi que de nos jours le gouvernement a profité de la manie de M. de Belloy de faire des tragédies, & d'y introduire des héros françois, pour enfanter un prétendu fanatisme de la nation envers ses rois, & le faire servir de véhicule à l'introduction du despotisme. Malheureusement les maximes de cet auteur, alambiquées dans des méchants vers, ne produisant qu'une impression momentanée, sont intolérables à la lecture par leur obscurité énigmatique, & ne peuvent se graver dans la mémoire, par la barbarie du maître & de l'expreſſion.

On avoit commencé la lecture d'un cinquieme mémoire de M. Sigrais, ſur l'eſprit militaire des Gaulois. Celui-ci doit embraſſer l'eſpace écoulé depuis le regne d'Auguſte juſqu'à Othon. En général, la nation parut engourdie dans cet intervalle : elle ne ſe réveilla de temps en temps qu'à l'occaſion de l'énormité des impôts & des vexations qui en ſont les ſuites ; mais les inſurrections de ces peuples ſe terminerent malheureuſement pour eux, & ils retomberent ſous le joug.

Le public eſt ſorti très-mécontent de n'avoir pu entendre ce mémoire ſi intéreſſant par ſon ſujet & par ſes circonſtances. Mais le préſident a fait finir impitoyablement cette lecture à cinq heures ſonnantes, ſuivant l'uſage ſcholaſtique de cette académie, contre lequel on ne ſauroit trop s'élever.

14 *Novembre* 1771. On écrit de Fontainebleau que *Zémire & Azor*, ou *la Belle & la Bête*, opéra comique nouveau, y a été exécuté ſur le théatre de la cour, le ſamedi 9, avec beaucoup de ſatisfaction de la part des ſpectateurs. On en a été ſi content qu'on l'a donné une ſeconde fois. La muſique du ſieur Gretry, ainſi que c'eſt l'uſage, a fait le ſuccès de ce petit ouvrage, dont les paroles ſont du ſieur Marmontel. La fameuſe décoration de diamants a été employée à cette occaſion, & elle a paru encore plus ſuberbe & plus reſplendiſſante par des additions & par un jeu plus brillant donné aux pierreries.

15 *Novembre* 1771. Le ſieur Gibert, membre

de l'académie des belles-lettres, vient de mourir. Ce savant, peu connu, laisse en outre deux places vacantes très-bonnes : celle d'inspecteur des domaines, & celle de secretaire de la pairie.

16 Novembre 1771. Plan d'une conversation entre un avocat & M. le chancelier. Ce dialogue roule sur les reproches que l'auteur de la brochure est censé recevoir du chef de la magistrature, à l'occasion de la suspension de ses fonctions & de celles de son ordre. Il y prouve que le serment fait par lui & ses confreres, d'observer les loix & ordonnces du royaume, les oblige de s'abstenir de concourir directement ou indirectement à tout ce qui paroît leur être contraire; que c'est par ce sentiment intime & irrésistible de leur conscience, que tous, sans assemblée, sans conventicule, ont tenu une conduite pareille, & sont unanimes sans concert : il en tire un puissant argument contre son adversaire. Il fait voir que lorsque six cents personnes, dont plusieurs n'ont pas toujours les mêmes idées, soit sur les questions politiques & les points de droit public, soit même sur les querelles qui divisent l'église de France, se réunissent dans un parti qui renverse leurs fortunes & leurs familles, il faut croire que cette unanimité si frappante entre tant de gens, d'âge, de caractere, de pays, de situation, de fortune & de sentiments, différents sur tant d'autres points, porte sur quelque grand & respectable motif.

L'avocat part de-là, pour développer d'une façon lumineuse combien les opérations de M. de Maupeou sont contraires aux loix & au véritable intérêt du roi & de l'état. Celui-ci, dans ses objections ou dans ses répliques, conserve ce ton mielleux & patelin que tout le monde lui connoît, & si bien soutenu dans la correspondance secrete, &c. Enfin, dans une espece de péroraison de la plus grande vigueur, l'orateur s'échauffe, s'éleve, s'enthousiasme & bourre sa grandeur d'une prodigieuse force, au point que le chancelier, rendu à la méchanceté de son caractere, développe toute la noirceur de son ame & exhale sa fureur en menaces.

17 *Novembre* 1771. *Montbailli*, veuve âgée de soixante ans, d'un embonpoint & d'une grosseur énorme, sujette à s'enivrer d'eau-de-vie, fut trouvée, le 7 juillet 1770, au matin, morte près de son lit, avec tous les symptomes d'une apoplexie subite, & des contusions, meurtrissures, blessures même qu'elle s'étoit faites probablement en sortant de son lit & en se débattant. On étoit sur le point de l'enterrer, lorsqu'il s'éleva quelques rumeurs dans le peuple, à l'occasion d'une contestation mue la veille entre cette femme & son fils & sa bru. Ceux-ci sont accusés de parricide : on les emprisonne séparément : on visite le cadavre. Les médecins & chirurgiens de St. Omer disent unanimement que la mort a pu être naturelle : les juges crurent les accusés innocents ; mais pour ne point trop aller contre la clameur populaire, ils ordonnerent un plus amplement informé d'une année, pendant laquelle les accusés garderoient prison.

Le procureur du roi appella de cette sentence au conseil d'Artois, *à minimâ*. Ces nouveaux juges, malgré les dénégations constantes, simples & uniformes du mari & de la femme, condamnerent le mari à souffrir la question ordinaire & extraordinaire, à mourir sur la roue, après avoir eu le poing coupé ; la femme à être pendue, & tous deux jetés dans les flammes.

Montbailli fut renvoyé à St. Omer pour y subir cet arrêt, prononcé le 9 novembre 1770 ; & il fut exécuté le 19 du même mois, en attestant jusqu'au dernier soupir son innocence & celle de sa femme.

La femme, qui étoit enceinte, ne devoit être exécutée qu'après ses couches. Son pere & sa mere ont profité du délai pour demander un sursis à M. le chancelier, & l'ont obtenu. Ils demandent aujourd'hui la revision du procès, fondés sur une consultation de treize avocats, & sur celle de M. Louis, célebre professeur en anatomie.

M. de Voltaire vient de faire à cette occasion une brochure nouvelle, sous le titre de *la Méprise d'Arras*. Il y plaide la cause de l'humanité avec son éloquence & son onction ordinaires ; mais on découvre malheureusement que ce n'est qu'un cadre pour y enchâsser ses invectives, plus ordinaires encore contre la magistrature & contre ses ennemis, qu'il déchire avec un acharnement inhumain. Il profite aussi de l'occasion pour encenser M. le chancelier, & louer ses opérations de la façon la plus outrée & la plus basse.

18 *Novembre* 1771. *Le Manifeste aux Normands* est un écrit très-violent, mais plus fort encore de choses, de raisonnements & de citations. C'est une espece de tocsin pour annoncer à cette nation que les fondements de toutes les propriétés des Normands sont attaqués. Mais que, n'appartenant à la France que par le fameux

pacte de 1,204, la violation réfléchie de ce traité mutuel par une des parties contractantes le détruit, rend la province à son premier-état : elle redevient partie de l'Angleterre, sa premiere patrie, ou bien libre d'en choisir une nouvelle.

Outre ce contrat d'union, les Normands ont à réclamer le fameux code, intitulé : *La Charte aux Normands*. Il renferme trois dispositions principales.

Par la premiere, la coutume du pays & ses usages ne peuvent, sous aucun prétexte & en aucun temps, être changés.

Par la seconde, la province doit être maintenue dans la possession de son antique tribunal ou échiquier souverain, où ressortissent définitivement *toutes les causes de ce duché* : en sorte qu'aucun ne puisse être ajourné devant les juges d'un autre pays.

Par la troisieme, les rois ducs de Normandie ne peuvent ni ne doivent, en aucun cas & sous aucun prétexte, mettre des impositions de quelqu'espece que ce soit sur la province, sans un besoin pressant & évident, jugé tel par les trois états assemblés.

Tel est le pacte, dit l'écrivain, de la nation Normande, lorsqu'elle reconnut pour ducs les rois de France. Sa soumission tient donc à l'accomplissement du contrat qui y met le prix. Toutes les nations sont par nature vengeresses du droit des gens violé, & protectrices du peuple opprimé...

20 *Novembre* 1771. *Zémire & Azor* a fait une grande sensation à la cour, & mérite quelque détail. C'est une comédie ballet en vers

& en quatre actes, mêlée de chants & de danses.

Azor est un jeune prince Persan, roi de Kamir, à qui une fée a fait présent de la beauté. Pour s'être trop complu dans ce don, elle le lui a ravi. Il est devenu une espece de monstre, & le charme ne doit cesser qu'au moment où, malgré sa laideur, il pourra toucher un jeune cœur. Au surplus, il a la puissance de commander aux éléments, & de faire tous les enchantements qu'il lui plaît.

Sander, Persan, négociant d'Ormus, en revenant d'un voyage, est surpris d'un orage. Il s'égare avec Hali, son esclave, & trouve un palais magnifique dans lequel il entre; il n'y voit personne, mais tout s'ouvre devant lui; il rencontre les divers secours dont il a besoin, & l'orage cessé il s'en va. Il cueille en partant une rose pour Zémire, la plus chérie de ses trois filles. Le génie arrive soudain : il se plaint de l'indiscrétion du voyageur; il le menace de lui ôter la vie. Sander cherche à le toucher; il lui raconte son histoire.... Il n'obtient sa grace qu'à condition d'amener sa fille au monstre. Il le lui promet pour se ménager encore une entrevue avec ses enfants, & lui promet de revenir, si l'une d'elles ne prend pas sa place.

Au palais enchanté, où s'est passé le premier acte, succede l'intérieur de la maison de Sander. Accueil tendre de ses filles, & sur-tout de Zémire. Il cache sa douleur sous une feinte joie. Pour ne plus se contraindre il exige que ses enfants aillent se coucher. Zémire s'apperçoit de son trouble : elle en apprend la cause de Hali, & se résout à se sacrifier, pour sauver la vie à son pere.

Le troisieme acte se passe de nouveau dans le palais d'Azor. Zémire, conduite par l'esclave, s'offre au monstre. Celui-ci est enchanté de la beauté de la jeune personne, qui ne peut d'abord lui dissimuler l'effroi qu'il lui fait. Son langage la rassure : elle oublie, en l'écoutant, la peur qu'elle ressentoit à le voir; & par une gradation successive, elle passe à un sentiment tendre pour le génie, qu'elle croit n'être que de la pitié; mais elle n'oublie pas son pere : elle demande la permission d'aller le revoir; elle lui est accordée. Il la conjure seulement de revenir; il lui déclare que si elle n'est de retour avant la fin du jour, il mourra. Il lui donne un anneau, qui la rend libre. En le portant, elle n'est plus au pouvoir du monstre. Si elle le quitte, elle lui sera rendue. Elle devient maîtresse de son sort.

La maison de Sander reparoît au quatrieme acte. Zémire retrouve son pere & ses sœurs. Elle les rassure sur son sort : elle leur apprend toutes les bontés du génie, & fait son récit avec tant de vivacité, tant d'éloges, tant d'intérêt, que son cœur leur paroît affecté. On veut l'arrêter : elle dit qu'elle a promis de retourner; qu'il l'attend, & qu'elle doit s'acquitter. Elle jette son anneau & disparoît. Cependant Azor voyant le jour finir, croit sa nouvelle amante infidelle; il succombe, il sent qu'il va mourir. Elle survient dans cet instant, & retrouve Azor dans sa premiere beauté. La fée, satisfaite de cette épreuve, se montre, & tire de l'événement du jour de la morale constante, que la bonté a tous les droits de la beauté.

Cette piece, dans laquelle il y a beaucoup de jeu & de mouvement, doit produire un très-grand
effet

effet au théatre, & faire la plus grande fensation, accompagnée de toute la magie du spectacle, de la pompe de la danfe & des ballets, & fur-tout d'une mufique délicieufe. Elle a le défaut de n'être pas extrêmement gaie, d'être toujours fur le ton pleureur & langoureux, défaut affez ordinaire aux productions de M. Marmontel, dont le cœur tendre s'affecte fortement, & revient avec peine aux impreffions de la joie.

21 *Novembre* 1771. Le fieur Keyfer vient de mourir. C'étoit un empirique fameux par fes dragées anti-vénériennes. M. le maréchal de Biron l'avoit mis fort en vogue par l'expérience qu'il avoit fait faire de fon remede en faveur des foldats de fon régiment, dont le grand nombre eft fouvent affecté des fuites du libertinage & de la débauche. Il étoit devenu l'efculape de cette troupe, & il y avoit des hôpitaux établis dont il avoit l'adminiftration & où il exerçoit fes cures. La faculté de médecine, toujours oppofée aux curations qui ne s'exercent pas fuivant fes principes, avoit beaucoup de fes membres adverfaires du fieur Keyfer; en forte que l'utilité de fon remede n'étoit pas fans beaucoup de contradictions, & devenoit un problême très embarraffant pour ceux qui en auroient eu befoin, malgré l'avantage apparent qu'il préfentoit, & les facilités à s'en fervir, ainfi que le coût très-médiocre dont il étoit.

22 *Novembre* 1771. *Nous y penfons*, ou *Réponfe de MM. les avocats de Paris, à l'auteur de l'avis*: *Penfez-y bien*. L'auteur y développe les raifons qui ont empêché les avocats de rentrer : raifons dont l'ordre ne fent plus fans doute

aujourd'hui la force victorieuse, puisqu'il a prêté le serment si desiré par M. le chancelier.

25 *Novembre* 1771. M. le vicomte de Bombelles, officier au régiment de Piémont, a épousé il y quelques années, à Montauban, la fille d'un négociant protestant; & pour se conformer à la religion de la demoiselle, il a consenti que le mariage se fît dans le rit de sa religion, c'est-à-dire, *au désert*; cérémonie proscrite par la loi en France, où les mariages des protestants sont déclarés nuls. Depuis, profitant sans doute de cette nullité, il s'est marié une seconde fois à Paris à une demoiselle Carvoisin, & la célébration s'est faite cette année avec toutes les cérémonies d'usage entre les catholiques. Un bruit sourd couroit dès-lors qu'il avoit déja une femme; mais il a nié constamment le fait, & il a passé outre. La demoiselle de Montauban revient aujourd'hui contre ce second mariage: c'est ce qui fait la matiere d'un procès important & curieux, qu'on doit incessamment plaider au nouveau tribunal. Le sieur Linguet répand déja un mémoire en faveur de la premiere vicomtesse, y déploie toute l'éloquence qui lui est ordinaire, à laquelle prête infiniment le sujet en question.

26 *Novembre* 1771. La fête donnée à madame la comtesse de Provence, par madame la comtesse de Valentinois, le 21 de ce mois, consistoit en la représentation de *Rose & Colas*, opéra-comique ancien, & que les acteurs du théatre italien ont exécuté. A ce spectacle a succédé un petit divertissement en trois actes, relatif à la convalescence de la princesse. L'abbé de Voisenon & le sieur Favart s'étoient évertués pour y faire de l'esprit. Le tout a été suivi de couplets,

où par un mêlange infame, ces auteurs ont associé sans pudeur aux éloges de madame la comtesse de Provence, ceux du chancelier & de ses opérations, & conséquemment des épigrammes satiriques contre les parlements & la magistrature. M. de Maupeou, qui déroge sans cesse à la gravité de son état, n'a pas manqué de se trouver à la fête, ainsi que tous les ministres qui y avoient été invités.

27 *Novembre* 1771. Bien des gens ignoroient ce qu'étoit devenu le sieur de Moissi, auteur connu sur-tout par la *nouvelle Ecole des Femmes*, comédie assez jolie, & qui a eu beaucoup de succès au théatre Italien. On a su depuis qu'il s'est rendu à la Trappe il y a quelque temps, & qu'il y avoit passé deux mois, au bout desquels il avoit été obligé d'en sortir, comme il arrive à presque tous ceux qu'un zele indiscret & aveugle y conduit.

27 *Novembre.* Le sieur de Belloy a été élu samedi dernier membre de l'académie françoise, comme on l'avoit prévu & annoncé.

28 *Novembre* 1771. L'opéra d'*Amadis de Gaule*, exécuté mardi dernier, & qui n'avoit pas été remis depuis 1759, a attiré un monde prodigieux. C'est un des plus beaux de Quinault pour la composition & le spectacle, & de ce côté-là l'admiration ne s'est pas affoiblie; mais les changemens faits dans la musique par le Sr. la Borde, ont paru si disparates avec celle de Lully, qu'il en est résulté une dissonance générale, propre à révolter également les partisans de l'ancien goût & ceux du nouveau.

29 *Novembre* 1771. On vient de poser à l'hôtel des monnoies, sur la principale porte de la rue

Guénégaud, deux figures en pied de grandeur naturelle, c'eſt-à-dire, de ſix pieds environ, qui accompagnent les deux autres déja placées, & repréſentent enſemble les quatre élémens. Ces deux dernieres ſont l'*eau* & l'*air*. La premiere eſt une Nayade qui, la tête inclinée, tient un vaſe dont s'écoule un jet-d'eau. La draperie de cette nymphe n'eſt pas ondoyante comme il faut la ſuppoſer, & le fluide qui ſort de l'urne n'a ni le tranſparent ni le mobile d'un liquide : tout l'enſemble en eſt matériel : on ne trouve rien de gracieux, rien d'élégant dans cette figure. Celle de l'*air* a quelque choſe de plus ſvelte. Elle eſt caractériſée par un pélican à ſes pieds, oiſeau fabuleux qu'on prétendoit ſe nourrir de ce fluide, & que les poëtes & les artiſtes ont adopté pour ſon emblème allégorique. La nymphe a les yeux vers le ciel & déja le pied gauche enlevé. Elle ſemble diſpoſée à s'élancer dans le vague de l'athmoſphere ; mais ſa draperie ne flotte pas aſſez, & n'a pas plus que celle de la premiere figure, la légéreté, le jeu, la ſoupleſſe qu'elle devroit avoir. Ces ouvrages ſont de M. Caffieri, ſculpteur eſtimable qui s'eſt diſtingué au ſallon dernier.

30 *Novembre* 1771. Malgé la multitude de remedes uſités contre les maladies vénériennes, les gens de l'art s'occupent ſans relâche à en trouver d'autres, ou à combiner du moins d'une maniere nouvelle & à perfectionner ceux déja connus. Le lucre immenſe attaché à la pratique des cures en queſtion, eſt un motif toujours puiſſant pour exciter l'induſtrieuſe cupidité de nos eſculapes. Le Sr. Beaumé, célebre apothicaire de cette capitale, a imaginé des *bains anti-vénériens*, dont il vient de faire part au public. Ils ſe prennent dans une

eau tiede à l'ordinaire, & font imprégnés d'une dissolution de *sublimé corrosif*. On y reste le temps usité, c'est-à-dire deux heures, & on les continue, en interrompant à certaines distances, jusqu'à parfaite guérison. Ce chymiste prétend avoir réussi dans les diverses expériences qu'il a faites. Il convient cependant qu'un remede de cette espece peut être dangereux; mais il assure qu'administré avec la réserve convenable, il est infaillible. Il n'a rien du dégoûtant des frictions mercurielles, & peut d'ailleurs se pratiquer avec tout le mystere qu'exigent souvent les maladies en question, puisqu'il ne présente qu'un traitement prescrit.

2 *Décembre* 1771. On a parlé des succès prodigieux qu'avoit le spectacle forain du sieur Audinot. Il a attiré la jalousie de tant de concurrents, que sans être interdit absolument, il a reçu un arrêt du conseil qui le réduit à sa premiere institution de spectacle populaire, lui interdit les danses, la plus grande partie de son orchestre, &c.

3 *Décembre* 1771. On a frappé une estampe satirique représentant les quatre avocats qui ont été à Fontainebleau, députés par les vingt-huit. Ils sont figurés en mendiants, avec une inscription qui caractérise chacun d'eux. Sous le sieur *la Goutte* est le mot *avaritia*, parce qu'il est vilain & ladre. Sous le sieur *Caillard* on a mis *cupiditas*, pour exprimer son ardeur insatiable de gagner. L'air de butor du sieur *Colombeau* est accompagné du mot *stupiditas*, qui annonce que la bêtise a eu plus de part à sa défection que tout autre motif. Enfin le mot *paupertas* annonce le motif pressant qui a déterminé le sieur *la Borde*, avocat du premier président d'Aligre, qui ne lui a jamais donné aucun secours.

4 Décembre 1771. Les écrits répandus par ordre de M. le chancelier en faveur de son système, dont le nombre s'étoit accru si rapidement, qu'en très-peu de temps on en comptoit déja 89, avoient cessé depuis quelque temps. On ne sait si le cours en va recommencer avec la même abondance; mais on en voit déja plusieurs sur toutes les boutiques de libraires. Celui qui se distingue est un pamphlet intitulé : *Des droits de la Bretagne*. Son objet est de motiver la réduction du parlement de Rennes, en établissant que les états ont toujours réclamé contre l'augmentation du nombre des offices. Le scientifique y est assaisonné d'injures contre le parlement, qui rendent la brochure merveilleusement piquante.

5 *Décembre* 1771. Les libraires associés à l'impression du dictionnaire encyclopédique vont bientôt entrer en lice au nouveau tribunal contre M. Luneau; & la rentrée du Sr. Gerbier leur permet de choisir en lui un défenseur, sur lequel ils comptent beaucoup. En attendant, ils répandent une petite brochure, intitulée : *Réflexions d'un souscripteur de l'encyclopédie, sur le procès intenté aux libraires associés à cet ouvrage, par M. Luneau de Boisgermain*. Cette réponse est spécieuse & mérite une discussion particuliere.

6 *Décembre* 1771. L'année derniere il parut un *mémoire sur les rangs & honneurs de la cour*. Cet écrit fut occasioné par les disputes élevées à cet égard aux fêtes données en l'honneur du mariage de Mad. la dauphine. Quoiqu'il fut anonyme, on sait très-parfaitement qu'il étoit de M. Gibert, de l'académie des belles-lettres, & secretaire de la pairie, mort depuis peu. L'auteur attaquoit les droits & les privileges des princes étrangers établis

en France, & sembloit sur-tout diriger ses traits contre les titres & prérogatives de la maison de Rohan.

L'abbé Georget, un des féaux de cette maison, a cru devoir en prendre la défense, & il vient de publier, avec son agrément, une réponse à un écrit anonyme, intitulé : *Mémoire sur les rangs & les honneurs de la cour*. Il a 226 pages in-8°. Il est étayé de toutes les pieces justificatives. On en parlera plus au long.

7 Décembre 1771.

Malgré Discorde & ses noirs émissaires,
De la justice ardera le flambeau ;
A la chicane on rognera les serres,
Et Thémis sera sans bandeau.

Tel est le couplet chanté à la fête de madame de Valentinois, qui fait tant de bruit. Il est en centurie, comme on voit. C'est une sibylle qui le débite à la suite de beaucoup d'autres, où l'on annonce *l'âge d'or* aux François.

Le public n'est pas revenu de l'indignation qu'il a conçue contre l'abbé de Voisenon. Celui-ci, qui en a d'abord reçu les compliments de la cour & du chancelier, voudroit aujourd'hui tout mettre sur le compte du sieur Favart. Mais comme on sait que cet auteur fait tout en commun avec l'abbé, ainsi que sa femme, il n'est cru de personne. Il paroît constant qu'ayant été au Palais-Royal, pour détruire les facheuses impressions d'un pareil bruit, M. le duc d'Orléans, qui jusqu'à présent avoit eu des bontés pour lui, lui a tourné le dos.

L'abbé de Voisenon n'a pas été mieux accueilli de ses confreres à l'académie Françoise. Ils n'ont osé s'expliquer avec la sévérité qu'ils lui auroient montrée en toute autre occasion ; mais l'accueil glacial qu'il en a reçu lui a fait connoître ce qu'on pensoit sur son compte. On ajoute qu'il a voulu entrer en explication, & dans le cours de sa justification, ayant dit, en se plaignant de la méchanceté de ses envieux, *qu'on lui prêtoit beaucoup de sottises.... Tant p., M. l'Abbé*, a repris vivement l'un d'eux, (M. d'Alembert, ajoute-t-on,) *on ne prête qu'aux riches.*

Madame la comtesse de Valentinois n'est pas plus épargnée dans le public. On veut que madame la comtesse de Provence ait affecté de ne lui faire aucun remerciement ; que cette dame, piquée de ce silence, en lui rendant ses devoirs, lui ait demandé comment elle avoit trouvé la fête qu'elle avoit eu l'honneur de lui donner ? Sur quoi la princesse auroit répliqué avec étonnement : *Une fête à moi, Madame ! Je sais que vous en avez donné une dont j'ai pris ma part ; mais je ne vous en ai point remercié, parce que j'ai cru qu'elle étoit pour madame Dubarri ou pour M. le chancelier.*

En effet, on sait que madame de Valentinois est, depuis le commencement de la faveur de madame Dubarri, une de ses complaisantes ; & à cette fête elle lui fit des politesses & lui témoigna des attentions si marquées, que ce partage ne pouvoit que paroître très-malhonnête & très-indécent à madame la comtesse de Provence. Quoi qu'il en soit, les dépenses que madame de Valentinois a faites à cette occasion, sont bien compensées par 15,000 livres de pension qu'on vient de lui faire.

8 *Décembre* 1771. Mademoiselle Dubois, actrice de la comédie Françoise, qui par l'ordre de l'ancienneté, plutôt que par ses talents, se trouve aujourd'hui la première, avoit resté long-temps sans jouer: une maladie grave, plusieurs rechûtes, & les promesses ordinaires faites de sa part, *in articulo mortis*, entre les bras de son confesseur, de ne pas remonter sur le théatre, faisoient craindre à ses partisans de ne l'y plus revoir. Mais ses sermens à Dieu n'ont pas eu plus de force que ceux à ses amants, & elle doit jouer aujourd'hui dans *Zaïre*. Le vrai est que ce n'eût point été une grande perte. Elle a une figure très-intéressante, le son de voix le plus harmonieux; mais de grands bras, des gestes monotones & nulle ame: ce qui a fait dire en jouant sur son nom, que c'étoit une actrice *de Bois*, ou qu'elle n'étoit pas *du Bois* dont on fait les bonnes actrices. Malgré cela la nouvelle de sa rentrée au théatre fait une grande sensation parmi les paillards, plus que parmi les connoisseurs, & comme les premiers sont en plus grand nombre, c'est une fureur, & toutes les loges sont déja louées.

9 *Décembre* 1771. Suivant le prétendu souscripteur, auteur de la brochure en faveur des libraires associés à l'encyclopédie, le succès de cet ouvrage est autant dû au zele & à la constance des deux commerçants qui l'ont entrepris, qu'au courage de l'homme de génie qui y a présidé, & l'on ne doit pas permettre que ce monument de leur bienfaisance envers la patrie soit le tombeau de leur honneur & de leur fortune. Mais comme ces belles phrases ne sont pas des raisons, il entre en matiere.

M. Luneau accuse les libraires associés

1°. De n'avoir rempli aucune des conditions de leur *prospectus*, soit pour le nombre des volumes, soit pour le caractere employé à leur composition typographique, soit enfin pour la dimension des pages.

2°. D'avoir compté aux souscripteurs plus de planches qu'ils n'en ont fourni.

3°. D'avoir varié dans le prix des volumes de discours, & des volumes de planches.

Leur défenseur répond : 1°. Que des événements qu'il étoit impossible de prévoir, ont empêché les libraires en question d'exécuter leurs promesses à la rigueur, les ont forcés de s'en écarter, & que s'ils n'ont pas tenu leurs engagements *à la lettre*, ils ont cependant été plus loin dans leurs effets.

2°. Il explique comment le nombre des planches se trouve, suivant M. Luneau, de 1672 seulement, tandis que, suivant les libraires, il est de 1805 : cette erreur de calcul se concilie en ce que le premier ne compte que les planches *effectives*, c'est-à-dire, numériquement, & que les seconds les apprécient suivant leur valeur, c'est-à-dire, *leur surface*. N'est-il pas juste qu'une planche double ou triple en étendue & en objets d'une autre, soit payée plus cher ?

3°. Le manuscrit de l'Encyclopédie appartenant aux libraires associés, soit à titre d'acquisition, soit à titre de don, & non aux souscripteurs, suivant l'étrange prétention de M. Luneau, ils ont pu, en tenant leurs engagements vis à-vis les premiers souscripteurs, faire imprimer plus d'exemplaires du livre, & ouvrir une nouvelle souscription plus chere.

L'auteur en vient à la principale piece de conviction de M. Luneau, qui est son tableau, & en raſſemblant toutes ſes preuves & tous ſes calculs, il en fait une explication rapprochée, & il en conclut la fauſſeté de ce tableau, & l'injuſtice de ſa demande en reſtitution.

Il récapitule ſon ouvrage, & obſerve que M. Luneau ſuppoſe dans ſes calculs, ce qui n'eſt pas même vraiſemblable, que tous les volumes de l'Encyclopédie ſont retirés & vendus, ſans en excepter un ſeul, qu'il fixe le prix de l'impreſſion plus d'un tiers au deſſous de ſa valeur; que le prix du papier eſt beaucoup trop foible; qu'il diminue de même toutes les parties de dépenſes; qu'il porte à 60,000 livres les faux-frais d'une entrepriſe auſſi immenſe & auſſi traverſée, faux-frais qui ont dû monter à plus de 120,000 livres, le magaſin encyclopédique ayant eſſuyé juſques à une incendie; qu'il n'admet que 150,000 livres pour l'acquiſition du manuſcrit & les honoraires des éditeurs, qui font un objet de plus de 400,000 liv.; qu'il tait les banqueroutes & pertes, montant à près de 100,000; qu'il eſt abſurde d'avancer que l'Encyclopédie imprimée, même à 4250 exemplaires, en ait pu produire 4200 complets, &c.

Enfin l'auteur prétend que ſi l'on permet à M. Luneau d'inquiéter ainſi les libraires, de les épouvanter pour les mettre à contribution, de jeter impunément le trouble dans les familles, ſous un prétexte auſſi foible, & ſur une affaire conſommée au gré de toutes les parties, c'eſt donner lieu à des *recurſions interminables*; & que, ſi la cauſe de cet adverſaire eſt, comme il le prétend, celle de tous les ſouſcripteurs, la cauſe des libraires eſt celle de tous les citoyens.

11 *Décembre* 1771. M. le baron de Thiers-Crozat avoit un fameux cabinet, un des objets de la curiosité des étrangers qui venoient à Paris : c'étoit une superbe collection en tableaux des plus grands maîtres. Depuis la mort de cet amateur, il étoit question de le vendre à l'enchere, mais l'impératrice des Russies l'a acheté en entier.

12 *Décembre* 1771. M. Gibert, pour motiver son *mémoire sur les rangs & honneurs de la cour*, prétendit faire une réponse aux trois derniers chapitres du *traité des preuves qui servent à établir la vérité de l'histoire*, par le pere Henri Griffet. La mort ayant enlevé cet ex-jésuite, l'abbé Georget a entrepris de prendre sa défense, ou plutôt celle de la maison de Rohan, principalement attaquée dans l'ouvrage en question. Les ducs & pairs ont toujours vu avec jalousie la supériorité des princes étrangers sur eux, & l'objet du mémoire de M. Gibert, secretaire de la pairie, étoit de prouver : « que les princes légitimés » ni les princes étrangers ne font aucun ordre dans » l'état; qu'ils n'y ont ni rang ni honneurs que » ceux des dignités du royaume, & qu'ils n'y » jouissent au-delà que des distinctions qu'une fa- » veur particuliere & personnelle peut leur départir » pour un temps. »

L'écrivain du nouveau mémoire, après avoir démontré en gros l'absurdité de cette proposition, objet de la premiere partie du mémoire anonyme, laisse à d'autres le soin de cette victorieuse réfutation. Il se borne à poser les fondemens par lesquels sont établies les prérogatives de la maison de Rohan. Il répond ensuite aux objections de M. Gibert.

Ainsi, dans la premiere partie, il prouve que les princes de Rohan sont issus en ligne droite & masculine de la maison royale de Bretagne, & qu'ils ont toujours été traités & regardés comme *princes de naissance*. Il en appelle en témoignage une foule de citations historiques, & il fait voir que cette vérité a été reconnue, non-seulement par les ducs de Bretagne, mais par tous les rois de France & les souverains étrangers ; qu'il en résulte un concert unanime de potentats & de nations, consacré dans les monuments les plus authentiques & les plus irréfragables.

La seconde partie est consacrée à résoudre onze objections de l'anonyme, & on les pulvérise, en faisant voir qu'elles ne sont fondées que sur la mauvaise foi de l'adversaire, qui a tronqué les textes les plus clairs, falsifié les passages les moins équivoques, altéré les sources le plus pures, &c. & que c'est en vain qu'il voudroit anéantir par un écrit clandestin, des titres, des rangs & des prérogatives, que tant de siecles ont révérés, que tant de décisions émanées du trône ont solemnellement consacrées.

A la suite du mémoire sont les pieces justificatives, suivies d'un certificat de cinq examinateurs nommés par le roi, signé le 12 novembre 77 , où ces messieurs certifient que tous les passages rapportés dans le sommaire des preuves de l'ouvrage, sont conformes aux sources d'où ils sont tirés, tant livres imprimés que manuscrits, titres originaux ou copies collationnées sur les originaux, &c.

Enfin on avertit que s'il restoit encore des doutes à quelque pyrrhonien en histoire, pendant deux mois, M. Dupuy, de l'académie des inscriptions

& belles-lettres, & bibliothécaire de l'hôtel de Soubife, laiffera aux heures indiquées vérifier les titres & les autorités, &c.

Cet ouvrage, ou plutôt cette compilation d'autorités, du côté du ftyle, de l'ordre, de la clarté & même du raifonnement, eft de beaucoup inférieur à l'écrit réfuté ; mais il paroît prouver jufqu'à la conviction les vérités hiftoriques qu'il veut établir. Il eft fâcheux que le défaut de goût de l'auteur, & d'une certaine logique lumineufe, rende ce mémoire fi pénible & fi rebutant à lire. Les gens feuls intéreffés à la difcuffion de la conteftation, ou voués par un attrait particulier à ce genre d'étude, pourront l'approfondir, & il ne tardera pas à s'aller perdre dans la maffe de tant d'autres écrits du même genre, qui ne font bons qu'à être confultés au befoin.

13 Décembre 1771. Copie de la lettre du confeil de l'école royale militaire, à M. de Bombelles, du 27 novembre 1771.

« L'école royale militaire, Monfieur, a été pénétrée de douleur en lifant le mémoire que l'indignation & le défefpoir viennent de publier contre vous. Si vous n'euffiez pas été élevé dans cette maifon, nous ne verrions dans votre affaire avec la Dlle. *Camp* qu'une fcene affligeante pour l'humanité, & nous la couvririons dans notre enceinte du voile de la pudeur & du filence. Mais nous devons à la jeuneffe que le roi y fait élever, de lui infpirer pour vos égarements toute l'horreur qu'ils méritent, & nous nous devons à nous-mêmes de ne pas paroître indifférents à l'éclat qu'ils font dans la capitale. Nous laiffons aux miniftres des autels & aux magiftrats, organes des loix, le foin de prononcer fur les liens que vous avez formés avec la Dlle. *Camp*. Mais il est un tribunal auquel vous êtes comptable des procédés que vous avez mis dans votre conduite avec elle : celui de l'honneur. C'est à ce tribunal, qui réside dans le cœur de tous les honnêtes gens, que vous êtes cités de toutes parts & qu'on vous condamne. Il est des erreurs que le feu de la jeunesse n'excusera jamais, & les vôtres sont malheureusement de cette espece. Tous les ordres qui composent cette maison, nous invitent non-seulement à vous le dire, mais encore à vous déclarer qu'il est dans le vœu commun que vous vous absteniez d'y paroître davantage.

Nous sommes, &c. »

14 *Décembre* 1771. M. Piron, quoique plus qu'octogénaire, conserve encore toute la vivacité de son esprit, & ses conversations sont une série continuelle d'épigrammes. Il en fait aussi par écrit : il n'a point oublié son éternel ennemi M. de Voltaire, & de temps en temps il fait des hostilités contre lui. C'est dans un de ces accès de haine qu'il a décoché le sarcasme suivant, qu'on ne trouveroit pas pardonnable, si la vieillesse de l'auteur ne l'autorisoit en quelque sorte à plaisanter sur celle de son rival. Voici les vers du premier :

>Sur l'auteur dont l'épiderme
>Est collé tout près des os,
>La mort tarde à frapper ferme,
>De peur d'ébrecher sa faux.
>Lorsqu'il aura les yeux clos,
>Car si faut-il qu'il y vienne,

Adieu renom, bruit & los,
Le temps jouera de la sienne.

17 *Décembre* 1771. La grande fermentation qu'occasionoit dans le public la réduction du spectacle du sieur Audinot, si essentiel aux plaisirs de cette capitale, a produit son effet. On vient de lui conserver tous les accessoires dont il avoit embelli son petit théâtre, moyennant 12,000 livres de rétribution pour l'opéra. La foule redouble chez lui depuis ce temps, & il ne peut suffire à la multitude des curieux.

18 *Décembre* 1771. Les comédiens Italiens ont enfin donné avant-hier *Zémire & Azor*. Le succès prodigieux de ce spectacle à Fontainebleau avoit excité un concours de monde extraordinaire. Madame la duchesse de Chartres étoit à cette représentation, & a attiré les applaudissements les plus universels, les plus soutenus & les plus flatteurs. En vain M. le duc de Chartres a cherché à se soustraire par l'incognito aux mêmes témoignages de tendresse & d'admiration; le cœur des spectateurs a trahi ce prince, & il a reçu aussi sa part des marques de la satisfaction publique.

La ville n'a pas été tout-à-fait d'accord avec la cour sur la piece nouvelle. Plusieurs morceaux de musique ont allumé les plus vifs transports; mais le total a paru triste & langoureux; & le drame n'étant pas soutenu par l'appareil & la magnificence des décorations, des ballets & des accessoires qu'il avoit à Fontainebleau, a manqué une partie de son effet.

On a demandé l'auteur, suivant l'usage introduit depuis quelque temps. Il a eu peine à paroître : mais le tumulte est devenu si grand, que le musicien s'est montré. Le sieur Gretry retiré, les memes brouhahas ont continué, & l'on a crié après l'auteur des paroles. Le sieur Marmontel ne jugeant point de la dignité d'un membre de l'académie de paroître ainsi, l'arlequin est venu, & avec quelques lazzis il a calmé la bruyante cohue.

19 *Décembre* 1771. M. Taboureau de Villepatoux, officier général d'artillerie, est un de ceux compris dans la derniere promotion des cordons-rouges. C'est un militaire très-recommandable par ses talents distingués, par sa valeur & par les blessures honorables qu'il a reçues. Un de ses amis lui a adressé le quatrain suivant :

Vain ornement de maints guerriers,
Pour toi, ce cordon, prix du sang & des services,
Doit servir à lier en faisseau tes lauriers,
Ou couvrira tes cicatrices.

20 *Décembre* 1771. M. Luneau de Boisjermain continue sa guerre contre les libraires. Il est occupé actuellement à escarmoucher contre le sieur Diderot, qui s'est immiscé comme un sot dans cette querelle. Il vient de donner une nouvelle édition de sa lettre à ce savant, en date du premier septembre. La précipitation avec laquelle il l'avoit composée, ne lui avoit pas permis de chercher toutes les pieces propres à justifier les faits énoncés dans cette lettre, & d'y rassembler des anecdotes & des re-

marques très-curieuſes. C'eſt ce qu'on trouve dans celle-ci, en date du premier décembre. On y lit, entr'autres choſes, une autre lettre particuliere de M. Diderot à M. Luneau, qui prouve que celui-ci a été le confident du premier, ſur l'objet en queſtion, au point de recevoir dans ſon ſein des faits qui ne pouvoient être ſus que de M. Diderot. Il y eſt queſtion *des ſept derniers volumes de l'encyclopédie charpentés.......* opération douloureuſe, faite par le ſieur le Breton aux chef-d'œuvres de cet auteur, & qui lui ont fait jurer de ne plus travailler à l'encyclopédie.

On va reprendre inceſſamment ce procès curieux & intéreſſant pour le public, & même pour les étrangers, par l'importance du livre dont il eſt queſtion, & répandu dans toute l'Europe.

Il paroît auſſi une requête imprimée du ſieur Luneau, où il énonce ving-quatre chefs d'accuſation contre les libraires. Cette piece, uniquement de procédure, ne mérite aucun détail.

21 *Décembre* 1771. On a donné cette ſemaine à Choiſy un ſpectacle pour madame la comteſſe Dubarri. Comme elle aime ce qui eſt extrêmement gai, on a choiſi *la Vérité dans le Vin*, piece du ſieur Collé très-grivoiſe. Quantité de femmes de la cour qui ne connoiſſoient point cette comédie orduriere, ont été décontenancées, & cela a donné un divertiſſement d'une eſpece particuliere à madame la comteſſe Dubarri.

22 *Décembre* 1771. Les comédiens François donnent demain la premiere repréſentation

de *la Mere jalouse*, comédie en vers & en trois actes de M. Barthe, déja connu par le succès mérité de sa petite comédie des *Fausses Infidélités*.

23 *Décembre* 1771. Quoiqu'on eût déja acheté pour deux cents mille livres de maisons, propres aux nouveaux arrangements qu'on prenoit pour le rétablissement de la comédie Françoise à son ancien domicile, qu'on eût même commencé aussi quelques travaux de démolition, il est question de renoncer à ce replâtrage, & de revenir à un plan plus complet. M. le duc d'Aumont a envoyé chercher depuis peu monsieur Liegeon, l'architecte qui avoit fourni les plans pour bâtir une nouvelle salle au carrefour de Bussi, & dont on a rendu compte en détail. Il lui a dit qu'on les avoit examinées au petit conseil, c'est-à-dire aux comités particuliers qui se tiennent chez madame la comtesse Dubarri; que cette dame en paroissoit très-contente. Il lui a demandé d'autres plans plus étendus, ainsi que des mémoires sur la finance. Ce dernier article souffrira plus de difficultés, les temps étant bien changés depuis deux ans que le projet avoit été rédigé.

24 *Décembre* 1771. *La Femme jalouse* n'a pas eu le succès dont se flattoit le sieur Barthe & ses partisans. Suivant l'usage de ces pieces trop prônées dans les cercles, elle a infiniment perdu à la représentation. Le caractere principal a paru absolument manqué, & les incidents amenés pour le faire valoir, n'ont servi qu'à mettre au jour la mal-adresse de l'auteur, & son peu de connoissance des mœurs & des principes de la société. Les autres personnages n'ont pas

été traités avec plus d'intelligence ; l'intrigue mal ourdie ne produit aucun intérêt, peche contre les vraisemblances, & se dénoue aussi gauchement qu'elle est tissue. Beaucoup de longueurs, une marche continuellement embarrassée, des scenes oisives, ont jeté dans cette comédie un froid & un ennui mortel. Les connoisseurs y ont vu avec douleur combien il falloit rabattre des espérances que la seconde comédie de ce poëte avoit données sur son compte, ou plutôt ils ont conclu qu'il n'y avoit aucune ressource dans la stérilité de son génie. Le style même est fort inférieur à celui des *Fausses Infidélités*: souvent de l'entortillé, du précieux ; quelquefois du bas, & rarement le ton noble & vrai. Beaucoup de petits portraits de portefeuille, placés à droite & à gauche pour remplir les scenes & exciter les applaudissements, mais ne tenant en rien au fond du sujet, & pouvant s'en détacher aussi aisément qu'ils y sont enchâssés. Enfin nulle invention, & de l'esprit prodigué mal-à-propos. Voilà le résultat de ce chef-d'œuvre, qui peut-être auroit été plus mal accueilli du parterre, sans la présence de madame la duchesse de Chartres & de M. le duc d'Orléans.

25 *Décembre* 1771. Il n'est personne qui n'ait connu dans Paris une fameuse courtisanne, ci-devant Mlle. Dufresne, d'une beauté rare, & devenue madame la marquise de Fleuri (Son histoire se trouve en détail dans le *Colporteur*). Cette femme, après avoir été l'entretien de tous les cercles, avoir vu à ses pieds tout ce que la cour & la ville avoient de plus grand & de plus riche, après avoir mangé la rançon d'un roi, est tom-

bée par son inconduite dans une indigence extrême, & est morte sans secours. Elle laisse deux fils, dont l'un capitaine de dragons, & l'autre capitaine d'infanterie, portent le nom & les armes des *Fleuri.*

26 *Décembre* 1771. Tous ceux qui ont été au spectacle de Choisy la semaine derniere, attestent combien la piece de *la Vérité dans le vin* étoit grivoise & à faire rire madame la comtesse Dubarri. S. M. n'a pas paru y prendre le même plaisir. Cette dame se livroit cependant à tout ce qui pouvoit égayer le roi, & cherchoit à le délasser des occupations du trône, en le faisant jouer avec un petit chien. Le souper a été fort agréable aussi. Le Sr. Larrivée & sa femme ont chanté pendant tout le repas des chansons sur le même ton de la comédie. Le roi étoit à la table à ressort avec douze convives, dont trois dames seulement, madame la comtesse Dubarri, madame la maréchale de Mirepoix & madame la marquise de Montmorency. Madame Dubarri a continué à s'occuper de tout ce qui devoit amuser S. M. Elle étoit entre le roi & M. le duc de Duras. Ce seigneur, très-excellent convive, a paru d'une folie charmante, &, quoiqu'un des ducs protestants, de la plus grande intimité avec cette dame. On n'admet pas communément des profanes à ces petits soupers : cependant, par extraordinaire, il y en a eu ce jour-là, qui ont rapporté des détails intéressants. On ajoute que le vin y couloit à grands flots, & que tout contribuoit à rendre la fête charmante; que madame Dubarri y montroit ce desir de plaire qui prête des charmes aux femmes les moins séduisantes, & jette un nouveau lustre sur la beauté,

27 *Décembre* 1771. M. de Villeloifon, jufqu'à dix ans, a été élevé fans aucune inftruction : il s'eft évertué de lui-même à cet âge; & aujourd'hui, quoiqu'il n'ait que vingt ans, il eft un des plus favants perfonnages qu'on puiffe voir en fait d'érudition. Il poffede toutes les langues poffibles. A l'élection du fucceffeur de M. Gibert il avoit eu les fecondes voix. Mais comme cette faveur eft ordinairement un droit à la nomination pour l'élection fuivante, M. Duclos fe leva, &, en rendant toute la juftice poffible au mérite du jeune candidat, déclara qu'il ne pouvoit concourir à préfent d'après les ftatuts, dont il demanda qu'il fût fait lecture. Effectivement il y eft dit par une claufe digne des fiecles de barbarie, que tout académicien doit avoir vingt-cinq ans pour pouvoir être élu. Cette difficulté a arrêté dans ce moment-ci, qu'il y deux places vacantes encore; mais on a follicité auprès du miniftre une difpenfe d'âge, & l'on fe flatte que M. de Villeloifon l'obtiendra : difpenfe non moins ridicule que le ftatut.

29 *Décembre* 1771. M. Helvetius eft mort, il y a quelques jours, d'une goutte remontée. C'étoit le fameux auteur du livre *de l'Efprit*, pour lequel il a effuyé tant de perfécutions, ainfi que fon cenfeur & ami M. Texier. On lui reproche de n'avoir pas reconnu, comme il convenoit, l'importance du fervice qui avoit coûté fi cher à ce dernier, puifqu'il en avoit perdu fa place de premier commis des affaires étrangeres, & qu'il s'eft trouvé enfuite fort mal à l'aife. Le philofophe, de fon côté, avoit été obligé de gauchir dans fes principes, & de donner aux dévots la fatisfaction de le voir fe rétracter. Il a paru fe

repentir de sa foiblesse dans ses derniers moments, où voyant qu'il n'y avoit plus rien à dissimuler, il a refusé constamment de s'asservir au cérémonial usité dans pareil cas. M. le curé de St. Roch n'a pu convaincre cet incrédule : on ne lui a cependant pas refusé les honneurs de la sépulture chrétienne, ce qu'on craignoit fort dans ce temps où M. l'archevêque a repris le gouvernement spirituel de cette capitale dans toute sa sévérité.

M. Helvetius avoit été fermier-général. Il quitta volontairement cette place lors de son mariage avec Mlle. de Ligneville, fille de qualité d'une des premieres maisons de Lorraine, se trouvant assez riche & craignant de souiller son alliance par un titre aussi sordide. On remarqua dans le temps assez plaisamment que le sieur la Garde, qui avoit épousé la sœur, eut, en vertu de ce mariage, au contraire, un bon de fermier-général ; & l'on dit que l'une refaisoit ce que l'autre avoit défait.

30 *Décembre* 1771. On a admiré aujourd'hui au repas donné par la ville à M. le maréchal duc de Brissac, son nouveau gouverneur, une galanterie nouvelle, & qui prouve à quel point est poussé chez nous l'art de nos *Comus* modernes. On avoit représenté sur le surtout de la table où il étoit, l'action du comte de Brissac, apportant à Henri IV les clefs de la ville de Paris dont il étoit gouverneur sous le duc de Mayenne. Cette invention ingénieuse a dû faire d'autant plus de plaisir à celui-ci, qu'il jure continuellement par les manes de ce personnage, celui de ses ancêtres dont il respecte le plus la mémoire.

ANNÉE M.DCC.LXXII.

1 Janvier. Une partie des ducs ne voit pas de bon œil la *réponse à un écrit anonyme*, dont on a parlé, en faveur de la maison de Rohan. Ils en témoignent publiquement leur avis, & se proposent d'y répondre. On ne sait encore sur qui ils jetteront les yeux pour un ouvrage aussi intéressant & si bien manié par le premier faiseur.

5 Janvier 1772. On sait que M. Diderot est honoré des bontés particulieres de l'impératrice de Russie, & qu'il est comme son agent littéraire dans cette capitale. Il s'est mêlé en cette qualité du marché fait pour cette souveraine, du cabinet de tableaux de M. le baron de Thiers, qu'elle a acheté en entier. Cela a donné lieu à quelques conférences entre M. Diderot & les héritiers du défunt, dont est M. le maréchal de Broglio, par sa femme. Ce maréchal, très-honnête, a pour frere le comte de Broglio, par fois très-mauvais plaisant. Un jour qu'il se trouvoit à une conférence du philosophe en question avec M. le maréchal, il voulut le tourner en ridicule sur l'habit noir qu'il portoit. Il lui demanda s'il étoit en deuil des Russes ? *Si j'avois à porter le deuil d'une nation, monsieur le comte,* lui répondit M. Diderot, *je n'irois pas la chercher si loin.*

6 Janvier 1772. Le Sr. Larrivée est dangereusement malade. Cela inquiete les amateurs de l'opéra, dont il est sans contredit le premier acteur,

teur, tant par un jeu vrai & naturel, que par une figure noble & théatrale. C'est d'ailleurs une très-belle basse-taille, & le théatre lyrique feroit une grande perte en sa personne.

7 *Janvier* 1772. M. Saurin, membre de l'académie Françoise, a lu, il y a quelques mois, à une assemblée publique, une *épître sur les inconvénients de la vieillesse*, dont le principal, suivant lui, étoit de survivre à ses amis. Il vient de donner une suite à cette épître, à l'occasion de la mort de M. *Helvétius*, son bienfaiteur. Voici cette piece.

Aux manes de mon Ami.

O toi, qui ne peux plus m'entendre,
Toi, qui dans la tombe avant moi descendu
Trahis mon espoir le plus tendre :
Quand je disois, hélas ! que j'avois trop vécu,
Qu'à ce malheur affreux j'étois loin de m'attendre !
O comment t'exprimer tout ce que j'ai perdu ?
C'est toi, qui me cherchant au sein de l'infortune,
Relevas mon sort abattu,
Et fus me rendre chere une vie importune.
Ta vertu bienfaisante égaloit tes talents :
Tendre ami des humains, sensible à leurs miseres,
Tes écrits combattirent l'erreur & les tyrans,
Et ta main soulageoit tes freres.
L'équitable postérité
T'applaudira d'avoir quitté
Le palais de Plutus pour le temple des sages ;

Tome VI. D

Et s'éclairant dans tes ouvrages,
Les marquera du sceau de l'immortalité.
Foible soulagement de ma douleur profonde !
Ta gloire durera tant que vivra le monde.
Que fait la gloire à ceux que la tombe a reçu !
Que t'importent les pleurs dont le torrent m'inonde !
O douleur impuissante ! ô regrets superflus !
Je vis, hélas ! je vis, & mon ami n'est plus !

8 *Janvier* 1772. On a toujours dit que les François se consoloient de tout par une chanson. On commençoit à craindre que la nation n'eût perdu son caractere ; mais un plaisant nous prouve que cette terreur est vaine, & que l'on sait encore rire à Paris. Voici un vaudeville qui court, & contre l'auteur duquel on dit que le ministere fait des recherches séveres :

Chantons dans un badin vaudeville
Le retour des vertus qu'on aura,
L'honneur gothique à la cour, à la ville,
Le sentiment, qu'on trouve de vieux style,
    Cela reviendra.

François, ne perdez pas l'espérance,
Tout va bien, tout encore mieux ira :
La liberté, le crédit, l'abondance,
La candeur, les jésuites, l'innocence,
    Cela reviendra.

Tout revient, la pudeur, le courage,
La gaieté, les mœurs, & *cætera* ;

Je sais même une demoiselle sage,
Qui disoit, en perdant son pucelage,
Cela revie...

9 *Janvier* 1772. M. de Belloy a fait aujourd'hui son discours de remerciement à l'académie Françoise. C'étoit M. le maréchal duc de Richelieu qui, élu directeur par le sort, devoit lui répondre. Mais ce seigneur sentant qu'après la conduite qu'il a tenue il seroit peu agréable au public, a jugé à propos de se soustraire à ses regards & à sa critique. C'est M. l'abbé le Batteux qui a répondu.

10 *Janvier* 1772. Il se répand ici très-clandestinement une espece d'*Ode au roi*, dans le goût des *Chancelieres*. L'ouvrage est plus sagement fait, mais dénué de l'enthousiasme du genre, & dont on appercevoit quelques étincelles dans le fatras barbare des deux autres. C'est une exhortation au monarque d'ouvrir les yeux, & de se rappeller les temps heureux où il étoit, l'amour & les délices de ses peuples, temps qu'il peut encore faire renaître.

12 *Janvier* 1772. Un serrurier a fait pour chef-d'œuvre un dais tout en fer. Il a six branches, qui se recourbent, se réunissent à un centre commun, & se terminent par une couronne; elle est accompagnée d'un feuillage qui circule autour, & l'ouvrage est si délicatement travaillé, si exquis, si poli, qu'il brille comme l'argent le plus pur. C'est le fruit de dix ans de travail. On en avoit parlé à S. M., qui a voulu le voir, qui en a été si enchantée qu'elle se proposoit de l'acheter pour l'église de Choisy, où il avoit même servi. Cependant cet artiste ayant été long-temps sans

cher d'argent, a fait ses réclamations : il demandoit 50,000 livres. On␣␣a trouvé ce dais trop cher, & on le lui a re␣␣␣. Comme il désespere de trouver personne qui veuille l'acheter, il le montre au public pour 24 sous. C'est une chose digne de l'attention des curieux, & plus parfaite encore que ce qu'on a vu de plus admirable en ce genre.

13 Janvier 1772. M. Linguet se distingue au nouveau parlement. Il paroît deux mémoires imprimés de cet orateur, qui sont très-recherchés. Le premier est une consultation pour M. le prince de Ligne, prince du St. Empire & d'Amblise, grand d'Espagne de la premiere classe, &c. contre l'abbaye royale de Corbie.

Le second, en faveur de madame la duchesse d'Olonne, contre le Sr. Orourcke.

14 Janvier 1772. Depuis l'établissement des conseils supérieurs, d'habiles anagrammatistes cherchoient à retourner ce titre d'une façon ingénieuse & caractérisée. Enfin des divers essais de combinaison il en a résulté le mot suivant : *Vile corpus sine re*;

15 Janvier 1772. Madame Favart souffre beaucoup d'une maladie de femme, & plus encore d'une maladie d'actrice. Elle se trouve attaquée mortellement dans la partie qui a le plus péché en elle. L'abbé de Voisenon, qui vit chez elle depuis plus de vingt ans, ne la quitte point, & est dans les plus vives alarmes. Toute sa petite société n'est pas moins dans la douleur. Quant au public, il regrette peu une comédienne médiocre, qui avoit long-temps usurpé une réputation sans qu'on sût trop comment, & qui n'est plus que tolérée sur la scene, dont elle auroit dû, pour son honneur bien entendu, se retirer plutôt.

16 Janvier 1772. M. Teissier, intendant & contrôleur-général des écuries & livrées de S. M., a une femme très-laide, mais fort lubrique. Elle est tombée amoureuse d'un jeune militaire, neveu de son mari, nommé de Vienne. Celui-ci a répondu à cette passion, non par un retour réciproque, mais à raison du lucre qui en résultoit. Le public a bientôt été imbu de cette intrigue; elle est devenue scandaleuse au point que l'époux instruit en a parlé à madame Teissier, moins en jaloux qu'en homme sensé, qui ne veut point être l'objet de la risée générale. Sa femme a trouvé mauvaise la semonce; elle en a porté ses plaintes à M. de Vienne. Un jour qu'elle étoit à l'opéra dans sa loge avec ce galant, le mari étant survenu, le petit-maître a entrepris son très-cher oncle, l'a tancé vertement. La scene s'est échauffée. Madame Teissier a pris fait & cause pour le neveu, & le bon homme confus, après avoir défendu à ce dernier de paroître chez lui, a été obligé de s'en aller, pour éviter l'éclat fâcheux d'une telle scene. La femme, furieuse, n'a point voulu rentrer ce soir-là chez son mari : elle s'est retirée chez un parent, qui l'a accueillie pour la nuit, mais lui a déclaré que ce ne seroit pas pour plus long-temps, qu'elle avoit grand tort, & qu'il falloit retourner dans la maison conjugale; ce qu'elle a fait, mais elle en est depuis lors dans des vapeurs effroyables. Elle ne veut point que son mari approche d'elle; elle annonce qu'elle en mourra, s'il ne lui est plus permis de voir l'objet de ses desirs. D'un autre côté, M. de Vienne, qui trouve de l'aventure un grand vuide dans sa bourse, nourrit cette passion par des billets secrets, par des apparitions fréquentes sous les fenêtres de cette dulcinée. Le mari, à qui son neveu a menacé de couper les oreilles, n'ose sortir à pied & même en carrosse, de peur d'être arrêté par un tel étourdi; & ces trois personnages sont aujourd'hui la fable de la cour & de la ville; car, malgré toutes ses précautions, le pauvre monsieur Teissier se trouve impliqué dans l'aventure, quoi qu'il ait fait pour se soustraire aux rieurs.

17 *Janvier* 1772. C'est M. de Belle-Isle, secretaire des commandements & du cabinet de M. le duc d'Orléans, qui passe pour auteur du mémoire de ce prince concernant ses domaines attaqués par M. le contrôleur-général. Cet écrit de 80 pages *in-4°.*, qui fait grand bruit, est très-savant, très-profond, très-bien discuté; mais on y fait tenir au premier prince du sang un ton de suppliant peu noble, sur-tout dans un moment où il doit réclamer la justice du roi & non implorer sa bonté.

18 *Janvier* 1772. La consultation de M. Linguet, en date du 21 octobre 1771, pour M. le prince de Ligne, prince du St. Empire & d'Amblise, grand d'Espagne de la premiere classe, &c. contre l'abbaye royale de Corbie, est remarquable par le spectacle étonnant qu'elle présente d'un corps de religieux occupé depuis deux cents ans à substituer les formes au fond, les mots aux choses, à éluder les actes, ainsi que les jugements les plus solemnels, en développant toutes les ressources de la chicane, de cet art malheureusement trop approfondi par des hommes qui sembleroient ne devoir s'embarrasser que des choses du ciel.

Il est question en bref de deux contrats d'acquisition, passés en 1559, & revêtus de toutes les formalités nécessaires, des biens que possédoit la susdite abbaye dans la Flandre, le Brabant & le pays de Liege, dont elle forma dès 1577 sa demande judiciaire en nullité, devant le grand conseil de Malines, auquel ayant été condamnée en 1713, elle a récusé sa compétence, & a fait casser en France, le 16 avril 1746, au conseil des dépêches, ledit arrêt. M. le prince de Ligne demande comment se pourvoir contre ledit arrêt?

L'avocat en indique la route.

Il est à observer comment Me. Linguet fait traiter en grand les questions particulieres qui se présentent à lui, & les produire comme des objets dignes de l'attention du législateur. Dans son premier mémoire, en faveur du charpentier de Landau, il en concluoit la nécessité d'établir une loi générale pour permettre le divorce en certains cas, & légitimer de secondes noces. Celui pour Mde. de Bombelles lui donne lieu d'appuyer sur l'importance dont il seroit de reconnoître dans le royaume la validité des mariages des protestants faits suivant leur rite. Enfin il termine ainsi celui-ci par des vues non moins supérieures.

« Il semble qu'il seroit avantageux pour toutes
» les puissances d'établir respectivement entre les
» cours de leurs états cette correspondance ré-
» ciproque, cette communication mutuelle, qui
» serviroit de sauve-garde à la justice, & ôteroit
» à la chicane une de ses ressources. Quand un
» François a été condamné en Flandre pour des
» objets qui sont du ressort des tribunaux fla-
» mands, pourquoi faut-il qu'il trouve dans sa
» patrie un asyle qui lui seroit refusé si la sen-
» tence émanoit des juges nationaux?

» La politique éclairée travaille aujourd'hui à
» abolir d'un bout de l'Europe à l'autre ce pri-
» vilege abſurde & barbare, cet épouvantail des
» étrangers, ce moyen de les voler ſans ſcrupule,
» ſi long-temps connu ſous le nom de *droit d'au-*
» *baine.* Sans doute elle fera ſentir auſſi aux ſou-
» verains, que bien loin qu'il leur ſoit utile &
» honorable de nourrir, d'appuyer de leur nom
» & de leur pouvoir cette jalouſie entre les tribu-
» naux qui les repréſentent, il eſt de leur gran-
» deur & de leur intérêt commun d'en effacer
» juſqu'à la moindre trace. C'eſt trop ſouvent la
» mauvaiſe foi qu'ils protegent, en croyant ne
» défendre que la franchiſe de leurs couronnes. »

19 *Janvier* 1772. Tout eſt problême dans ce pays-ci, & les faits les mieux confirmés en apparence reçoivent enſuite des ſens, des interprétations, des additions qui les dénaturent. Tel eſt le prétendu premier mariage de M. de Bombelles, contre lequel ſes partiſans réclament, & qui par la tournure de longueur que prend l'affaire devient extrêmement louche. On aſſure même aujourd'hui que mademoiſelle Camp ne pourſuivra pas un jugement qu'elle redoute. On produit une lettre de M. Linguet, ſon avocat, à M. de Bombelles, qui ne contribue pas peu à augmenter les doutes, tant elle eſt difficile à concilier avec le mémoire qu'il a publié enſuite contre lui. On la donne pour authentique, elle eſt datée de Lucienne le 4 juin 1771, ou cinq mois & huit jours avant la conſultation qu'il a ſignée pour la Dlle. Camp. On ne peut refuſer au journaliſte impartial d'en donner la copie.

« J'ai reçu avec la plus grande reconnoiſſance,
» & lu avec le plus vif intérêt le mémoire que

» M. le vicomte de Bombelles a eu la bonté de
» m'envoyer. C'est quelque chose de bien singu-
» lier en effet que la hardiesse avec laquelle on
» ose le compromettre par des imputations de la
» nature de celles dont il se plaint. Peut-être est-
» ce son mariage même qui en est l'origine. Il
» est possible que quelques collatéraux du côté de
» madame son épouse aient conçu de l'inquiétude
» de cet événement, & qu'ils aient imaginé ce
» lâche & mal-adroit moyen pour se tranquilli-
» ser. Au reste, l'éclat même qu'ils auroient né-
» cessité ne peut servir qu'à rendre leur honte
» publique, & à faire briller l'innocence du client,
» ainsi que les talents du défenseur.

» J'ai l'honneur d'assurer monsieur le vicomte
» de Bombelles du respect avec lequel je suis son
» très-humble & très-obéissant serviteur. »

(*Signé*) LINGUET.

19 *Janvier* 1772. M. le duc de Chaulnes, ci-devant duc de Pecquigny, est, comme on sait, un grand sectateur des arts & des sciences : il vient d'en donner une preuve qui ne permet pas d'en douter à ceux qui en seroient le moins convaincus. En dissertant sur quelque matiere de cette nature avec un Anglois, chacun a soutenu son opinion avec tant de chaleur, que la dispute a dégénéré en une vraie rixe : on en est venu aux armes, & nos deux philosophes ont prétendu avoir au bout de leur épée le meilleur argument. Le seigneur François a succombé & a été blessé.

20 *Janvier* 1772. Les libraires, qui ne sont pas sans inquiétude sur la suite de leur procès contre M. Luneau de Boisjermain, cherchent à

se mettre en regle le plus qu'ils peuvent & hors de prise vis-à-vis de ce redoutable adversaire. C'est à cette fin, sans doute, qu'ils ont accéléré les deux derniers volumes de planches. Leur but, à ce qu'on prétend, est, en les délivrant aux souscripteurs, de retirer le certificat de souscription, & d'enlever ainsi le titre en vertu duquel on pourroit les contraindre au remboursement dont on a parlé, s'ils sont condamnés. De son côté, M. Luneau est occupé à répondre à leur mémoire ligne par ligne, comme il a fait à celui de M. Diderot. Pour contrebalancer les batteries des libraires, il prie les souscripteurs de vouloir bien lui envoyer la copie figurée de leur quittance de souscription, de leur certificat, &c.; il promet de leur remettre en échange gratuitement tous les mémoires qu'il a publiés dans cette affaire, & tous ceux qu'il publiera.

Au surplus, c'est mal-à-propos qu'on a fait courir le bruit qu'il étoit effrayé de l'orateur que ses antagonistes lui opposoient en la personne de l'avocat Gerbier, & qu'il prenoit le parti de leur mettre en tête le Sr. Linguet; il est décidé à plaider lui-même, & déclare en rendant toute la justice qu'il doit aux talents du Sr. Gerbier, qu'il ne le redoute point, fondé sur l'équité de sa cause, beaucoup plus que sur ses talents personnels.

21 *Janvier* 1772. *Mémoire pour le comte Orourcke, mestre-de-camp de cavalerie, ci-devant chambellan du feu roi de Pologne, duc de Lorraine & de Bar; contre madame la duchesse d'Olonne*. Tel est l'intitulé de la réponse au mémoire dont on a parlé en faveur de Mad. la duchesse d'Olonne par Me. Linguet, qui turlupine sur-tout l'adversaire sur une certaine principauté

de *Conacie*, dont il se renomme, & que l'on appelle dans celui-ci un libelle; au moyen de quoi la question de droit n'est plus que subsidiaire, & M. le comte Orourcke demande la réparation la plus authentique des injures & calomnies avancées contre lui.

Ce mémoire, de la composition du Sr. Chabans, avocat obscur, n'a pas le sarcasme, la chaleur de l'autre, mais il n'est pas mal méchant. Il faut observer pourtant que le comte Orourcke est sur la défensive, & juge assez vraisemblablement que madame la duchesse d'Olonne, en lui suscitant le procès en question, a moins eu en vue de gagner une cause qui paroît mauvaise, que de saisir une occasion de se venger, en diffamant un homme qu'elle persécute avec trop d'acharnement pour ne pas en faire présumer un motif non moins déshonorant pour elle.

22 Janvier 1772. On a remis hier à l'opéra *Castor & Pollux*. Jamais on n'a vu plus brillante assemblée; elle étoit en outre si nombreuse, que la recette a monté à près de deux mille écus, sans compter les petites loges; ce qui est sans exemple. La foule étoit telle, que la représentation s'en est ressentie, & que les deux premiers actes n'ont point été absolument entendus. Les princes ont reçu le tribut d'applaudissements qu'on leur prodigue constamment depuis qu'ils paroissent en public, & sur-tout depuis qu'on sait que cela mortifie la cour.

Le poëme en lui-même est si beau, si varié, si bien coupé; la musique si analogue aux paroles, si expressive, si pittoresque, qu'on ne peut assister à ce spectacle sans être transporté de la plus vive admiration. On ne peut cependant diffimuler que cet opéra ne produit pas encore tout l'effet qu'il pourroit, à beaucoup près, fi la pompe du cortege, la richeffe des décorations, & l'harmonie des ballets répondoient au refte. Quel fpectacle philofophique de voir l'auteur de ce chef-d'œuvre lyrique dans l'état d'imbécillité niaife où il eft tombé, faifant toutes fes fonctions animales, étant le même encore à l'extérieur, mais n'ayant plus ni mémoire, ni liaifon dans les idées, ni fenfibilité, ni ame, ni chaleur. On fait que c'eft du *Gentil Bernard* dont il eft queftion.

23 *Janvier* 1772. La fécondité du philofophe de Ferney s'étoit ralentie depuis quelque temps, & l'on ne parloit d'aucune production nouvelle de fa part. Il vient de réveiller l'attention du public par un petit pamphlet, dont le titre, affez piquant, porte *Tocfin des Rois*. On fait avec quelle adreffe M. de Voltaire choifit toujours l'à-propos, pour jeter plus d'intérêt dans fes ouvrages. Celui-ci eft compofé à l'occafion de l'attentat commis fur la perfonne du roi de Pologne, attentat qui rend fa caufe commune à tous les fouverains. Cet événement amene affez naturellement un éloge de l'impératrice des Ruffies, qui foutient avec tant de conftance ce monarque toujours chancelant fur fon trône. L'écrivain paie auffi un tribut de louange aux talents de l'empereur & aux qualités vraiment héroïques qu'il déploie. Enfin, il termine par exhorter toutes les puiffances de l'Europe à détrôner le Turc, defpote monftrueux, fi long-temps la terreur & le fléau de l'humanité.

24 *Janvier* 1772. Une compagnie d'étrangers vient d'entreprendre dans cette capitale une efpece de manufacture de poulets pour l'hiver. Ils ont

choisi un emplacement sur le nouveau boulevard; ils comptent en faire éclorre au moins 50,000 par mois. Ils se proposent d'employer la méthode des Egyptiens, c'est-à-dire de fours, dont le degré de chaleur doit être d'environ 32 degrés du thermometre de Reaumur. Des essais tentés il y a quelques années sur la même expérience, n'eurent aucun succès : les nouveaux entrepreneurs esperent être plus heureux & surmonter les divers obstacles qui firent manquer le projet des autres.

25 *Janvier* 1772. L'assemblée tumultueuse de la premiere représentation de *Castor & Pollux* a été funeste à plusieurs personnes: on en a compté quinze qui se sont trouvées très-mal dans le parterre & qu'il a fallu enlever. On prétend que deux ont été totalement étouffées, & que d'autres en seront long-temps incommodées. Malgré cette foule, plus de deux mille curieux avoient été refusés. On a pris des précautions pour prévenir des suites aussi cruelles, & à la seconde réprésentation on a mis deux sentinelles aux portes du parterre, qui empéchoient d'entrer même avec des billets, lorsque la salle a paru pleine. Le spectacle s'est passé avec beaucoup plus de décence, & sans aucun accident. La recette a cependant monté à 5,600 livres, sans compter les petites loges à l'année.

26 *Janvier* 1772. Il court une fable politique manuscrite, ayant pour titre: *le Fermier & les Chiens*. L'histoire de la révolution actuelle s'y trouve dépeinte d'une façon énergique; MM. de la Vrilliere, de Choiseul, de Maupeou y sont caractérisés à ne pas être méconnus. Cette satire est fort recherchée par les traits de force qu'on y remarque, & la hardiesse qui y regne.

27 *Janvier* 1772. Il y a dans l'église de Notre-

Dame une statue colossale, appellée St. *Christophe*. Les historiens ecclésiastiques sont partagés sur le personnage qu'elle représente, regardé simplement comme allégorique par certains, & par d'autres comme ayant réellement existé d'une stature & d'une proportion extraordinaire. Quoi qu'il en soit, depuis qu'il est question de réparer cette cathédrale, on a agité si l'on ne feroit pas sauter une figure aussi ridicule & peu digne de notre siecle éclairé. Mais M. l'archevêque, qui se nomme *Christophe*, a fort à cœur qu'on conserve son patron, & ses partisans dans le chapitre ont voté avec chaleur pour qu'on ne touchât en rien à ce colosse; en sorte qu'il subsistera, du moins jusqu'à la mort du prélat.

28 *Janvier* 1772. Madame la comtesse Dubarri ayant eu occasion de connoître les talents précieux de M. Vernet, le fameux peintre de marine, qui a décoré le joli pavillon de Lucienne de morceaux assortis de sa façon, est allé chez cet artiste rendre hommage à ses talents. Elle y a trouvé deux tableaux finis & prêts à être emballés pour un seigneur étranger, auquel ils étoient destinés: elle les a considéré avec la plus grande attention, elle en a été si enchantée qu'elle a voulu les avoir. En vain le sieur Vernet a déclaré ne pouvoir lui faire ce sacrifice, puisque ces ouvrages ne lui appartenoient plus; elle n'a tenu aucun compte de ses supplications, & a fait enlever de force les deux chef-d'œuvres; mais en même-temps pour dédommager le peintre, elle lui a dressé sur un bout de papier une ordonnance de 50,000 livres, payables par le sieur Beaujon, banquier de la cour; ce qui a un peu consolé du rapt en

question M. Vernet, & rend la Minerve du jour très-recommandable aux artistes.

29 Janvier 1772. On a vu par divers écrits la fermentation qui régnoit dans l'ordre des bénédictins, & l'ardeur de plusieurs de ces moines pour dépouiller le froc & franchir les murs de leurs cloîtres. Il en a résulté une guerre de plume entre ces religieux petits-maîtres & les anciens fort attachés à leur robe, à leur régime & à toutes les pratiques de leur regle. Le roi s'étant expliqué à l'occasion de sa religion surprise par les premiers, tout paroissoit rentrer dans l'ordre ordinaire : mais deux de ces religieux, pourvus d'abbayes & forcés suivant la regle à en manger les revenus avec leurs moines, ont pris le parti de se faire nommer à des abbayes *in partibus* par le pape. Au moyen de ce nouveau titre ils ont prétendu pouvoir se séculariser, du moins ne porter que le petit scapulaire, & manger où bon leur sembleroit les revenus de leur bénéfice. Le régime a mis en cause M. l'archevêque de Paris, qui prétendant avoir la discipline de toute la hiérarchie ecclésiastique ou réguliere de son ressort, a rendu une ordonnance qui enjoint à ces abbés défroqués de se retirer chacun dans leur communauté respective, d'y reprendre leur habit, & d'y vivre dans l'observance de leur constitution.

Les abbés bénédictins en ont appellé comme d'abus, & c'est aujourd'hui la matiere d'un procès qui se plaide au nouveau tribunal, & qui attire beaucoup de curieux au palais. Le sieur Courtin, avocat assez versé dans les matieres bénéficiales, a déja parlé pour les religieux : c'est le sieur Gerbier qui doit défendre monsieur l'archevêque.

30 *Janvier* 1772. Le plan du sieur Liegeon pour la reconstruction de la salle de comédie Françoise au carrefour de Bussy, acquiert de jour en jour plus de faveur; il a été montré & discuté samedi dernier chez monsieur le duc de Duras, en présence du comité des comédiens, qui n'ont pu y rien trouver à redire que relativement à quelques détails intérieurs de peu de conséquence, & qui les concernent spécialement. Il a été examiné encore chez monsieur le duc de la Vrilliere, chez monsieur le lieutenant-général de police, & l'architecte n'a reçu par-tout que des applaudissements. Comme les circonstances relativement à la finance sont changées, il est question de dresser des lettres-patentes, propres à donner les facilités nécessaires aux arrangements pécuniaires, & à assurer les fonds de la compagnie qui doit se former à cet effet. On a enfin suspendu les travaux essentiels, commencés à l'ancienne salle, & l'on continue seulement les démolitions nécessaires dans l'un ou l'autre cas.

31 *Janvier* 1772. L'artiste précieux, qui a fait le dais en baldaquin de fer, dont on a parlé, se nomme *Gerard*. Ce chef-d'œuvre mérite une description particuliere. Le plan de ce grand ouvrage a 7 pieds en quarré, & 16 pieds de hauteur. Il s'éleve des piedestaux qui sont aux quatre angles, quatre palmes avec des guirlandes de fleurs, d'épis, de pampres, de raisins. Ces palmes soutiennent le dais & forment une partie de son couronnement, lequel est terminé par une gloire: chacun des montants portent un ange adorateur; & des angles de la partie supérieure sortent des armatures en fer revêtu d'ornements relatifs. Au milieu de leur réunion est l'agneau pascal: au

dessus duquel est un soleil rayonnant. Ce soleil est suspendu au dais.

Le baldaquin en question, destiné à servir de dais, est encore très-propre à découvrir un maître-autel à quatre faces, en l'appropriant pour cet usage.

Le dessin & l'exécution sont également dus au génie & aux soins de M. *Gerard*.

1 *Février* 1772. *Pierre le Cruel*, cette tragédie de monsieur de Belloy, qui devoit être jouée à Fontainebleau, & dont la cour a été privée par la maladie de l'actrice principale, est aujourd'hui arrêtée pour la ville à la police, & les changements qu'on exige sont si considérables, qu'on craint que cette piece ne passe pas cette année. On a repris *Gaston & Bayard* pour dédommager cet auteur des tracasseries qu'il essuie bien innocemment sans doute, puisqu'il a fait preuve du dévouement le plus servile au ministere & à ses vues. On annonce aujourd'hui les *Druides*, tragédie de monsieur le Blanc, comme la premiere en date qui doive être donnée au public.

2 *Février* 1772. Il se vendoit depuis quelque temps une *Histoire civile & naturelle du royaume de Siam, & des révolutions qui ont bouleversé cet empire, jusques en 1770, publiée sur les manuscrits qui ont été communiqués par monsieur l'évêque de Tabraca, vicaire apostolique de Siam, & autres missionnaires de ce royaume, &c.* Ce livre, parfaitement ignoré, acquiert aujourd'hui de la célébrité au moyen d'un arrêt du conseil en date du 5 janvier, qui le supprime. Le privilege pour l'impression d'un écrit

intitulé : *Description du royaume & de la religion de Siam*, avoit été accordé le 16 juillet 1770 audit évêque. Celui-ci avoit chargé l'auteur de l'écrit en question de rédiger uniquement lesdits manuscrits & d'en épurer la diction. Le rédacteur s'étant approprié l'ouvrage, en avoit changé & la forme, & le fonds, & le titre. Le prélat en a probablement porté ses plaintes, & dans l'arrêt du conseil il est dit que continuant de traiter favorablement ledit évêque de Tabraca, & vu son mémoire, le roi, de l'avis de M. le chancelier, lui conserve le privilege mentionné ci-dessus, & supprime *l'histoire civile*, &c. S. M. étant instruite que l'écrivain, s'abandonnant aux écarts de son imagination, s'est visiblement & mal-à-propos écarté du plan & des intentions du sieur évêque; que d'ailleurs, par une suite de cette licence, il lui étoit échappé dans le cours de l'ouvrage des assertions hasardées & des maximes dangereuses.

3 *Février* 1772. Jeudi dernier le sieur Liegeon, architecte, auteur du plan de la nouvelle salle de comédie dont on a déja parlé plusieurs fois, a été à Versailles, & monsieur le duc de Duras, premier gentilhomme de la chambre, l'a introduit dans les petits appartements auprès du roi. Sa majesté l'a accueilli avec beaucoup de bonté & de familiarité; elle a examiné les plans pendant fort long-temps; elle a développé de grandes connoissances du local; elle a trouvé que la place qui doit accompagner l'hôtel des comédiens dont il est question, embellissoit infiniment le quartier où elle seroit formée. S. M. a ensuite passé dans la chambre de madame Du-

barri, où cette comtesse étoit au lit, incommodée; elle s'y est fait mettre un couvert, & pendant qu'elle dînoit de fort bon appétit l'architecte a détaillé ses plans à madame Dubarri. Elle n'en a pas moins été enchantée que le roi, & a sur-tout fort approuvé l'invention de faire descendre à couvert : ce qu'elle a remarqué devoir beaucoup plaire aux femmes, qui vont ordinairement très-parées au spectacle. Tout étant bien examiné & duement approuvé, le roi a ordonné au sieur Liegeon d'aller voir le prévôt des marchands de sa part. Au moyen de ce nouvel événement favorable, l'annonce du projet doit être faite incessamment dans la gazette de France, & tout fait espérer qu'il aura lieu.

4 *Février* 1772. Le sieur Liegeon, en vertu de l'ordre du roi, est allé trouver monsieur le prévôt des marchands actuel (*Bignon*) ; lequel s'est défendu d'entrer en matiere avec lui, étant sur le point de sortir d'exercice. Il s'est en conséquence rendu chez monsieur de la Michaudiere, successeur désigné de celui-ci ; & ce magistrat ne doit pas être peu flatté de voir son administration dans le cas de s'illustrer par un monument de cette importance.

5 *Février* 1772. Les lettres-patentes dont on a parlé, suspensives de l'arrêt du parlement concernant les bulles, brefs, rescrits de Rome, fait grande sensation dans cette capitale. Le clergé triomphe de la maniere la moins équivoque, sur-tout la portion attachée au molinisme. Ces fanatiques y entrevoient un chemin ouvert au souverain pontife pour avancer ses prétentions, & une sorte d'acquiescement tacite de la part

du ministere, puisque c'est au moment même où le saint pere se déclare en faveur de la bulle, par la clause qu'on a rapportée, qu'on élude l'enrégistrement nécessaire pour arrêter ces usurpations & contenir une puissance toujours ambitieuse. Ils concluent en outre de cette clause, que le pontife actuel n'est point aussi ennemi des jésuites qu'on l'a supposé, qu'il a affecté de leur être contraire pour ne pas se voir trop pressé à cet égard par les princes de la maison de Bourbon, & attendre, en temporisant, le moment opportun de les sauver & même de les renvoyer en France, comme des suppôts du saint siege trop unis à ses intérêts par essence, pour craindre qu'ils s'en détachent. Ils se flattent que cet événement n'est pas conséquent à ce qui se passe, &, quoiqu'ils n'aient pas beaucoup de confiance en la religion de monsieur le chancelier, ils esperent qu'il contribuera par politique à un rappel qu'ils n'attendroient pas de son seul enthousiasme pour la bonne cause. Ils veulent que ce chef de la magistrature connoisse la nécessité où il est de se faire un parti puissant pour balancer celui des princes & des patriotes, & qu'il sente n'en pouvoir opposer un plus ferme & plus sûr que le clergé & les jésuites. C'est sur ces conjectures qu'on forme le rappel plus ou moins prochain de ces bons peres.

6 Février 1772. Le sieur Gerbier a plaidé pour la premiere fois au châtelet, mardi dernier, pour madame la marquise de Gouy, qui demande à se séparer de son mari. Outre l'éloquence naturelle de cet orateur, le spectable nouveau de le voir reparoître au barreau pour la premiere fois avoit attiré beaucoup de monde.

7 Février 1772. Dimanche dernier, jour de la purification, où devoit se faire la nomination de dix cordons bleus vacants, il y eu bal à l'opéra, la fête étant censée finir à minuit. Ce concours de circonstances a donné lieu à une plaisanterie singuliere, & qui a beaucoup amusé les spectateurs. Une troupe de dix masques s'est présentée, ayant chacun un nez d'une longueur extraordinaire, au bout duquel pendoit un ruban bleu, & sur le nez étoit écrit, *Chevalier des Ordres du Roi.* Ce qui faisoit une allusion ingénieuse au pied de nez qu'ont eu les aspirants à cette distinction, d'autant plus vraie, qu'ainsi qu'on l'a observé, le roi s'étoit plu à flatter leur espoir jusqu'au dernier instant. On a fort recherché l'auteur de cette mascarade : on l'attribue aujourd'hui généralement à monsieur le duc de Chartres, & elle ne pouvoit guere s'attribuer qu'à lui ou à quelqu'un de son rang.

9 Février 1772. Le goût de jouer à la comédie devenue à la mode depuis quelques années, avoit donné lieu à un abus considérable dans les garnisons, où l'on voyoit des officiers donner au public ce spectacle indécent, en s'associant aux actrices, & en paroissant sur la scene avec elles. On en avoit vu quelques-uns tellement ensorcelés de cette fureur, qu'ils avoient quitté le service pour se livrer entiérement à l'état d'histrion & à la vie libertine de ce genre. Monsieur le marquis de Monteynard, ministre d'un caractere grave & sérieux, n'a pas cru devoir tolérer un usage autorisé par des exemples du plus grand poids ; il a fait un réglement, qui défend abfolument à tout officier dans les garnifons de jouer la comédie. Il eft fâcheux fans doute qu'on ait été forcé d'en venir à priver la jeune nobleffe d'un amufement qui, à certains égards, eft infiniment plus élevé que d'autres, mais toujours en quelque forte malheureufement entaché de l'infamie à laquelle font dévoués les comédiens par état.

11 *Février* 1772. Le devis de la nouvelle falle de fpectacle & de place, dont le plan a été préfenté au roi, fe monte à 6,000,000 livres, dont 1,500,000 livres d'acquifitions de terreins. L'arrêt du confeil, pour autorifer à leur eftimation & à la préfentation des baux, eft entre les mains de monfieur de Sartines ; mais on ne veut pas le rendre public que les promoteurs du projet ne faffent leur foumiffion de cette derniere fomme, c'eft ce qui arrête pour le moment.

12 *Février* 1772. On voit à la foire Saint-Germain, ouverte du lundi 3 de ce mois, un fpectacle affez fingulier : c'eft un finge qui joue de la vielle. Il eft vrai qu'il n'en peut bien exécuter qu'un air, mais il s'en acquite à merveille : fon maître l'accompagne de la mandoline. Tout Paris court à cette nouveauté, & ce finge-là ne fera pas moins fortune que celui de Nicolet, fi célebre il y a quelques années.

13 *Février* 1772. *L'hiftoire de Siam* fupprimée par arrêt du confeil, dont on a rendu compte, eft attribuée à M. Turpin, auteur eftimé, & continuateur de l'hiftoire des hommes illuftres de France.

13 *Février* 1772. On raconte que derniérement à une fête que donnoit monsieur le duc d'Aiguillon, il se trouvoit au dessert une croquante figurée, représentant les diverses parties de l'Europe & du globe, auxquelles correspond son ministere. Ce seigneur en offrit à madame la vicomtesse de Fleury, & lui demanda ce qu'elle vouloit. Après les petites simagrées des jolies femmes : *Eh bien ! Monsieur le Duc*, s'écria-t-elle, *donnez-moi la France, je la croquerai aussi-bien qu'une autre.*

16 *Février* 1772. *Faits sur la cause, pour dom Jacques Precieux, abbé régulier de l'abbaye de Karents, ordre de saint Benoît, diocese de Verden, & pour dom Germain Poirier, abbé régulier de l'abbaye de la Grand'Croix, ordre de saint Benoît, diocese de Nicosie, contre M. l'archevêque de Paris.*

Tel est le titre du mémoire en faveur des abbés *in partibus*, dont on a annoncé en gros le procès. On en trouve ici le détail d'une façon plus exacte & plus développée. Il est divisé en trois parties : dans la premiere, on établit les faits qui se sont passés depuis l'entrée de dom Precieux & de dom Poirier dans la congrégation de Saint-Maur : dans la seconde, ceux qui sont arrivés depuis la naissance des troubles de cette congrégation, jusqu'à l'obtention des bulles d'abbayes *in partibus* : dans la troisieme, ceux qui se sont passés depuis jusqu'aujourd'hui.

La premiere époque roule sur l'entrée en religion des deux religieux en question, sur leur caractere, leurs travaux, leurs fonctions diverses. Il en résulte que dom Precieux & dom Poirier font deux bénédictins infatigables, qui après avoir féparement rempli diverfes tâches littéraires pénibles, volumineufes, telles qu'il en fort de leur favante congrégation, s'étoient réunis pour continuer le recueil des hiftoriens de France; qu'ils ont vécu pendant trente ans dans leur ordre en travaillant pour fon honneur & fon utilité, fans ambition, fans intrigues, fans aucune des paffions fi communes dans les cloîtres, &c.

On dévoile dans la feconde époque les divifions de la congrégation de faint Maur, commencées en 1763. Une requête donnée par la maifon de faint Germain-de-Prez, à l'appui d'un plan de conciliation, approuvé d'abord, & contre lequel on s'éleva enfuite comme l'ouvrage de religieux qui vouloient apoftafier, excita une telle fermentation, que les membres qui l'avoient fignée furent obligés de donner une rétractation le 11 juillet 1765 entre les mains de l'archevêque de Paris. On remarquoit fpécialement dans les noms des foufcrivants ceux de dom Precieux & de dom Poirier. Malgré cette foumiffion, malgré les efforts de l'autorité fouveraine pour rétablir le calme dans l'ordre, il y refta toujours une guerre inteftine, fpécialement entre les deux maifons de faint Germain & des Blancs-Manteaux; & les deux religieux en caufe aujourd'hui, jouant toujours un grand rôle dans le parti, furent principalement dévoués à l'opprobre, au farcafme & à la calomnie, de la part des ennemis de la paix.

C'eft en 1769 que commence la troifieme époque, c'eft-à-dire au temps où ces deux reli-

gieux,

gieux, pour se soustraire aux persécutions qu'ils éprouvoient, favorisés par leurs parents & par des personnes en place, obtinrent des bulles d'abbayes *in partibus* de l'ancien ordre de St. Benoît, indépendantes de la congrégation de St. Maur: après les avoir fait revêtir de toutes les formalités légales, ils sortirent de la congrégation & prirent l'habit des abbés réguliers de l'ancien ordre de Saint Benoît. En 1770 dom Precieux & dom Poirier furent traduits devant les tribunaux à raison des bénéfices de l'ordre qu'ils avoient, & dont on vouloit leur faire restituer les fruits, en attendant le jugement du fonds sur la question, si c'étoit à eux ou à la communauté à administrer ces revenus. Ils obtinrent la provision par arrêt contradictoire le 9 avril 1770, & ne furent point tenus de se retirer dans des maisons de la congrégation de St. Maur, comme leurs adversaires le demandoient.

C'est alors, ou plutôt depuis, c'est-à-dire le 12 avril 1770, que M. l'archevêque de Paris, à qui l'on avoit dépeint ces religieux comme échappés du cloître pour vivre licentieusement dans le monde, sans même porter l'habit de leur état, rendit une ordonnance, par laquelle il leur enjoignoit de se retirer sous quinzaine dans les monasteres de leur profession, ou autres à eux indiqués par leurs supérieurs, pour y vivre sous l'obéissance aux constitutions, à peine d'être procédé contre eux par les voies de droit. Ils furent reçus appellants comme d'abus de cette ordonnance le 24 juillet 1770.

Aujourd'hui ces deux abbés se sont désistés

de leur appel comme d'abus, en ce que cette ordonnance est conforme aux regles de la discipline réguliere, & ils l'ont exécutée en cette partie, en se retirant aux petits Augustins de la place des Victoires; ils déclarent même que leur procès est moins un combat qu'une explication respectueuse & soumise d'un inférieur qui rend compte à son supérieur des motifs de sa conduite; mais ils ne peuvent renoncer à leur état d'abbés *in partibus*, & contrevenir à un arrêt qui les y maintient par provision.

19 *Février* 1771. La suite de la *Correspondance* de M. de Mau*** & de M. Sor***, faisant la troisieme partie de cet ouvrage, n'est pas moins curieuse que les autres, par les anecdotes de toute espece qu'elle contient & par les sarcasmes fins dont elle est aiguisée. Mais le morceau qui est le plus recherché, qu'on regarde comme le plus éloquent de l'ouvrage, est le songe, dont on ne sauroit rendre l'énergie qu'en le transcrivant : il est tiré de la vingt-septieme lettre, c'est M. de Sor*** qui parle à M. de Mau***.

« Je rêvois que j'étois dans le cabinet de
» monseigneur, entouré d'une multitude innom-
» brable de vos petites brochures, telles que
» *les observations sur les protestations des princes,*
» *la lettre de St. Louis, le perruquier, le fin mot*
» & autres. Votre grandeur se miroit elle-même
» dans ses ouvrages, elle s'applaudissoit avec com-
» plaisance de l'effet que ces brochures avoient
» produit. Vous me disiez même que vous étiez
» fâché de ce qu'elles ne contenoient pas encore
» plus de méchanceté, lorsque tout-à-coup un bruit

» horrible se fait entendre ; vos deux valets de
» chambre accourent d'un air effaré, vous an-
» noncent que les six princes suivis d'une es-
» corte nombreuse ont forcé votre porte, qu'ils
» sont dans votre anti-chambre & ont fait oc-
» cuper toutes les issues de votre hôtel. En
» effet, à l'instant même ils entrent, & la no-
» blesse & la fureur peinte dans les yeux, ac-
» compagnés chacun de plusieurs valets de pied,
» armés de cannes déja levées sur vous. Un de
» ces princes (il avoit l'air du dieu Mars) pre-
» nant la parole & vous montrant du doigt,
» s'est écrié d'une voix terrible : saisissez ce
» monstre qui a corrompu le cœur du roi, qui
» nous ôte le bonheur de jouir de sa présence
» & les moyens de recourir à sa justice ; cet
» excrément de la nature, qui ose répandre des
» libelles contre nous & jusques dans nos palais
» même ; qu'on le lie & qu'on le traîne au lieu
» où il doit expier ses crimes. A ces mots vous
» vous prosternâtes contre terre, pour implorer
» humblement sa miséricorde ; mais l'ordre fut
» exécuté avec la derniere promptitude, malgré
» vos gémissements lamentables. Le dirai-je ? J'ai
» vu, oui, Monseigneur, j'ai vu la sublime face
» de votre grandeur ignominieusement traînée
» dans les boues, à la queue d'un des chevaux
» qui avoient écartelé *Damien*. Quatre huissiers
» précédoient la marche, criant à haute voix :
» *François ! laissez passer la justice des princes*,
» *puisque le roi leur refuse la sienne*. Le peuple
» qui vous suivoit, vous couvroit de crachats &
» d'ordures. Vous fûtes conduit jusqu'à la place
» du château d'Eau : là on vous arracha votre
» simarre & vos autres vêtements, on vous mit

» une torche à la main, on vous fit demander
» pardon à Dieu, au roi, aux princes, à la
» justice, à la nation & à l'humanité; ensuite
» quatre valets-de-pied déchargerent chacun cent
» coups de canne sur les épaules nues de votre
» grandeur. Votre corps expirant fut livré à la
» populace, qui bientôt l'eût déchiré en mille
» morceaux, comme les Romains celui de l'in-
» fame Séjan. Les uns courent à votre maison,
» qu'ils pillent & détruisent jusqu'aux fonde-
» ments. D'autres cherchent vos enfants & votre
» pere, pour leur faire subir le même sort. Le
» très-grand nombre s'acharne après votre mal-
» heureux cadavre, chacun veut sur lui signaler
» sa fureur. Celui-ci enfonce un pieu dans votre
» tête, il n'en sort qu'un pus infect : l'autre
» vous arrache le cœur & retire sa main en
» frémissant ; il craint que le sang qui a ré-
» jailli sur lui ne l'ait empoisonné. On illumine
» à la hâte toutes les rues d'alentour; elles re-
» tentissent de ces cris qui s'élevent dans les nues:
» *Vive le roi ! Vivent les princes ! la France est*
» *sauvée !* Bientôt votre corps ne présente plus
» à ma vue que des ossements brisés, que des
» lambeaux de chair meurtrie....

Que des membres affreux
Que des chiens dévorants se disputoient entr'eux.

» Mais la rage du peuple n'est pas encore
» assouvie; il ramasse vos membres épars, les
» entasse sur un bûcher ardent; on en jette les
» cendres au vent, pour qu'il ne reste plus rien
» de vous sur la terre, que votre exécrable mé-
» moire. »

10 *Février* 1772. On attribue à M. de Voltaire les vers suivants en l'honneur de M. le chancelier : en tout cas ils roulent sur une pensée de lui répétée en plusieurs endroits & devenue triviale. Les voici.

>Je veux bien croire à ces prodiges
>Que la fable vient nous conter,
>A ses héros, à leurs prestiges
>Qu'on ne cesse de nous citer.
>Je veux bien croire à ce fier Diomede,
>Qui ravit le Palladium,
>Aux généreux travaux de l'amant d'Andromede,
>A tous ces fous qui bloquoient Ilium :
>De tels contes pourtant ne sont crus de personne.
>Mais que Maupeou tout seul du dédale des loix
>Ait su retirer la couronne,
>Qu'il l'ait seul rapportée au palais de nos rois,
>Voilà ce que je sais, voilà ce qui m'étonne.
>J'avoue avec l'antiquité
>Que ses héros sont admirables,
>Mais par malheur ce sont des fables,
>Et c'est ici la vérité !

Quelqu'un, qui a sans doute une façon de voir différente de l'auteur, a parodié ces vers-ci de la maniere suivante :

>Je veux bien croire à tous ces crimes
>Que la fable vient nous conter,
>A ces monstres, à leurs victimes
>Qu'on ne cesse de nous vanter,

Je veux bien croire aux fureurs de Medée,
 A ses meurtres, à ses poisons,
A l'horrible banquet de Thyeste & d'Atrée,
A la barbare faim des cruels Lestigrons :
De tels contes pourtant ne sont crus de personne.
Mais que Maupeou tout seul ait renversé les loix,
 Et qu'en usurpant la couronne
Par ses forfaits il regne au palais de nos rois,
Voilà ce que j'ai vu, voilà ce qui m'étonne.
 J'avoue avec l'antiquité
 Que ces monstres sont détestables ;
 Aussi ce ne sont que des fables,
 Et c'est ici la vérité.

22 Février 1772. Il nous est arrivé de Geneve une tragédie de M. de Voltaire, qui a surpris tout le monde ; elle est intitulée *les Pélopides :* ou *Atrée & Thyeste*. On ne peut concevoir avec quelle rage ce grand homme s'acharne contre Crebillon, & se trouve préoccupé par son jaloux amour-propre, au point d'oser à son âge lutter contre le meilleur ouvrage, le chef-d'œuvre le plus nerveux & le plus fier du mâle athlete qu'il ose combattre.

23 Février 1772. M. Deformeaux, auteur estimé de plusieurs ouvrages historiques, a été nommé secretaire de la pairie. Le Sr. de Laulne, avocat, qui avoit de grandes prétentions & qui avoit passé pour avoir été désigné, a succombé devant ce concurrent.

24 Février 1772. Extrait d'une lettre de Londres, du 15 février 1772..... Pour satisfaire votre curiosité sur le succès qu'a eu ici mademoiselle Heynel, je vous apprendrai que la premiere fois qu'elle parut sur la scene pour danser, ayant apperçu le comte de Lauraguais qui a été son amant à Paris, soit surprise, soit attendrissement, soit colere, elle s'est trouvée mal, au point de ne pouvoir former un pas ce jour-là : elle a reparu depuis avec toute la majesté possible. Les Anglois lui rendent la justice qui lui est due, ou, pour mieux dire, en sont fous autant que les François. Elle a 24,000 livres de fixe, & deux représentations à son profit, qui, évaluées à 16,000 livres, lui rendront pour la saison 40,000 livres; car vous savez que nos spectacles finissent avec le parlement, à peu près.

25 Février 1772. Dans les différents titres, qualités, noms & surnoms qu'on a donnés à monsieur le duc de la V*** dans son billet d'enterrement, il en est par lesquels il se prétendoit issu des princes de la maison de Bretagne. La maison de Soubise qui a cette prétention exclusivement, a protesté contre. Ce qui rend cette piece funéraire très-précieuse, contre laquelle la gazette de France avoit aussi réclamé à cause du titre de *grand-maître de la garde-robe de monseigneur le dauphin*, qualité qui ne peut se donner que dans la maison du roi. Ce billet d'enterrement est aujourd'hui très-cher & se conserve dans les bibliotheques.

26 Février 1772. On parle d'un suicide arrivé en province; on ajoute que le particulier avant de se brûler la cervelle, a laissé sur sa table un billet, dans lequel il fait son testament de mort & déclare que n'ayant pas été consulté pour être produit à la lumiere, il croit pouvoir aussi s'en priver sans demander l'avis de personne.

27 *Février* 1772. Le Sr. Pomme, médecin qui a fait un *traité sur les vapeurs* assez séduisant, & que des femmes de qualité avoient déterminé à s'établir à Paris, y avoit acheté une charge de médecin consultant du roi, & sembloit fixé dans cette capitale. Il avoit d'abord eu beaucoup de vogue ; mais cela ne s'est pas soutenu, il est tombé dans un discrédit considérable : il n'a pu voir cet abandon, & il vient de s'éclipser pour aller vraisemblablement ensevelir sa honte dans sa province. C'étoit un docteur petit-maître, d'une très-jolie figure, parlant bien, vêtu très-élégamment & très-propre à séduire les femmes.

28 *Février* 1772. La cause de Mad. la duchesse d'Olonne contre M. le comte Orourcke est devenue si grave par l'animosité des avocats, que le comte Orourcke a pris les conclusions les plus extraordinaires ; il a demandé que le mémoire imprimé contre lui fût lacéré ; il a dénoncé au ministere public, ces plaidoieries, comme attentatoires à la puissance du roi, à la majesté du parlement, à la dignité d'avocat. Me. Linguet a cru devoir imprimer un précis, où, sous prétexte de résumer l'objet de la cause, les moyens des deux parties, & de réfuter victorieusement ceux de son adversaire, il entre en explication, & se disculpe des déclamations injurieuses & indécentes qu'on lui impute.

Le jeudi 27, M. l'avocat-général Vergès porta la parole dans cette affaire. Son plaidoyer parut assez bien fait, mais on trouva dans sa prononciation des gasconismes qui n'annoncent pas la belle éducation, & une sorte de ridicule désagréable pour un magistrat orateur de la premiere cour du royaume. Quoi qu'il en soit, il conclut à débouter Mad. la duchesse d'Olonne de ses demandes, à mettre sur le surplus les parties hors de cour, & à la suppression de tous les mémoires des deux côtés. Ses conclusions furent adoptées dans tous leurs points.

Malgré le triomphe du comte Otourcke, l'avocat-général donna à entendre dans son plaidoyer que le comte étoit un fripon, mais adroit, & qui avoit revêtu ses escroqueries de la sanction la plus légale.

2 *Mars* 1772. Le St. le Kain, le plus grand acteur du théatre François, est invité par l'électeur de Bavière à lui former une troupe de comédiens & à l'aller installer à Munich : il a obtenu en conséquence un congé pour l'été, & doit se rendre aux instances de cette altesse.

4 *Mars* 1772. Le barreau s'échauffe plus que jamais; & M. le comte Otourcke, mécontent de la suppression réciproque des mémoires, continue à vouloir attaquer personnellement Me. Linguet; il a trouvé un avocat obscur, nommé *Dobet*, qui lui a donné une consultation contre Me. Linguet, avocat, en son nom, défenseur de Mad. la duchesse d'Olonne, où il prétend que le client est autorisé à poursuivre personnellement Me. Linguet comme coupable de diffamation.

Me. Linguet répand un écrit en forme de *réplique*, adressé aux magistrats, il se défend avec la plus grande force, & en développant les qualités de l'avocat il en trace un portrait très-éloquent. Il débute ainsi :

Messieurs, rien de plus honorable, mais en même temps rien de plus délicat & de plus pénible que nos fonctions. Adversaires nés de l'injustice, ennemis forcés de la fraude, obligés par état à la suivre, à la démasquer, il est impossible qu'en remplissant nos devoirs nous n'excitions pas quelquefois les plaintes des parties que notre zele importune. La reconnoissance qu'il excite d'une part, n'est que trop souvent achetée par la haine à laquelle il nous expose de l'autre; & si nous n'écoutions que nos intérêts, les moments où nous avons le plus besoin de vigueur, sont précisément ceux où nous nous montrerions avec plus de mollesse. C'est pour soutenir notre courage dans ces occasions périlleuses, que chez tous les peuples on a mis dans notre profession à côté du danger, la gloire qui le compense, & la liberté qui en efface l'idée.

La gloire est due à tout citoyen vertueux qui consacre sa vie à l'utilité de ses compatriotes. La liberté est inséparable d'un état qui sans elle n'auroit point d'objet, ou plutôt en auroit un tout contraire à son institution. Sans la liberté, au lieu d'être les appuis de la vérité, nous serions bientôt plus que les ministres du mensonge. Sans la liberté, les mains à qui l'indépendance qui nous caractérise assure le droit de protéger l'innocence opprimée, n'auroient plus d'autres privileges que de devenir les instruments de son oppression.

Ce sont cependant, Messieurs, ces deux grands mobiles de la profession d'avocat que l'on attaque ici....

6 *Mars* 1772. Les comédiens François doivent donner demain la premiere représentation des *Druides*, tragédie nouvelle de M. *le Blanc*, auteur d'une autre tragédie, jouée il y a quelques années sous le titre de *Manco Capac*.

7 *Mars* 1772. La tragédie qu'on doit donner aujourd'hui roulant principalement sur les abus

de la religion, dégénérée en superstition & en fanatisme, le censeur de la police n'a pas osé prendre sur lui d'approuver une piece pleine de détails délicats & dangereux. Elle a été renvoyée à un docteur de Sorbonne, & c'est l'abbé Bergier, cet adversaire intrépide des athées & des déistes, qui s'est trouvé obligé de l'examiner & de déclarer qu'il n'y voyoit rien de répréhensible. On a eu beaucoup de peine à lui faire agréer l'ouvrage, & M. de Trudaine a dû employer tout son crédit en faveur de l'auteur, dont il protege beaucoup la femme.

Au surplus, cette tragédie est si chargée de spectacle, d'incidents & de coups de théatre, que les acteurs ont passé deux jours entiers pour se mettre au fait de leurs positions & de leurs mouvements, pour ne pas s'embrouiller sur la scene, & manquer la beauté des tableaux qu'ils doivent présenter.

8 Mars 1772. *Les Druides* ont été joués hier. Le but philosophique de cette piece est en effet de combattre la superstition & le fanatisme, d'abolir un culte d'horreurs & d'abominations que ces prêtres rendoient à leurs dieux par des holocaustes humains & des libations de sang. Mais les moyens pris par l'auteur ne sont rien moins que dans les vrais principes de l'art, & l'exécution ne répond pas au sujet. Jamais on n'a vu de piece aussi compliquée & d'une longueur aussi ennuyeuse : elle a duré deux heures & demie de représentation. Dès le premier acte, il y a deux coups de théatre, & ils ne font que se multiplier dans les suivants, au point qu'il n'est aucun spectateur qui ne se soit perdu dans ce labyrinthe d'intrigues obscures & laborieuses.

La rage de l'auteur pour les diſſertations eſt telle, que même au cinquieme acte, même à la derniere ſcene, même en expirant, les perſonnages font encore des traités de morale & de métaphyſique. Pour réduire cette tragédie à ſes vraies proportions, il faudroit en retrancher une douzaine de ſcenes & huit à neuf cents vers. En un mot, jamais on ne peut mieux appliquer le vers de Boileau :

Et chaque acte en ſa piece eſt une piece entiere.

Les acteurs étoient ſi fatigués de la longueur de leurs rôles, que leur mémoire étoit continuellement en défaut; ce qui peinoit encore davantage le ſpectateur. On a cependant eu la conſtance d'écouter juſqu'au bout, mais à la charge de n'y pas revenir. Cette tragédie paroît abſolument tombée.

9 Mars 1772. C'eſt décidément M. de Laulne, avocat, qui eſt ſecretaire de la pairie. M. Deſormeaux étoit effectivement ſur les rangs, mais l'autre l'a emporté : ç'auroit été M. Gaillard, membre de l'académie Françoiſe, ſi le maréchal de Richelieu ne s'y étoit fortement oppoſé, en déclarant qu'il ne pouvoit pardonner à cet orateur la façon indécente dont il avoit parlé du cardinal de Richelieu dans ſon diſcours de réception, le jour où ce candidat avoit pris place à l'académie.

Dans le courant des opinions relativement à cette élection, il avoit été queſtion d'un nommé *la Roue*, ci-devant ſecretaire de l'ancien procureur-général ; un des ducs dévoués au parti de la cour pérorant fortement en faveur de ce sujet, finit par dire: *à tous égards*, *Messieurs*, *la Roue nous convient*. Les pairs protestants saisirent l'équivoque, & se mirent à rire d'une façon très-mortifiante pour l'orateur.

10 *Mars* 1772. On croyoit la piece des *Druides* absolument tombée, mais M. le duc d'Orléans, qui n'étoit pas à la premiere représentation, ayant témoigné l'envie de la voir, elle a reparu hier; on y a retranché plus de 500 vers, & la marche a été moins embarrassée, le dialogue moins ennuyeux, & la défense de l'humanité contre la barbarie de la superstition mise dans un jour plus lumineux & plus intéressant : il y avoit très-peu de monde, & l'assemblée étant en grande partie composée des amis ou des partisans de l'auteur, on a fort applaudi, on l'a demandé entre les deux pieces avec tant d'instances qu'il a été obligé de se montrer. On ne sait où aboutira cette résurrection factice, qui ne peut être longue.

11 *Mars* 1772. M. Bignon est mort hier, son convoi a été très-beau, & très-couru par le peuple, qui n'a pas vu sans plaisir périr l'auteur de l'effroyable massacre de la rue Royale. On peut juger au surplus du cas qu'on faisoit de ce membre de deux académies, par le quolibet grossier qui roule sur son compte. Le sieur *Cheval de Saint-Hubert*, premier échevin, se trouvant chargé des fonctions de prévôt des marchands, jusqu'à l'installation du successeur désigné pour le mois d'août, on dit que *c'est un cheval qui remplace un âne*.

12 *Mars* 1772. Il s'est trouvé hier un grand concours de monde au colisée ; un maître-d'armes ayant imaginé de choisir la rotonde de cet édifice pour

le lieu de sa réception, il en a résulté une affluence inconcevable : on n'y entroit que par billets, & l'on y comptoit plus de 4,000 spectateurs.

15 Mars 1772. Le succès des *Druides* a augmenté mercredi, & l'on a demandé encore l'auteur avec tant de tumulte qu'il a fallu comparoir : ses amis l'ont traîné sur le théatre, plus en homme qu'on mene au supplice qu'en héros triomphant.

16 Mars 1772. Les Italiens, après avoir varié long-temps sur la nouveauté qu'ils donneroient, se sont fixés sur le *Faucon*, comédie en trois actes & en prose, mêlée d'ariettes : elle n'a pas réussi à Fontainebleau, où elle a été jouée devant la cour l'automne dernier ; elle a même été huée : on l'a trouvée triste, plate & ignoble, & la musique, quoiqu'agréable & pleine de finesse en certains endroits, n'a pu sauver de l'ennui du poëme : la premiere est du sieur *Monsigni*, la seconde du sieur *Sedaine*, qui ne se tient jamais battu pour une fois, & compte que les applaudissements de la ville le vengeront des sifflets des courtisans.

17 Mars 1772. Ces jours derniers, toutes les chambres assemblées, Me. Jacques Vergès, avocat-général, a fait un réquisitoire violent contre la *Correspondance* & le *Supplément à la Gazette* ; & le nouveau tribunal a condamné lesdites brochures à être lacérées & brûlées comme *impies, blasphématoires & séditieuses, attentatoires à l'autorité du roi, injurieuses à la famille royale & aux princes du sang, tendantes à soulever les peuples contre le gouvernement, & détourner les sujets de l'obéissance qu'ils doivent au souverain, & du respect dû aux ministres & aux magistrats, &c.*

Ordonne qu'à la requête du procureur-général

du roi, il fera informé contre les auteurs defdits libelles, comme coupables du crime de lefe-majefté divine & humaine au fecond chef, & lui permet d'obtenir & faire publier monitoire, en la forme de droit, &c.

19 *Mars* 1772. Le wauxhall de la foire St. Germain n'avoit jamais été tant fuivi que cette année. La fureur de la danfe qui avoit repris ce carnaval, dure jufques dans le carême, & par un accord affez fingulier, quoique non préparé, il fe trouve que les femmes de qualité & les filles, fe font partagé les jours de ce fpectacle : les premieres y danfent exclufivement aux autres les mardi & famedi, & le refte de la femaine eft rempli par les courtifannes.

20 *Mars* 1772. Les Italiens ont donné hier *le Faucon*, comédie en profe. Quelques morceaux particuliers de mufique ont été extrêmement applaudis, mais le poëme a fait peu de fortune. Le fieur Sedaine a eu l'amour-propre de ne rien retrancher des phrafes plates & triviales qu'on lui avoit reprochées à Fontainebleau : elles n'ont pas été mieux accueillies ici : elle n'eft qu'en un acte, mais extrêmement long, & qui en vaut bien trois.

20 *Mars*. Les *Druides* ont été joués à la cour, où beaucoup de gens ont été fcandalifés des applications qu'on en pourroit faire contre nos prêtres & notre religion. La prophétie du treizieme acte, où le grand Druide voit s'écrouler l'empire Romain, & s'élever la maifon d'Autriche & celle de France, ce qui amene un éloge du roi, n'a pu compenfer la fâcheufe impreffion qu'ont reçu les dévots du refte de l'ouvrage.

20 *Mars*. Une *hiftoire Philofophique & Politique des établiffements, & du commerce des*

Européens dans les deux Indes, en 6 *vol. in-8°*, n'avoit point encore percé dans ce pays-ci. Le gouvernement a bien voulu depuis peu en tolérer l'introduction, mais au nombre de vingt-cinq exemplaires seulement ; ce qui rend l'ouvrage extrêmement cher, & recherché conséquemment.

20 *Mars* 1772. M. de Bougainville, dont il a été parlé plusieurs fois à raison de ses prétendues découvertes des *Isles Malouines*, & de l'isle de *Taiti* ou d'*Amour*, avoit proposé à M. de Boisnes de commencer au mois de mai un voyage dans les mers du nord, pour y pénétrer jusqu'au pôle, s'il étoit possible : indépendamment des découvertes en terres auxquelles cette course pouvoit donner lieu, on devoit embarquer sur cette petite escadre, composée de trois bâtiments, des membres de l'académie des sciences, renommés pour leurs diverses connoissances en astronomie, en géographie, en histoire naturelle, &c. car il étoit question de travailler à l'accroissement & à la perfection de toutes ces parties. Le ministre de la marine avoit d'abord agréé le projet, & l'avoit présenté au roi, qui l'avoit approuvé ; mais depuis il a été reculé à l'année prochaine, faute de fonds pour le moment.

23 *Mars* 1772. Depuis le supplice de *Billard*, on avoit gravé ce criminel au carcan, & l'on vendoit publiquement cette caricature, à laquelle on avoit ajouté l'historique en bref du sujet. La famille s'est interposée auprès de la police pour faire arrêter cette distribution ; & afin d'y couper court plus sûrement, elle a acheté tout ce qui restoit d'exemplaires & la planche. Mais il en a beaucoup transpiré dans le public & l'estampe est devenue fort chere.

22 *Mars* 1772. Jeudi dernier il y avoit beaucoup de monde à dîner chez M. de Sartines, lieutenant-général de police ; quelqu'un se récria sur la beauté des poissons : « Oh ! dit le sieur
» Marin, (l'auteur de la gazette de France,) il
» y en avoit de bien plus beaux hier chez M. le
» premier président du parlement, où je man-
» geois. —— Cela n'est pas étonnant, reprit un
» autre convive, *on ne voit-là que des monstres*...»
L'allusion saisie à l'instant par le reste de la table, fit beaucoup rire tout le monde & madame de Sartines... Son mari seul se trouva fort embarrassé, & ne savoit quelle contenance faire.

22 *Mars* 1772. On cite une plaisanterie de Mlle. Arnoux, renommée par ses bons mots; c'est à l'occasion du *Faucon*, dont le nom équivoque prête facilement aux quolibets. On parloit de cette pièce devant elle, avant qu'elle parût; elle sembloit n'en avoir pas bonne opinion; elle se fit presser quelques temps pour s'expliquer & déclarer les motifs de son préjugé : *c'est que*, (reprit-elle avec vivacité, par ce vers de Boileau) *rien n'est beau que le vrai ; le vrai seul est aimable*.

23 *Mars* 1772. Bien loin que l'arrêt du nouveau tribunal contre la *Correspondance*, ait ralenti la vigueur de l'auteur, on prétend que son zele patriotique s'est enflammé davantage, & l'on annonce toujours la quatrieme partie, celle promise *pour les Œufs de pâque de monseigneur*. Des gens même assurent qu'elle existe, & est déjà imprimée. Ces bruits sont prématurés vraisemblablement. Ce qui peut y avoir donné lieu, c'est une lettre manuscrite qui court ; elle a pour titre: *Lettre de M. de Maupeou à M. de Sorhouet : à Versailles le 8 mars 1771*. Elle est dans le

style de l'écrivain de la *Correspondance* : il est cependant à présumer qu'elle est factice.

23 *Mars* 1772. On attribue à l'abbé de Voisenon le quatrieme supplément à la gazette de France de la part du chancelier; on y reconnoît en effet sa maniere, & ce soupçon ne peut qu'achever de le perdre de réputation. Il y a aussi une réponse à la *Correspondance*.

23 *Mars*. Le scandale occasioné par la tragédie des *Druides* à la cour dure encore, & les prélats se remuent pour en faire arrêter les représentations. Ce véhicule vient très-à-propos pour l'auteur, & excite une curiosité relative que mérite peu la piece par elle-même, malgré les changements successifs qu'y fait le sieur le Blanc, en sorte qu'elle n'est presque plus reconnoissable à ceux qui ne l'ont vue que la premiere fois.

25 *Mars* 1772. Les actions honnêtes & louables sont trop rares aujourd'hui même parmi les gens de lettres & les philosophes, pour ne pas recueillir celles qu'on apprend. M de Chabanon, de l'académie des inscriptions, qui cultive la littérature par un goût naturel, un enthousiasme véritable, qui ne trafique point de ses ouvrages en vil mercénaire, & dénué conséquemment de toutes les passions, bassesses qui accompagnent cette sordide cupidité, avoit obtenu une pension de 2,000 livres sur le *Mercure*, dont il jouissoit depuis plusieurs années. Quoique favorisé de la fortune, ses biens étant en Amérique il n'avoit pu en recueillir les revenus pendant la guerre, & il avoit même éprouvé des pertes longues à réparer. Aujourd'hui que son bien-être est plus solide, il a remis la pension, & a eu le bonheur de la

faire tomber à un homme de lettres qu'il estimoit & qui avoit besoin de cette ressource.

26 *Mars* 1772. On a su que Mlle. Arnoux n'avoit pas chanté le lundi 24 par un pur caprice, & que ce jour même elle avoit eu l'impertinence de se montrer à l'opéra, en ajoutant le persiflage & disant qu'elle venoit prendre une leçon de mademoiselle Beaumesnil. Les directeurs se sont plaints à M. le duc de la Vrilliere, qui, au lieu d'envoyer cette actrice au Fort-l'Evêque, s'est contenté de la réprimander. Des spectateurs de mauvaise humeur s'étoient portés à l'opéra se mardi pour l'humilier en la sifflant, mais il n'ont pu avoir ce courage, & la séduction de son jeu leur a fait oublier ce projet.

27 *Mars* 1772. De jeunes éleves dans l'art des Vitruves se sont exercés à former un plan de nouvelle salle pour la comédie Italienne, dont l'emplacement actuel est très-incommode : ils ont choisi dans le Marais, un local isolé, où il n'y a que des bicoques. Ils ont donné carriere à leur imagination, & ont élevé sur le papier de très-beaux édifices; mais il n'y a pas d'apparence que le gouvernement agrée leur sublime spéculation, trop dispendieuse, & peu convenable à la plupart des spectateurs.

Le nouveau projet pour la comédie Françoise reçoit aussi des obstacles de la part du secretaire d'etat, ayant le département de Paris, sous différents prétextes. La vraie raison est que M. le chevalier d'Arcq, amant de madame la marquise de Langeac, & madame la marquise de Langeac maîtresse de M. le duc de la Vrilliere, ont reçu quelques milliers de louis des entrepreneurs de l'ancienne restauration, & font intéressés à la continuation de ce travail, jusqu'à ce que la nouvelle compagnie ait mis ces protecteurs en état de rembourser ces avances par d'autres plus fortes, si ceux-ci mieux n'aiment garder l'argent de l'un & de l'autre côté.

28 *Mars* 1772. Me. Linguet vient de faire imprimer son plaidoyer pour le comte de Morangiès. Le public a témoigné la même fureur pour le lire que pour l'entendre. Cet avocat s'est trouvé assiégé plusieurs jours dans sa maison par la multitude des curieux, qui venoient chercher ce mémoire.

Le début est d'une grande beauté par la noblesse, la clarté, l'impartialité, avec lesquelles l'orateur présente le pour & le contre de l'affaire la plus extraordinaire qui ait peut-être encore paru au barreau. Il laisse le lecteur indécis de quel côté il va pencher, & cette suspension est d'une grande adresse sans doute.

Me. Linguet n'est pas aussi heureux dans la division de son discours. Il demande :

1°. La veuve Veron a-t-elle pu prêter cent mille écus ?

2°. A-t-elle prêté cent mille écus ?

3°. Le comte de Morangiès a-t-il reçu cent mille écus ?

Cette gradation, qui seroit excellente pour l'affirmative, perd toute sa force en sens contraire, ou plutôt n'est qu'une vraie dégradation des preuves, qui annonce un défaut de logique dans l'avocat, & d'ordre dans les idées.

Si la veuve Veron n'avoit & ne pouvoit avoir

les cent mille écus, comme finit par le prétendre Me. Linguet, il est tout clair qu'elle n'auroit pas pu les prêter ; & si elle ne les a pas prêtés, il n'est pas moins clair que M. de Morangiès ne les a pas reçus. Après avoir prouvé sa premiere proposition, tout ce qu'il peut ajouter n'est donc qu'une superfétation de raisonnement... S'il eût renversé sa division, alors chaque partie enchérissoit sur l'autre, elles se fortifioient graduellement, & la derniere portoit la conviction absolue.

Au surplus les preuves de Me. Linguet pour établir que la veuve Veron n'avoit pas les cent mille écus, ne sont pas à beaucoup près concluantes, & les subséquentes dans les autres propositions ne le sont pas davantage ; en sorte que le lecteur n'étant pas à portée de connoître le vrai résultat des pieces ou des dépositions, ne peut croire que le vraisemblable, absolument contre la partie de Me. Linguet.

On ne peut approuver non plus l'indécence avec laquelle l'orateur s'est livré aux expressions les plus viles en parlant de ses parties adverses ; ce qui rend la sienne plus odieuse & fait dire que le mémoire est fort d'injures & foible de raisons.

On a beaucoup vanté comme morceau oratoire, le portrait de la police qu'on trouve dans ce discours ; elle y est figurée en beau, & l'on sent que si l'orateur a quelque jour besoin de la diffamer, il pourra la peindre en laid, en faire un monstre politique avec autant de justice & de vérité ; en sorte qu'on ne peut regarder ce tableau que comme un détail d'apparat, un ornement du discours, mais qui fera plaisir au lecteur.

28 *Mars* 1772. C'est M. le chevalier de *Resseguier* qui est l'auteur du bon mot dit à table chez M. de Sartines & dont on a parlé : il est connu pour des vers satiriques faits contre madame de Pompadour, qui le fit mettre dans la cage de fer ; il a depuis eu la bassesse d'implorer les bontés de cette même femme pour sortir de la prison.

29 *Mars* 1772. C'est M. de Chamfort à qui M. Chabanon a fait tomber sa pension de 2,000 liv. sur le *Mercure*.

30 *Mars* 1772. On se flattoit que le sieur Gerbier plaideroit pour la veuve Veron, quoique morte, & défendroit sa mémoire outragée dans les plaidoyers du sieur Linguet. Cette infortunée, âgée de 88 ans, avoit laissé en mourant un diamant de dix mille francs à cet orateur pour l'engager à cette bonne œuvre ; mais il s'est défisté du legs. Ce nouveau trait du sieur Gerbier ne lui fait point d'honneur, en ce qu'on dit hautement qu'il a été payé par le comte de Morangiès pour ne pas parler. Il ne peut prétexter sa santé, puisqu'il a paru la semaine derniere à la grand'chambre, & a parlé pour les créanciers des fermiers des postes.

1 *Avril* 1772. On prétend aujourd'hui que l'*Histoire Philosophique & Politique des établissements & du commerce des Européens dans les deux Indes*, est un ouvrage entrepris ici, & imprimé même avec permission tacite, mais resté sans voir le jour, par des considérations politiques ; que monsieur le chancelier y a trouvé des choses répréhensibles contre la religion, les

prêtres & les rois. On l'attribue à divers ency-clopédistes, comme Duclos, Diderot, d'Alembert, &c.

2 *Avril* 1772. On a donné hier aux Italiens un opéra-comique nouveau en un acte & en prose, mêlé d'ariettes, intitulé *le Bal masqué*. Pour exciter la curiosité du public, on avoit annoncé sur l'affiche que la musique étoit de monsieur Darci, âgé de douze ans, éleve du sieur Gretry. On a fait grace à l'ouvrage en faveur de l'enfant, mais rien de plus plat que le poëme. La musique est agréable, mais destituée d'harmonie, & sans aucune chaleur.

3 *Avril* 1772. *A Me. Jacques Vergès & aux donneurs d'avis*, brochure nouvelle, avec cette épigraphe : *exoriare aliquis nostris ex ossibus ultor*. C'est une facétie très-ingénieuse & très-gaie, où l'on turlupine le plus joliment du monde monsieur le chancelier & ses émissaires, sur toutes les peines qu'ils se donnent pour découvrir l'auteur de la *Correspondance*, & arrêter le cours de cette brochure. On y seme en passant des anecdotes très-piquantes, & bien propres à aiguillonner d'une part la curiosité du public, & de l'autre à irriter la fureur du parti adverse.

3 *Avril* 1772. *Castor & Pollux* a déja rendu à l'opéra 115,000 livres ; ce qui est sans exemple dans les fastes du théatre lyrique : il est à sa trente-unieme représentation.

4 *Avril* 1772. L'arrêt du nouveau tribunal, en date du 14 mars, contre la troisieme partie de la *Correspondance*, & le quatrieme supplément à la gazette de France, semble être devenu le signal d'une guerre plus vive de la part des *patriotes*. On

annonce différentes brochures foudroyantes. Jusques-là on escarmouchoit. On a parlé du pamphlet à Jacques de Vergès, &c. Il paroît aujourd'hui une autre facétie, intitulée, *Arrêt d la cour du Parlement, du 3 avril 1772.* C'est une parodie de celui du 14 mars, où sous prétexte d'ordonner la brûlure de la brochure à Me. Jacques de Vergès, & aux donneurs d'avis, on cherche à imprimer un nouveau ridicule sur ces messieurs. Ledit arrêt est précédé d'un requisitoire supposé dudit avocat-général, où l'on emprunte les expressions de cet orateur pour dénoncer le libelle furtif, production d'une cabale obscure de dix-huit millions d'ames, complices de l'auteur, &c. On y trouve quelques bonnes plaisanteries, comme celle-ci ; mais en général il est lourd, & c'est peut-être la seule misérable production qu'ait enfanté ce parti.

5 *Avril* 1772. Le mémoire pour les adversaires de monsieur le comte de Morangiès, commence à paroître. Il est intitulé : *Pour demoiselle Genevieve Gaillard, femme séparée, quant aux biens, du sieur Nicolas Romain, officier invalide, fille & héritiere légitime de Marie-Anne Regnaux, veuve du sieur Marie-François Veron, banquier.*

Et le sieur François Liegeard Dujonquay, docteur ès loix, petit-fils de ladite dame Veron, & son légataire universel, ayant repris en cette qualité les plaintes & accusations intentées à la requête de ladite dame Veron.

Son objet est de prouver, 1°. que le comte de Morangiès, dépouillé de ses biens par le contrat d'abandon qu'il en a fait à ses créanciers

ciers en 1768, & obligé d'obtenir, au mois d'août 1771, un arrêt de surséance pour se soustraire aux contraintes par corps, a abusé de l'ascendant que son âge & son rang lui donnoient sur un jeune homme de 25 ans, sans expérience, arrivé depuis peu de la province où il avoit été élevé, pour se faire prêter par lui, sur ses simples billets, une somme de 300,000 liv., appartenante à la dame Veron, sa grand'mere.

2°. Que pour se soustraire aux créances résultantes de ses propres engagements, le comte de Morangiès a eu l'indigne barbarie d'employer la voie de la surprise & des mauvais traitements par le ministere d'agents subalternes, pour arracher de la dame Romain & de son fils des déclarations contraires à la vérité du prêt.

3°. Que non content de ces délits, il est coupable d'avoir machiné la perte des enfants de la dame Veron, en les accusant de lui avoir escroqué pour plus de 300,000 livres de billets, en les précipitant dans les horreurs de la prison, & en provoquant contr'eux des condamnations afflictives & infamantes.

4°. Qu'enfin la nature de ces accusations & la nécessité de punir le coupable, quel qu'il soit, exigeant une instruction rigoureuse par récollement & confrontation, cette instruction doit être faite à la requête des parties pour lesquelles est écrit le mémoire.

Cette affaire, une des plus étonnantes qui aient jamais été portées au barreau, est mise dans le jour le plus lumineux, tant par l'ordre avec lequel les faits sont établis, que par le développement des moyens : les preuves s'y soutiennent, & s'y enchaînent avec un art qui les fait toujours croître par degrés, jusques à l'évidence.

On ne sauroit trop exalter la louable fermeté de Me. Vermeil, qui a osé prendre en main la cause des malheureux opprimés, de l'innocence desquels, suivant le devoir d'un avocat délicat, il a commencé à se convaincre par toutes les précautions que peut employer la prudence. Le courage de cet orateur est d'autant plus grand, plus noble, plus épuré, que même en gagnant sa cause il ne pouvoit envisager pour récompense que le plaisir touchant & délicieux d'une belle action, puisque toute la fortune de ses clients se trouvoit entre les mains d'un homme dérangé, qui peut-être ne seroit jamais en état de restituer cette somme. Mais il paroîtra bien plus héroïque encore, lorsqu'on saura le déchaînement des roués de la cour contre lui, avec quelle audace trois cents seigneurs, ou chevaliers de Saint Louis, ou militaires se rendoient aux audiences, s'emparoient en quelque sorte du barreau, vouloient par les discours les plus insolents, des menaces ou des gestes de mépris, intimider l'orateur, & poussoient l'indignité jusques à cracher sur sa robe. Heureusement son éloquence, victorieuse de tous ces obstacles, a paru n'en acquérir que plus de force, & ses plaidoyers, ainsi que son mémoire, passeront aux yeux des gens sensés & impartiaux pour des chef-d'œuvres, dénués de tout bavardage, si en vogue au barreau, de ce faste de déclamation nécessaire au mensonge pour s'envelopper; ils sont écrits avec toute la sagesse qu'exigeoit la position délicate de Me. Vermeil, & il a prouvé à M. Linguet, son adversaire, qu'on pouvoit montrer la vérité dans toute sa vigueur, sans invectiver nécessairement son ennemi.

Au surplus, M. le comte de Morangiès a, dit-on, fait l'impossible pour faire évoquer au conseil cette affaire; on assure que le roi s'y est opposé.

6 *Avril* 1772. On commence aujourd'hui la vente des tableaux de M. le duc de Choiseul : ils sont en quantité, mais en général de petite maniere; il y a peu de morceaux d'histoire, & beaucoup de morceaux de fantaisie. On évalue cette vente à 400,000 livres.

7 *Avril* 1772. On prétend que madame *Adélaïde* étant allé voir madame la duchesse de Mazarin à Chilly, l'a trouvée dans une coëffure singuliere, & lui a demandé ce que c'étoit que cette nouvelle mode ? Celle-ci a répondu que cela se nommoit *à la Correspondance*. (C'est un bonnet à deux becs, qui sont en cornes.) Nouvelle curiosité de la princesse. Madame Mazarin l'a satisfaite en lui rendant compte de l'anecdote, & de la plaisanterie qu'on faisoit dans le livre qui porte ce nom, sur la perruque de l'avocat *Gin*. Ces détails ne font que redoubler l'intérêt de madame Adélaïde; c'est ce que vouloit la duchesse: pour mieux mettre madame au fait, elle fait venir le livre qu'elle a, dit-on, lu à cette princesse en entier, jusqu'au rêve; ce qu'afflige beaucoup M. le chancelier.

8 *Avril* 1772. M. *Duclos* étoit revêtu d'une place d'historiographe de France, qu'avoit eue M. de Voltaire, & qu'il a perdue en s'expatriant;

elle est conférée aujourd'hui à M. Marmontel. On prétend qu'il n'a que l'honorifique, ainsi que son prédécesseur, & que le philosophe de Ferney, en renonçant au titre, s'est conservé la pension. Cette place est en outre très-jolie, par les agréments qu'elle procure, comme un logement dans les maisons royales, une entrée libre à toutes les fêtes, &c.

8 Avril 1772. M. de Foncemagne va mieux ; il est sorti de l'état d'hypocondrie où il étoit tombé, & a repris ce qu'on appelloit *la conversation*. C'est une assemblée qui s'établissoit chez lui tous les soirs de gens d'esprit qui s'y rendoient régulièrement ; il n'y a ni jeu, ni femmes, & l'on y disserte philosophiquement, comme on faisoit à Athènes au lycée ou au portique.

La réception de son lecteur, M. Dacier, à l'académie des belles-lettres, n'a pas peu contribué à mettre du baume dans le sang de M. de Foncemagne ; il prenoit un intérêt très-vif à l'événement. En effet la faveur pure a influé sur l'élection de ce sujet, qui ne l'a emporté que d'une voix sur son concurrent, M. l'abbé *le Blond*, savant connu, couronné à cette académie, & qui avoit des titres littéraires bien supérieurs à ceux de l'autre candidat : il n'a eu que 16 voix contre 17. M. Dacier n'a encore rien fait que la traduction des histoires d'*Elien*, & cet ouvrage n'étoit pas même imprimé lorsqu'il a été nommé.

9 Avril 1772. A Choisy, le 8 avril. S. M. est venu passer deux jours ici avec une certaine quantité de seigneurs & quatre dames, madame la comtesse Dubarri, madame la maréchale de Mirepoix, madame la comtesse de l'Hôpital & madame la duchesse de Mazarin. C'est la première fois que cette derniere se trouve à de semblables parties ; son attachement pour les Choiseul l'avoit toujours rendue peu agréable depuis leur disgrace.

Madame la comtesse Dubarri, qui cherche tous les moyens de dissiper le roi, que l'ennui gagne aisément, avoit imaginé de faire venir *Audinot* jouer à Choisy avec ses petits enfants. C'est la premiere fois que ce directeur forain paroît devant S. M. Il aura pu mettre sur ses affiches de la foire : *les comédiens de Bois donneront aujourd'hui reláche au théatre, pour aller à la cour.* On a exécuté trois pieces sur notre théatre, & les petits enfants n'ont été nullement déconcertés ; ils ont joué à merveille.

On a donné d'abord : *Il n'y a plus d'Enfants*, petite comédie en prose du sieur de Nogaret, où il y a de la naïveté & des scenes d'une morale peu épurée. La *Guinguette*, ambigu comique de M. de Pleinchesne, a plu davantage, c'est une image riante & spirituelle de ce qui se passe dans les tavernes : c'est un joli *Tenieres*. On a fini par le *Chat Botté*, ballet pantomime du sieur Arnould. Au reste, ce ne sont point des nouveautés : vous devez avoir vu cela depuis long-temps à la foire St. Germain. On n'a pas même oublié la *Fricassée*, contredanse très-policonne. Madame la comtesse Dubarri s'amusoit infiniment & rioit à gorge déployée. Le roi souriait quelquefois ; en général ce divertissement n'a pas paru l'affecter beaucoup.

9 *Avril* 1771. Il y avoit autrefois quatre pensions affectées pour l'académie Françoise ; le malheur du temps les avoit fait supprimer : on vient

d'en rétablir deux, l'une en faveur de M. de *Foncemagne*, l'autre pour l'abbé *Batteux*.

10 *Avril* 1772. On vient de finir la levée des terreins nécessaires à prendre pour former la nouvelle place où sera établi l'hôtel de la comédie Françoise : on évalue en gros que cette acquisition pourra coûter un million. On ne prend aucune maison essentielle, & ce n'est que sur une partie des jardins de quelques hôtels qu'on empiete.

11 *Avril* 1772. Ajourd'hui dès le grand matin le palais s'est trouvé rempli de curieux, pour entendre le plaidoyer de M. l'avocat-général de Vergès, dans l'affaire de la veuve Veron & héritiers, contre le comte de Morangiès. Tous les roués de la cour n'ont pas manqué de s'y rendre avec plus d'affluence que jamais : on y comptoit beaucoup d'officiers généraux & nombre de militaires de grades inférieurs, dans le dessein sans doute de s'emparer de la tournelle, d'assiéger, pour ainsi dire, les juges, & de les gêner dans leurs suffrages par leur présence.

Cependant Me. Jacques de Vergès n'a point paru intimidé de cette bruyante & redoutable assemblée ; il a parlé depuis sept heures & demie jusques à deux heures, avec la plus grande présence d'esprit.

Lorsque l'avocat-général a rendu ses conclusions, qui tendoient à la prise de corps contre le comte de Morangiès, Me. Linguet, son avocat, est venu l'avertir qu'il étoit temps de s'en aller. Ce Seigneur est devenu pâle, a perdu la tête ; le marquis de Poyanne a été obligé de l'emmener, & le peuple l'a suivi jusques à son carrosse, avec des huées ; l'appellant *escrot*, *voleur*, &c. Ce procès nous rappelle en petit les fameuses divisions des Romains, entre les plébéiens & les patriciens : on ne connoît de mémoire d'homme affaire qui ait occasioné une scission aussi générale.

11 *Avril* 1772. La veille de l'arrêt d'hier, Me. Linguet avoit donné un nouveau mémoire intitulé *Réplique* ; c'est le plaidoyer débité dans une audience extraordinaire qu'il avoit demandée pour le lundi, & qui se tient l'après-dîné avec l'appareil ordinaire des autres. Il étoit important pour sa partie de détruire les impressions fâcheuses restées dans l'esprit des juges & des auditeurs d'après la réplique de *Vermeil* du samedi. Celui-ci, de son côté, a répandu *une réplique* au plaidoyer du comte de Morangiès ; elle étoit signée d'un autre avocat, nommé *la Croix* ; elle contient des faits graves contre le comte ; & la supression demandée par l'avocat-général n'étoit motivée que sur une raison de forme, c'est-à-dire, sur ce que le mémoire n'étoit pas signé des parties, & non sur ce qu'on y avançât rien de calomnieux.

Quant aux pages 33 & 34, supprimées dans la *réplique* de Linguet, concernant *Gerbier*, c'est un endroit où se prévalant du silence de cet adversaire qu'il devoit avoir en tête pour la dame Veron, il l'attribue à la connoissance que cet orateur avoit acquise de l'iniquité de la partie, & à la délicatesse qu'il avoit eu de se charger d'une pareille cause : induction fausse, puisque Me. Gerbier tout récemment, à un dîner chez M. de Sauvigny, avoit tonné avec une force étonnante contre le comte.

12 *Avril* 1772. M. d'Alembert a été élu secre-

taire de l'académie Françoise, à la place de M. Duclos, qui vient de mourir.

12 *Avril* 1772. La faculté de médecine, dont la fermentation s'étoit rallentie, est agitée de nouveaux troubles relativement à la querelle mue entre les docteurs Bouvart & Petit, & qu'un léger incident vient de réveiller.

13 *Avril* 1772. Le *supplément au Roman Comique*, ou *Mémoires pour servir à la vie de Jean Monnet*, &c. se distribue. Rien de si plat que cette brochure; les mystifications même de Poinsinet, si susceptibles d'une plaisanterie gaie & caustique, n'ont aucun caractere risible sous le pinceau de ce fade barbouilleur; en un mot, c'est un livre bleu de toute la valeur du terme, un vrai poisson d'avril que ce bateleur littéraire a donné au public.

14 *Avril* 1772. L'affaire de M. le comte de Morangiès est plus que jamais le sujet des conversations de Paris: son évasion de la tournelle lui a aliéné ses partisans honnêtes, qui étoient persuadés de son innocence & de sa probité. On rapporte qu'un chevalier de St. Louis présent, lui a crié dans ce moment: « *M. de Morangiès, qui quitte la partie la perd.* » Madame Godeville, femme renommée pour ses galanteries & ses escroqueries, & fort liée avec M. de Morangiès, présente aux conclusions de l'avocat-général, dit bêtement au sieur Linguet, lorsqu'il fut annoncer à sa partie qu'elle eût à se retirer: *M. Linguet, offrez mon appartement au Temple à M. de Morangiès.* L'enclos du Temple est un endroit privilégié, où se retirent les banqueroutiers. Enfin le sieur Vermeil n'a pas manqué de se prévaloir de la circonstance, de demander acte

de la fuite de M. de Morangiès, comme un indice de sa frayeur & des remords qu'il éprouvoit. Il a fait remarquer, au contraire, avec quelle sérénité ses clients avoient entendu les conclusions de l'avocat-général & étoient disposés à se constituer prisonniers pour l'éclaircissement de la vérité ; ce qu'ils ont offert eux-mêmes sur le champ. Enfin l'avocat Linguet a perdu la tête, comme le comte ; pendant que les juges délibéroient, il a voulu balbutier quelques phrases qu'on ne lui a pas laissé finir ; il a eu l'audace d'entrer dans la chambre où les magistrats s'étoient retirés pour délibérer entr'eux ; mais on l'a mis à la porte, & l'on a fait poser deux sentinelles pour que personne ne pût approcher & écouter les opinions.

14 *Avril* 1772. Dans l'affaire des Veron on distingue sur-tout un mémoire signé *de la Croix*, jeune avocat qui donneroit les plus grandes espérances, s'il en étoit le vrai pere ; il est précis, rapide, plein de sarcasmes, mais décents & d'ailleurs placés dans la circonstance relativement à celui de l'avocat Linguet qu'il réfute, & dont l'ironie est la figure favorite. Ce la Croix a fait quelques ouvrages de littérature ignorés.

Il paroît un autre mémoire dans la même affaire pour le nommé *Gilbert*, l'ami fidele du petit-fils de la veuve Veron, dont la fermeté fournit des traits d'une générosité très-rare aujourd'hui, & qu'on ne chercheroit pas dans un cocher ou piqueur de M. de Mailly, tel que l'étoit ce Gilbert. Le mémoire est de Me. Courtin.

17 *Avril* 1772. On ne sauroit assez s'étonner de l'audace de certains avocats à avancer les faits les plus faux dans les plaidoyers & à les soute-

nir, malgré la facilité de les convaincre : c'est ce qui vient de se passer au châtelet tout récemment encore de la part de Me. Linguet, dont la réputation est des plus mauvaises du côté de l'exactitude & de la véracité ; on a repris à ce tribunal le procès en séparation entre madame de Gouy & son mari, dont les plaidoieries avoient été interrompues par la maladie du sieur Gerbier, avocat de la femme : Linguet est celui du mari. Il s'agissoit du nombre des marches d'un escalier, que ce dernier n'évaluoit qu'à trente environ, & l'autre à plus de quatre-vingts. Tous deux ont prétendu les avoir montées & comptées.

18 Avril 1772. L'auteur des *Druides* est fort intrigué pour l'impression de sa piece, à laquelle la cabale des dévots s'oppose. Le docteur Bergier sur-tout, qui l'a approuvée, excédé par les importunités de M. de Trudaine, souhaiteroit fort qu'elle ne passât point, ou tout au moins qu'il ne fût pas fait mention de la signature.

19 Avril 1772. M. Duclos étoit historiographe de France, & le duc de la Vrilliere a envoyé en conséquence à la levée du scellé du défunt, un commissaire du roi pour retirer tous les cartons relatifs à cette partie de son travail. Il s'est élevé une contestation à ce sujet entre les officiers de justice & ledit commissaire du roi. Celui-ci voulant indistinctement emporter tout ce qui se trouveroit étiqueté de cette maniere, les premiers prétendant, au contraire, qu'ils doivent visiter auparavant lesdits cartons & les inventorier, pour examiner s'il n'y auroit aucun papier de famille. On ne sait pas encore la décision de la querelle.

On présume que l'objet du ministre étoit de

fouftraire tous les papiers qu'on pourroit trouver concernant l'affaire de MM. de la Chalotais, avec qui l'académicien étoit extrêmement lié, & les remettre à fon neveu, M. le duc d'Aiguillon.

20 *Avril.* 1772. *Le point de vue* ou *Lettres de M. le préfident de*** à M. le duc de N****, 68 *pages in-*12. L'objet de ce nouvel écrit eft de faire connoître que les premiers inftigateurs des troubles actuels font les jéfuites ; que ce font eux qui les fomentent dans l'efpoir de ménager leur retour plus ou moins prochain, & qu'ils ne peuvent finir que par l'extinction de l'ordre.

21 *Avril* 1772. Le procès pendant entre les libraires & M. Luneau de Boisjermain, doit recommencer à fe plaider après la *quafimodo*. Le fieur Gerbier nouveau défenfeur des premiers, a demandé le retard de cette caufe qui devoit avoir lieu après la St. Martin, pour avoir le temps de s'inftruire : elle doit attirer encore beaucoup de monde au palais : c'eft toujours M. Luneau qui parle pour lui-même.

25 *Avril* 1772. Madame Favart, dont nous avions annoncé la cruelle maladie, a enfin fuccombé à fes douleurs. Ses amis ne l'ont point abandonnée jufqu'au dernier inftant. Il faut diftinguer entr'eux M. Lourdet de Santerre, & l'abbé de Voifenon. Le premier eft un maître des comptes, qui fe mêle de bel efprit & qui paffe pour avoir mis en commun ce qu'il en avoit avec le mari & la femme, dont il enrichiffoit les ouvrages de fes faillies. Quant à l'autre, on connoît fon prodigieux attachement au ménage en queftion. Depuis la mort du maréchal de Saxe, dont la paffion avoit commencé à rendre célebre

cette courtisanne qui suivoit les armées, l'abbé vivoit avec elle & mangeoit tout son revenu dans la maison. Prêtre de son métier, libertin par habitude, & croyant par peur, il a fait tout ce qu'il falloit pour mettre devant Dieu l'ame de sa maîtresse. Comme elle tenoit prodigieusement aux 15,000 livres de rentes que lui valoit son état de comédienne, elle faisoit difficulté d'accéder à la renonciation au théatre que l'Eglise exigeoit; ce qui annonçoit au moins de la bonne foi chez elle & une constance inviolable à ne point se parjurer. Il s'est remué auprès des gentilshommes de la chambre pour qu'on lui fît accorder ses appointements en pension, même en cas de retraite. Cette faveur a rendu l'actrice libre, & son salut n'a plus souffert de difficulté.

Le grand talent de madame Favart brilloit plus dans le lit qu'au théatre. Sur ce qu'on reprochoit au *Mars* de la France son enjouement pour cette fille peu jolie, ce héros, non moins fameux en combats amoureux qu'en exploits guerriers, répondit : *trouvez-m'en une qui me le fasse faire comme elle.*

28 *Avril* 1772. La canonisation de la bienheureuse *Fremyot de Chantal*, institutrice de l'ordre de la Visitation, a été célébrée aujourd'hui à Ste. Marie, couvent de la rue St. Antoine, dans le cérémonial brillant que peut exiger cette apothéose chrétienne. M. l'archevêque s'y est transporté avec tout son clergé, pour ouvrir la neuvaine de jubilation qui doit y perpétuer la mémoire de ce grand événement. Les paroisses, les couvents, & les fideles de Paris & des environs seront admis dans cet intervalle à rendre leur hommages à la nouvelle sainte, & à faire, pour

ainfi dire , connoiffance avec elle. Des familles diftinguées de ce royaume prennent d'autant plus de part à la joie publique, qu'elles ont l'honneur d'appartenir à madame de Chantal, par madame de Sévigné, dont elle étoit petite-fille, & dont les ouvrages, quoiqu'elle ne foit pas canonifée, font plus connus des mondains, que les livres myftiques de fa grand'mere.

1 *Mai* 1772. Il eft arrivé depuis peu à Paris un nouveau conte manufcrit de M. de Voltaire, ayant pour titre *la Begueule, conte moral, par le R. P. Nonotte, prédicateur*. Il y a joint un envoi à madame de Florian, en date du 19 avril.

2 *Mai* 1772. Le colifée, dont les entrepreneurs avoient annoncé depuis long-temps l'ouverture pour cette année, après avoir tenu long-temps le public dans l'attente de ce grand événement, l'ont enfin remplie le premier de ce mois ; mais il y avoit très-peu de monde, & ce début n'eft pas d'un bon augure pour le refte de la faifon, à moins qu'ils ne trouvent quelque fpectacle nouveau propre à attirer des curieux.

3 *Mai* 1772. Feu M. *Rouillé de Meflay*, ancien confeiller au parlement de Paris, ayant conçu le noble deffein de contribuer aux progrès des fciences & à l'utilité que le public en pouvoit retirer, a légué à l'académie royale des fciences un fonds pour deux prix, qui doivent être diftribués à ceux qui, au jugement de cette compagnie, auront le mieux réuffi fur deux différentes fortes de fujets, qu'il a indiqués dans fon teftament, & dont il a donné des exemples.

Les fujets du premier prix regardent le fyftême général du monde & l'aftronomie phyfique.

Le prix devoit être de 2,000 livres aux termes du testament, & se distribuer tous les ans; mais la diminution des rentes avoit obligé de ne le donner que tous les deux ans, afin de le rendre plus considérable, & on l'avoit porté à 2,500 livres. De nouveaux retranchements dans les rentes ont forcé l'académie de le réduire. Elle annonce en conséquence dans son programme du sujet proposé pour le prix de l'année 1774, qu'à commencer de la présente année 1772, il n'est plus que de la somme de 2,000 livres.

Les sujets du second prix regardent la navigation & le commerce; il ne se donnera aussi que tous les deux ans, suivant le même avertissement, & ne sera que de deux mille livres.

4 *Mai* 1772. Les fêtes célébrées au sujet de la canonisation de la baronne de Chantal ne se sont pas passées sans fournir aux fideles un nouveau sujet d'édification, & un spectacle bien propre à raffermir la foi de ceux qui sont assez heureux pour croire. Une malade de l'hôtel-dieu, impotente de jambes & se servant de béquilles, pleine de confiance en la nouvelle sainte, s'est fait transporter à sainte Marie, & au milieu de sa priere elle a lancé des cris perçants, comme s'il se passoit quelque chose d'extraordinaire en elle: en effet elle s'est levée, à ce qu'on assure, & a marché pas bien loin, car entourée de la foule, elle en étoit comme soutenue. Il a fallu la soustraire à l'empressement des curieux. Bien des gens disent que c'est une pieuse imposture, & prétendent que les miracles ne s'operent point par douleur. Les chrétiens, plus dociles, attendent que le fait soit constaté & que l'église ait parlé. Quant aux philosophes & incrédules dont cette ville

abonde, ils en rient d'avance. On ne fait fi les béquilles, premier monument du pouvoir de la fainte, feront fufpendues dans la chapelle fuivant la coutume.

8 *Mai* 1772. M. l'abbé de Lifle & M. Suard ont été élus hier membres de l'académie Françoife, pour occuper les deux places vacantes. M. le duc de Richelieu qui préfidoit & qui favorifoit en apparence le dernier, dont l'élection fembloit devoir être très-critique, a voulu profiter de la prépondérance de voix qu'il connoiffoit pour lui, & quoique la regle foit de ne faire qu'une élection dans une féance, il a propofé de procéder tout de fuite à la feconde ; ce qui a été fait. Il y a eu 8 voix pour monfieur le Mierre, 4 pour monfieur de Chabanon, une pour M. Laujon, & 14 pour M. Suard. Ils étoient 27 votants, & 19 candidats fur les rangs. On n'a pas été peu furpris de voir celui-ci l'emporter, dont tout le mérite confifte à avoir fait de mauvaifes gazettes de France, & avoir traduit de l'anglois Robertfon, une *hiftoire de Charles-Quint*.

10 *Mai* 1772. Hier famedi comme l'académie Françoife étoit prête à fe féparer, eft arrivée une lettre de M. le duc de la Vrilliere, qui lui annonçoit que non-feulement le roi ne confirmoit pas les deux élections du jeudi, mais les improuvoit, comme ayant été faites dans la même féance, contre les ftatuts. On prétend que la lettre ajoutoit auffi que les fujets ne lui étoient point agréables d'ailleurs ; le premier comme trop jeune, & comme exerçant des fonctions incompatibles avec fa nouvelle place ; c'eft l'abbé de Lifle, qui eft régent au college de la Marche : & le fecond, comme

ayant été renvoyé de la direction de la gazette pour mécontentement de la cour. Quoi qu'il en soit, il est sûr que les élections sont à refaire ; ce qui occasione une fermentation considérable dans les gens de lettres, & sur-tout parmi les candidats.

12 *Mai* 1772. L'affaire de l'encyclopédie s'est entamée aujourd'hui au nouveau tribunal. Monsieur Luneau de Boisjermain a commencé son plaidoyer : il a cherché d'abord à se concilier ses juges par un exorde tiré des circonstances ; il a fait de son avocat adverse, Me. Gerbier, l'éloge le plus complet ; il est convenu de son insuffisance dans une carriere où il n'étoit jamais entré ; il a paru ne s'appuyer uniquement que sur l'intégrité de ses juges, & il est entré en matiere : il l'a divisée en sept époques, & il n'a encore parcouru que la premiere ; ce qui annonce qu'il doit occuper plusieurs audiences. La cause est remise au jeudi dix-huit. Les magistrats & les spectateurs ont paru prévenus de la façon la plus avantageuse pour l'orateur. La foule n'étoit pas encore considérable à cette premiere audience, parce que l'on ignoroit l'ouverture de la cause, qui avoit été renvoyée au 15 mai, à raison de la maladie de M. Luneau. La macération de son visage a parfaitement secondé la commisération qu'il a voulu exciter, & son organe d'ailleurs, quoiqu'affoibli par la douleur, s'est prêté au volume de voix nécessaire pour le vaisseau de la grand'chambre où il parle.

13 *Mai* 1772. La fermentation de l'académie Françoise, à l'occasion de l'improbation de ses deux élections, n'est point calmée : on est très-

mécontent de monsieur le maréchal de Richelieu, qui a joué le parti encyclopédique dans cette occasion. Comme faisant fonction de directeur, il avoit donné à tous les votants ce jour-là un grand dîner ; voyant que la cabale pour les récipiendaires étoit trop forte, il a paru se ranger de ce côté, & a demandé lui-même, ainsi qu'on l'a dit, la double élection pour le jeudi, quoiqu'elle ne dût se faire qu'en deux séances. Mais dans le compte qu'il est allé rendre ensuite au roi de ce qui s'étoit passé, il a provoqué la réponse de S. M. survenue à l'assemblée le samedi. Sur quoi il a été arrêté & fait des représentations, dont M. le duc de Nivernois a été chargé. S. M. y a répondu qu'elle ne s'opposoit point à l'élection de l'abbé de Lisle, lorsqu'il auroit l'âge compétent ; qu'à l'égard de M. Suard, elle se feroit rendre compte des motifs d'exclusion personnelle ; mais qu'elle vouloit qu'on procédât à une nouvelle élection : sur quoi l'académie a arrêté d'itératives représentations.

Le samedi on fit des reproches à M. de Richelieu sur la perfidie dont il avoit usé ; on lui dit qu'il auroit bien dû prévenir l'académie sur les volontés de S. M., les sonder, &c. *Moi, Messieurs*, répondit le maréchal persifleur ; *le roi me parle, mais je ne parle point au roi, je ne puis interroger S. M. sur ses goûts. Demandez au sieur Nestier, qui a fourni peut-être vingt mille chevaux au roi, il est encore à savoir celui qui a plu davantage à ce monarque.*

14 *Mai* 1772. Il court un épigramme en énig-

me sur M. de la Harpe, assez plaisante ; elle roule sur son nom :

J'ai sous un même nom trois attributs divers,
Je suis un instrument, un poëte une rue :
Rue étroite, je suis des pédants parcourue ;
Instrument, par mes sons je charme l'univers :
 Rimeur, je t'endors par mes vers.
  La Harpe.

16 *Mai* 1772. Les comédiens Italiens ont donné avant-hier la premiere représentation de l'*Ami de la maison*. Cette comédie a été assez bien accueillie, le troisieme acte sur-tout a été applaudi singuliérement. On a trouvé dans la musique du sieur Gretry de la richesse, de la variété dans sa composition, des accompagnements de la plus grande beauté, d'une magnificence d'harmonie merveilleuse.

18 *Mai* 1772. On parle d'un nouvel écrit, intitulé *Requête des états-généraux au roi* ; mais il est encore très-rare & a peine à percer. Il paroît émané d'un autre arsenal que celui où se fabriquent les diverses brochures politiques dont on a rendu compte. On le croit même imprimé en pays étranger.

18 *Mai* 1772. On a publié dans plusieurs papiers publics une lettre de Me. Linguet à monsieur le vicomte de Bombelles, qui ne pouvoit que déshonorer cet avocat, par le soupçon qu'elle donnoit sur l'honnêteté de sa conduite & sur son peu de délicatesse à se charger de la cause de la femme, après avoir brigué celle du mari comme bonne & excellente. Il a profité de l'oc-

casion du mémoire qu'il vient de publier pour l'enfant dont il a plaidé la cause, & a donné une explication de cette lettre, dont il attaque d'abord quelques parties comme fausses, & le surplus n'est, suivant lui, qu'une effusion de politesse vague qu'on ne doit pas prendre à la lettre.

18 *Mai* 1772. Quoique le gouvernement se soit opposé à la suite des représentations des *Druides* & à l'impression de cette tragédie, par une inconséquence qui est son caractère, comme celui de la nation, on la voit paroître en détail dans le *Journal des Ephémérides*, où l'on en lit un très-long extrait. Les prêtres sont de nouveau en mouvement à cette occasion; ils regardent la tournure comme d'autant plus scandaleuse, que cet ouvrage périodique n'est pas d'une nature à comporter des ouvrages de poésie, & moins encore des pieces dramatiques; ce qui annonce un dessein prémédité & réfléchi de la cabale de l'auteur pour se soustraire aux défenses de la police & aux censures ecclésiastiques.

19 *Mai* 1772. M. le prince de Beauveau étant capitaine des gardes de service, & de l'académie Françoise, a eu le courage de remontrer personnellement au roi le tort que portoit à la liberté des suffrages de cette compagnie, l'exclusion que S. M. venoit de donner à deux membres élus. Il lui a cité l'exemple de Louis XIV, dont la religion surprise lui fit autrefois rejeter le choix de la Fontaine, & qui mieux instruit leva sa défense. Sur quoi le monarque lui a répondu : *je ne savois pas ce trait-là, mais ce qui est fait est fait*. Messieurs de l'aca-

démie voyant qu'ils ne pouvoient se flatter d'avoir justice à cet égard, sur l'insinuation même qu'ils ont reçue qu'on ne cherchoit qu'à exciter une résistance de leur part, pour avoir un prétexte de dissoudre ce corps, se sont humiliés sous la main qui les frappoit, & ont fixé une nouvelle élection pour le samedi 23.

Quelques-uns des candidats ont fait acte de générosité & ont écrit à monsieur d'Alembert, le secrétaire actuel de l'académie, qu'ils se désistoient de leur concurrence pour cette fois, ne voulant pas profiter de la disgrace de deux gens de lettres désignés par un choix libre, contre lequel il ne leur appartenoit pas d'aller. Monsieur de Chabanon, monsieur Dorat, &c. sont de ce nombre.

L'acharnement du gouvernement contre les encyclopédistes & ceux qui leur sont attachés, est d'autant plus inconséquent aujourd'hui, que tout récemment on vient d'accorder la place d'historiographe de France à monsieur Marmontel, un des grands héros de cette cabale, un homme qui gémissoit, il y a peu d'années, sous les anathêmes de l'église, à l'occasion de son *Bélisaire*, le sujet d'un scandale général parmi les docteurs, & sur lequel il fut obligé de recevoir la correction, & de donner des désaveux dans le sens qui lui fut prescrit.

21 *Mai* 1772. Les comédiens François ont donné hier la premiere représentation de *Pierre le Cruel*, que des plaisants, par dérision depuis l'apparition de cette tragédie, appellent le *Cruel Pierre*. En effet elle semble le comble de la déraison, par la conduite extravagante de tous les acteurs, toujours débitant de belles maximes &

se comportant comme des fous ou des sots. Ce sont autant de matamors, de capitans, de héros romanesques, institués aux mêmes écoles, soutenus des mêmes maximes : le Maure, le Castillan, l'Anglois, le François y pensent, y parlent de même ; sauf Pierre le Cruel, qui ne leur ressemble que par les bravades & l'imbécillité. Du reste, c'est un monstre plus abominable encore que ne le peint l'histoire, & de ce genre qu'Horace veut qu'on ait grand soin d'écarter des yeux du spectateur, bien loin d'en faire le centre d'une piece. Tout cela, soutenu du style flasque, rocailleux, gigantesque de l'académicien, a présenté un composé si extraordinaire & si révoltant, que le public a enfin ouvert les yeux & sifflé l'auteur à peu près depuis le commencement jusqu'à la fin. On n'a pas osé annoncer une seconde représentation ce jour-là, mais on a eu l'impudence de l'afficher le lendemain, qui est aujourd'hui. C'est une suite de l'amour-propre du poëte, fort naturel, & de celui des comédiens qui avoient déclaré hautement que c'étoit le plus beau chef-d'œuvre de M. de Belloy. Au reste, après la reprise des *Druides*, rien ne doit étonner. Le parterre avoit été fort tumultueux ce jour-là, & la piece avoit eu peine à finir. La sentinelle, pour faire acte de zele, crut devoir offrir une victime à son corps-de-garde ; elle arrêta le premier venu, suivant l'usage de ces gens-là, c'est-à-dire, un jeune homme fort tranquille. Me. Linguet, témoin de cet outrage, oubliant qu'il n'étoit pas au palais, voulut prendre chaudement la défense de l'opprimé. L'alguasil ayant trouvé cela mauvais, l'arrêta aussi & le conduisit au corps-de-garde. Ce dernier a été relâché, mais est allé porter ses plaintes au maréchal de Biron.

22 Mai 1772. Le malheur arrivé au spectacle d'Amsterdam fait ouvrir ici les yeux au gouvernement, & cela a facilité la levée de quelques obstacles qu'éprouvoit le sieur Liegeon dans le cours des opérations préalables à l'exécution de son projet ; on vouloit que lui ou sa compagnie tirassent de leur poche une somme de mille écus que demandoit d'avance l'expert chargé de la visite des terreins & des maisons. On sentoit bien que cette difficulté partoit de gens envieux de cet artiste, & qui voudroient le faire échouer. Le zele des gentilshommes de la chambre a surmonté cet obstacle : ils sont convenus que l'argent se prendroit à la caisse des menus.

22 Mai. Il est a craindre que l'*Histoire Philosophique & Politique des établissements & du commerce des Européens dans les deux Indes* ne soit arrêté incessamment, par le bruit qu'elle occasione. On y trouve des réflexions si fortes, si hardies, si vraies, si contraires aux principes sur lesquels on voudroit établir le despotisme actuel, qu'il est difficile qu'on en tolere long-temps la vente publiquement. C'est ce qui engage l'abbé *Raynal*, assez décidément reconnu aujourd'hui pour l'auteur du livre, à le renier. Cependant on veut que la plupart des digressions philosophiques qui s'y trouvent insérées, ne soient effectivement pas de lui, comme trop vigoureusement frappées & trop énergiquement exprimées, trop contraires à sa maniere de penser, petite, mesquine, à sa touche mignarde & léchée.

23 *Mai* 1772. M. de Fleuri, interprete du roi pour les langues occidentales, âgé de 82 ans, a été trouvé, il y a huit jours, éventré dans son appartement, de plusieurs coups de couteau qu'il s'étoit donnés. Heureusement pour ses domestiques il vivoit encore ; on a envoyé chercher le commissaire, le confesseur, &c. Il a dit qu'il ne falloit imputer ce meurtre à personne, qu'il s'étoit défait lui-même, sans autre motif qu'une satiété de la vie insurmontable.

25 *Mai* 1772. L'académie Françoise a procédé samedi à l'élection annoncée : elle a nommé aux deux places vacantes messieurs de Brequigny & Bauzée. Ces deux nouveaux membres, d'âge mûr, de talents peu brillants, & très-exacts à aller à la messe, ne déplairont certainement pas à la cour.

Le premier est associé de l'academie de belles-lettres : il a travaillé à des recherches sur notre histoire, il a même été envoyé à Londres pour y fouiller dans la tour, de l'agrément du roi d'Angleterre, & y déterrer différents monuments & chartres qu'on a cru y avoir été transférés dans le temps de l'invasion des Anglois en ce pays. Il recueille, il compile des arrêts, &c. genre d'occupation qui ne peut procurer ni beaucoup de gloire ni beaucoup d'envieux.

Le second est professeur de l'école royale militaire, qualité assez semblable à celle de l'abbé de Lisle, mais qu'on distingue cependant & qui semble participer à la noblesse de ses élèves. Il a composé une grammaire, dont on aura donné une idée suffisante, en disant qu'il y combat Dumarsais ; & pour faire connoître combien il est indigne d'attaquer ce métaphysicien profond & délié, on ajoutera, que pour y rendre raison de la diversité des langues, il convient qu'il faut nécessairement remonter à la tour de Babel. Cette solution, si elle ne fait honneur à son génie philosophique & de discussion, atteste sa soumission aux saintes écritures & la vivacité de sa foi.

26 *Mai* 1772. Le sieur Riccoboni, connu autrefois sous le nom de *Lelio*, est mort il y a quelques jours. Il s'étoit d'abord acquis une réputation comme acteur à la comédie Italienne ; il a en outre composé beaucoup de pieces pour ce théâtre, & a écrit sur son art avec distinction. Sa femme est encore plus connue que lui, par des romans agréables & pleins d'esprit. L'inconduite du premier avoit obligé celle-ci de s'en séparer, & il vivoit dans la débauche & la crapule ; il étoit même accusé de pédérastie.

27 *Mai* 1772. L'académie royale de musique a remis hier sur son théatre *la Reine de Golconde* ou *Aline*. Le sieur Larrivée, qui a reparu dans ce ballet héroïque, après une absence de plusieurs mois, a été applaudi du public avec transport. Il a chanté avec son goût & sa facilité ordinaire ; mais on a trouvé le volume de sa voix sensiblement diminué

28 *Mai* 1772. M. de Voltaire, dont la manie est d'être toujours plaisant, de paroître au fait du persiflage moderne, & d'être au courant de ce qui se passe, vient d'envoyer à l'abbé de Voisenon une petite piece ayant pour titre : *Jean qui pleure & Jean qui rit*. Il y fait tour-à-tour l'Héraclite & le Démocrite. Il faut avouer qu'on y trouve beaucoup de choses agréables & légeres : M. l'abbé Terrai y reçoit aussi son coup de patte, & par une réticence dont on doit savoir gré à la modération de ce philosophe rancunier, pour la premiere fois peut-être,

il n'est question ni de Freron, ni de Nonotte, ni d'aucun des ces autres cuistres de la littérature, qu'il injurie avec tant d'abondance & d'acharnement.

L'abbé de Voisenon a répondu à sa maniere, c'est-à-dire d'un ton précieux, d'un style pouponné, il y déplore la perte qu'il craint de ses yeux, & celle irréparable de sa chere amie Favart. L'indécence avec laquelle ce prêtre affiche aussi hautement sa douleur impudique, a révolté tous les dévots & même les honnêtes gens. Il s'y plaint aussi de la calomnie qui le poursuit à l'occasion des affronts qu'il a essuyés chez le duc d'Orléans & ailleurs pour des couplets en l'honneur du chancelier, & l'on voit peu de gens disposés à entrer dans ses peines.

29 *Mai* 1772. Le sieur Liegeon a enfin obtenu la liberté de faire imprimer & répandre un *prospectus de projet d'une nouvelle salle de spectacle pour les comédiens François*. On a déja rendu compte en détail des différentes parties de ce plan. Il est aujourd'hui principalement question de la finance : on y fait des calculs assez satisfaisants, par lesquels on prouve que les frais d'acquisition & exploitation monteront au plus à 4,640,000 livres, y compris l'intérêt des fonds morts pendant les premieres années, & les moyens de finance à 4,700,000 livres. Quoique la compagnie pour cette entreprise soit en partie formée, on offre aux capitalistes une façon de placer leurs fonds avec un avantage dont ils peuvent calculer les probabilités pour & contre, d'après ce qu'on leur expose dans le prospectus en question, qu'il s'agit de lire en entier.

1 *Juin* 1772. Mlle. Sainval, sœur de l'actrice de ce nom, célebre dans le tragique, a débuté mercredi dernier 27 mai dans le rôle d'*Alzire*. Sa

jeunesse, les graces de sa figure, la beauté de son organe & une grande expression, lui ont mérité les plus vifs applaudissements. Il est assez extraordinaire que deux sœurs réunissent ainsi un talent semblable, précisément dans le même genre. Mais la cadette l'emporte de beaucoup sur l'autre, par les dons extérieurs de la nature, & certainement ira plus loin que son aînée avec de pareilles avances, si son goût excessif pour le plaisir ne lui fait perdre celui de l'étude & l'amour de son art.

2 *Juin* 1772. L'aréopage comique a pris une délibération, à commencer du premier jeudi de juillet prochain, & de quinzaine en quinzaine on ne jouera ce jour-là que des pieces de Moliere, & qu'elles seront rendues toujours par les principaux acteurs, sans que les rôles puissent jamais être doublés, & sans que les débutants soient admis à y prendre un rôle. On donnera d'avance le répertoire des représentations des divers ouvrages de l'auteur divin, auquel ce seul jour sera dorénavant consacré.

4 *Juin* 1772. L'abbé de la Bletterie, professeur d'éloquence au college royal & pensionnaire de l'académie des inscriptions & belles-lettres, vient de mourir. Il avoit fait quelques histoires assez estimées. Sa traduction de *Tacite* lui avoit attiré beaucoup d'ennemis, par sa hardiesse à présenter le front au parti encyclopédique. M. de Voltaire l'avoit pris depuis lors en grippe, & c'étoit un des nouveaux plastrons de ses plaisanteries.

5 *Juin* 1772. Mlle. Sainval, la jeune, n'a pas eu moins de succès à son début dans le rôle d'*Inès*, que dans celui d'*Alzire*. La fureur de la voir augmente à chaque représentation. On la met déja au dessus de tout ce qui est au théâtre, & même

de Mlle. Clairon. On prétend que c'est la sœur aînée qui l'a formée, & l'a déja rendue supérieure à elle.

11 *Juin* 1772. Mlle. Sainval a continué hier son début dans *Iphigénie en Tauride* : elle s'est tirée à merveille de ce rôle, d'autant plus difficile que les vers de cette tragédie prêtent peu à l'harmonie, & exigent dans le débit un art particulier. Ses succès ne font qu'accroître la cabale contr'elle, & Mlle. Dubois, ainsi que Mlle. Vestris, font les plus grands efforts pour empêcher qu'elle ne soit reçue; ce qui révolte tous les amateurs du théâtre.

12 *Juin* 1772. Les comédiens ont reçu une nouvelle tragédie de M. de Voltaire, ayant pour titre, *les Loix de Minos*. Ils en ont fait la lecture à leur assemblée, & l'ouvrage a été agréé avec applaudissement; ils ont trouvé la piece bien conduite & ils sont disposés à la jouer. On prétend que c'est un sujet allégorique composé en l'honneur de M. le chancelier, qu'on y trouve des allusions très-sensibles à ses institutions nouvelles, que la conduite du législateur François y est tellement exaltée, que lui seul met obstacle à la représentation : sa modestie répugne à des louanges si fortes. On espere vaincre la résistance du chef de la magistrature trop pudibond.

En attendant, sa reconnoissance envers M. de Voltaire se manifeste de la façon la plus sensible, par la liberté qu'il donne au Sr. *Merlin*, libraire, de vendre publiquement tous les ouvrages les plus impies de ce philosophe scandaleux. Les ballots sont adressés chez M. le chancelier, qui les fait envoyer directement à Merlin, sans qu'ils aillent à la chambre syndicale. Le libraire profite de cette faveur pour faire venir également les divers ouvrages enfantés contre la religion depuis quelques années, & l'on peut se pourvoir chez lui avec la même facilité & aussi abondamment qu'en Hollande.

13 Juin 1772. C'est M. le cardinal de la Roche-Aymon qui, en sa qualité de président de l'assemblée du clergé, a officié hier à la messe du St. Esprit. La satisfaction étoit répandue sur la physionomie de ce prélat vain, & qui ne connoît de ses fonctions que l'appareil puérile du cérémonial. Du reste, les encensements, les baisers, les révérences de toute espece ont eu lieu, ainsi qu'il a été détaillé dans la relation de l'ouverture de l'assemblée de 1770.

C'est M. l'évêque de Tréguier, un des députés pour la Bretagne, qui a prêché. Son discours a roulé sur les progrès de l'impiété en France, que l'orateur regarde désormais comme un crime national, par la tolérance avec laquelle elle étend ses progrès & infecte tout le royaume. Il a tâché de prouver que la religion est la base des empires, qu'ils prosperent, s'étendent, s'agrandissent, & décheoient avec elle ; ainsi : 1°. la religion fait tout pour l'état ; 2°. l'état doit donc faire tout pour elle. Telles étoient les deux divisions de son discours.

Il a paru aussi bien composé que le comportoit la matiere tant rebattue & qui n'est pas mieux établie. Mais son élocution chancelante peinoit sans cesse l'auditeur, & a rendu la séance extrêmement fatigante pour le public.

L'orateur n'a pas manqué d'attribuer les malheurs de la patrie aux philosophes incrédules qu'elle renferme dans son sein ; il a exalté la grandeur du sacrifice de *Louise de France*, & il a fini par rendre à la piété du monarque tout l'hommage qu'il lui devoit. Il n'a pas non plus oublié messeigneurs ses confreres, qu'il a encensés d'une éloquence peu chrétienne. On a remarqué en plusieurs endroits de son sermon, un faste épiscopal, & il s'est appésanti sur les préjugés de la naissance, de façon à ne faire honneur ni à son jugement, ni à sa morale : du reste, il est écrit avec une simplicité noble, &, bien différent de quantité de pareils discours, il doit être meilleur à la lecture qu'au débit.

14 *Juin* 1772. Le sieur Rebel, chevalier de l'ordre du roi, & nommé *directeur général de l'académie royale de musique*, a pris le gouvernail de cette machine si difficile à conduire, le lundi 27 avril. Les sujets des deux sexes rassemblés, le sieur Dauvergne leur a annoncé la nouvelle dignité de ce surintendant, lequel en conséquence a prononcé un discours fort plat, comme cela devoit être ; il a été platement imprimé dans le *Mercure* du mois de juin. Ce qui n'est pas encore étonnant, mais ce qui l'est & ce qui révolte les principaux coryphées de l'opéra, c'est que les douze mille francs d'appointements qu'on accorde à ce chef, doivent se composer des différentes parties qu'on écorne sur les gratifications ordinaires de ceux-ci, qui étoient, il est vrai, devenues abusives, mais qui sembloient ainsi tout aussi bien employées qu'en faveur du sieur Rebel, qu'on regarde comme un personnage fort inutile dans la besogne & dans la régie, qu'il faudroit simplifier, au lieu de les compliquer. Ce nouveau régime cause une telle rumeur dans le tripot, que nombre de danseurs, danseuses & autres menacent de quitter, entr'autres Mlle. Guimard & le sieur Dauberval. Ils parlent d'aller en Russie, où ils annoncent qu'on les demande, & où ils se flattent d'être infiniment mieux recompensés. De fortes têtes s'occupent à raccom-

moder les choses, & à remettre la paix parmi le peuple lyrique.

16 *Juin* 1772. Madame la duchesse d'Aiguillon, mere du duc de ce nom, ministre des affaires étrangeres, est morte hier subitement, en sortant du bain, où l'on prétend qu'elle s'étoit fait mettre, malgré une petite indigestion qu'elle avoit eue; elle a été enterrée en Sorbonne, où est le tombeau du fameux cardinal de Richelieu, premier auteur de l'illustration de cette maison. C'étoit une femme de beaucoup d'esprit, très-instruite & fort entichée de la philosophie moderne, c'est-à-dire, de matérialisme & d'athéisme. Elle avoit beaucoup protégé l'encyclopédie & les encyclopédistes, & lors des persécutions qu'essuya l'abbé de Prades, elle le recueillit quelque temps chez elle, & lui donna tous les secours nécessaires pour se soustraire au fanatisme de ses ennemis.

19 *Juin* 1772. Me. Gerbier a fini ses plaidoyers contre M. Luneau, & les libraires associés de l'encyclopédie répandent aujourd'hui un précis ou mémoire fait par Me. Boudet, avocat, qui présente les observations, les fins de non-recevoir, les moyens employés pour leur défense par l'éloquent orateur chargé de leur cause. Il seroit fastidieux & inutile de rapporter ces diverses parties du mémoire en question, qui ne fait que ressasser ce qui a déja été répété plusieurs fois sur cet objet.

L'endroit neuf, intéressant & curieux de cet écrit, est celui où l'on répond à quatre contraventions prétendues commises par ces libraires, tant séparément qu'en commun, extraites des vingt-sept que leur reproche M. Luneau.

Ces quatre accusations principales sont d'avoir réimprimé & vendu les deux premiers volumes de l'encyclopédie, au mépris de l'arrêt du conseil du 7 février 1752; d'avoir imprimé, vendu & débité les dix derniers volumes malgré la révocation du privilege & les défenses portées dans l'arrêt du 8 mars 1779; d'avoir mis à la tête de ces dix derniers volumes un autre nom & une autre demeure que les leurs; d'avoir supposé enfin que ces dix derniers volumes étoient imprimés à Neuchâtel, tandis qu'ils étoient imprimés à Paris.

N'est-il pas étonnant que ce soit un problème de savoir si dix gros volumes in-folio, dont l'impression est au moins l'ouvrage de quatre années consécutives & sans aucun relâche, travail de différentes presses, d'une immensité d'ouvriers, & qui doit occuper un local considérable, ont été imprimés ou non à Paris? M. Luneau prétend l'affirmative. Les libraires le nient, & traitent en conséquence leur adversaire de dénonciateur calomnieux.

20 *Juin* 1772. M. de Voltaire vient de répandre une brochure ayant pour titre: *Essai sur les probabilités en fait de justice.* Après avoir rappelé les divers procès criminels dans lesquels il prétend avoir dévoilé l'impéritie, la mauvaise foi ou le fanatisme des juges, il raconte l'histoire de la veuve Genep de Bruxelles, dans le même genre, mais encore plus merveilleuse que celle de la veuve Veron, & il vient à celle-ci; enfin il prend la balance & pese les vraisemblances pour & contre; desquelles il résulte, suivant son calcul, qu'il y en a *cent quatorze* pour l'officier-général, & rien pour la pauvre famille. Cette méthode angloise de soumettre au calcul les faits douteux, est très-amusante, très-attrayante pour le philosophe; elle

fixe l'imagination, & semble écarter tout esprit de cabale ou de parti. Cependant si les juges la prenoient pour regle, il seroit à craindre qu'ils ne rendissent encore plus souvent de mauvais arrêts. Elle exige une rectitude de jugement si invariable, qu'elle ne peut convenir qu'à très-peu de têtes, assez bien organisées pour avoir une telle justesse. Celle de M. de Voltaire ne semble pas encore dans cet équilibre essentiel; on voit qu'il a omis beaucoup de probabilités ou d'improbabilités, qu'il en a trop ou trop peu évalué d'autres, en un mot qu'il n'a pris la balance à la main que déja décidé à la faire pencher pour M. le comte de Morangiès. Au surplus, si ce petit écrit se lit avec beaucoup de plaisir, on y voit une cause intéressante présentée sous un point de vue neuf. Malgré la sécheresse de ce genre de plaidoyer, l'auteur a su y répandre le charme inexprimable qui fait lire avec avidité ses rapsodies les plus absurdes.

21 *Juin* 1772. L'entretien du jour roule sur la procession de Brunoy, dont on fait les détails les plus singuliers, ainsi que du personnage qui l'a dirigée. On assure que tout s'est passé dans le meilleur ordre & de la maniere la plus édifiante pour le public. C'est M. de Brunoy qui dirigeoit la marche & le cérémonial. Comme personne ne s'entend mieux que lui en lithurgie, il n'y a pas eu une révérence d'omise. Il y avoit cent-cinquante prêtres, qu'il avoit loués à plus de dix lieues à la ronde. Il avoit en outre donné des chapes à quantité de particuliers; en sorte qu'il en résultoit un cortege de 400 personnes. On comptoit 25,000 pots de fleurs, six reposoirs, dont un tout en fleurs & de l'élégance la plus exquise. Après la procession, ce magnifique seigneur a

donné un repas de 800 couverts, composé des prêtres, des chapiers, & des paysans ses amis, car c'est dans cet ordre qu'il les cherche. On comptoit plus de 500 carrosses venus de Paris, & le spectacle du monde épars dans les campagnes, y faisant des repas champêtres, n'étoit pas un des moindres coups d'œil de la fête. Elle doit recommencer jeudi prochain, & le récit de ce qui s'est passé, augmentera vraisemblablement la multitude des curieux.

23 *Juin* 1772. M. Luneau, qui n'est jamais en reste, a fait imprimer une réponse signifiée au précis des libraires associés à l'impression de l'Encyclopédie, distribuée le 15 juin 1772. Il y réfute avec sa précision, sa vivacité, sa logique ordinaires, les équivoques, les paralogismes, les raisonnemens insidieux, les considérations, les fins de non-recevoir de ses adversaires, & il étaie tout cela, autant que la matiere le comporte, de plaisanteries, d'ironies, d'anecdotes qui puissent en faire passer la sécheresse.

Sur ce que les libraires prétendent qu'il exagere leur opulence, que depuis long-temps il ne s'est point vu de succession de libraire qui ait appris que cette profession donnât des gains excessifs, il nous apprend que depuis dix ans l'Europe a été étonnée de la succession du libraire *David*, de celles de *Coignard*, de *Rollin*, de *Dessaint*, de *Durand*, l'un des associés à l'Encyclopédie, qui de prote devenu libraire, a laissé un fonds de près de deux millions, vendu à la chambre au rabais.

L'endroit le plus curieux, est celui où il rapporte une conversation du sieur Diderot avec deux libraires, qui vouloient donner une nouvelle édition de l'Encyclopédie; dont il résulte que de l'aveu de cet éditeur, malgré les magnifiques promesses faites au public dans le prospectus pour la perfection de l'ouvrage, on n'a tenu presqu'aucune d'elles. On n'a pas eu le temps d'être scrupuleux sur le choix des travailleurs. Parmi quelques hommes excellents, il y en a eu de foibles, de médiocres & de tout-à-fait mauvais. De-là cette bigarrure dans l'ouvrage, où l'on trouve une ébauche d'un écolier à côté d'un morceau de main de maître, une sottise voisine d'une chose sublime, une page écrite avec force, pureté, chaleur, jugement, raison, élégance, au verso d'une page pauvre, mesquine, plate & misérable ; & quoiqu'on avançât très-hardiment que ce n'étoit pas un *ouvrage à faire*, il l'étoit réellement & l'est encore.

Cette critique amere, fort détaillée, & que sa longueur ne permet pas de rapporter en entier, est contenue dans un mémoire lu de la part d'autres souscripteurs intervenants, pour lesquels deux avocats ont aussi plaidé, Me. Belot, & le Blanc. Ceux-ci ayant fini, M. l'avocat-général Vergès, a porté la parole hier & a conclu :

A ce qu'il soit donné acte aux parties de Gerbier (avocat des libraires) de ce qu'elles prennent fait & cause des héritiers de David & Durand, (deux libraires défunts associés à l'impression de l'Encyclopédie ;) donne aussi acte au procureur-général du roi de l'appel qu'il interjette de la sentence des requêtes du palais du 4 mai 1770 ; faisant droit tant sur ledit appel que sur celui interjeté par la partie de Cournault (procureur-avocat de M. Luneau,) mettre l'appellation au néant, émendant & avant faire droit tant sur les demandes de la partie de Cournault que sur les interventions des parties de le Blanc & Bellot (avocats de divers soufcripteurs de l'Encyclopédie,) ordonné que pardevant un commiffaire de la cour & en préfence du procureur-général du roi, il fera par trois experts libraires, dont deux convenus ou nommés d'office, & le troifieme nommé par la cour, dreffé procès-verbal eftimatif: 1°. du nombre des lignes que les parties de Gerbier n'ont pas mifes dans les pages de l'Encyclopédie en conformité du profpectus dudit ouvrage: 2°. du nombre de lettres qui fe trouvent dans les lignes dudit dictionnaire de moins que dans celles du profpectus; ordonné que les experts calculeront le réfultat defdites opérations, en obfervant cependant la différence qu'il y a dans la valeur typographique des fix lettres indicatives qui fe trouvent à la tête des pages, d'avec les lignes dont elles tiennent la place, & détermineront la quantité des pages, feuilles ou volumes que lefdites omiffions peuvent compofer, pour fixer l'indemnité due à chaque foufcripteur; à laquelle indemnité ils joindront les augmentations de 40 fous par chacun des dix derniers volumes de difcours dudit dictionnaire, & de 6 livres pour le prétendu port & emballage defdits derniers volumes; pour, le procès-verbal fait & rapporté, être par le procureur-général du roi, requis fur toutes les demandes des parties, & par la cour ordonné ce qu'il appartiendra.

Déclarer les dénonciations faites par la partie de Cournault, & fignifiées au procureur-général du roi, nulles & irrégulieres; ordonner que la requête imprimée, fignée, *Luneau & Cournault*, contenant lefdites dénonciations, fera fupprimée; faire défenfes audit Luneau d'en présenter de semblables à l'avenir, sous telles peines qu'il appartiendra, & à Courrault d'en signer de semblables, ainsi qu'à tous huissiers d'en signifier, à peine d'interdiction, &c.

La grand'chambre, d'après ces conclusions, a prononcé un délibéré.

16 Juin 1772. Dans le discours de M. l'archevêque de Toulouse au roi, fait au nom de l'assemblée du clergé, on a trouvé des phrases fortes relativement au secours extraordinaire qu'on demande au corps ecclésiastique; on prétend qu'il s'y plaint d'une façon non-équivoque de la déprédation des finances.

29 Juin 1772. C'est à l'occasion d'une nouvelle édition que le sieur Pankoucke vouloit donner de l'Encyclopédie, qu'il avoit présenté à M. de Sartines, comme lieutenant de police & chef de la librairie, un mémoire rédigé par M. Diderot, où celui-ci, sous prétexte de montrer à ce magistrat les raisons du travail qu'on proposoit, prouvoit combien le premier ouvrage étoit informe & méritoit une refonte. Cette critique, dans laquelle les auteurs étoient nommés, & qui a été rendue publique dans la réponse signifiée à monsieur Luneau, avoit été lue publiquement à l'audience par Me. Bellot, l'un des avocats plaidants pour les souscripteurs. Me. Gerbier, l'avocat adverse, c'est-à-dire des libraires, sentant combien cette piece pouvoit faire tort à sa cause, ayant à plusieurs reprises voulu interrompre l'orateur, pour le faire s'expliquer & lui arracher son secret sur la maniere dont elle lui étoit parvenue, celui-ci lui répliqua la troisieme fois: *Me. Gerbier, je croyois que vous étiez ici pour faire l'ornement du barreau, & non pour en être le tyran*...: phrase qui fut extrêmement applaudie, & décontenança son concurrent. Au surplus, le mémoire est authentique, & sort des bureaux de la police, dont monsieur de Sartines a bien voulu le laisser enlever. Mais l'anecdote fait un vacarme du diable parmi tous les auteurs critiqués, & attire au sieur Diderot une multitude d'ennemis sur les bras.

30 *Juin* 1772. Le public n'a point encore tari sur les détails de la fête dévote de M. de Brunoy; la deuxieme procession, exécutée le jour de la pétite Fête-Dieu, a donné lieu à beaucoup de scenes & de tumulte. La circonstance la plus remarquable est celle d'une jeune femme, qui est allé solliciter auprès de ce pieux seigneur la sortie d'un de ses vassaux, qu'il avoit fait enfermer ce jour-là, comme réfractaire à ses ordres. Monsieur de Brunoy étoit à table, seul de séculier, avec 50 prêtres. Cette dame ayant en vain épuisé toutes ses graces pour toucher le cœur de ce dévot, pour dernier trait d'éloquence, insistant plus pathétiquement, lui dit qu'elle le conjuroit de lui accorder sa demande au nom du saint sacrement qu'il venoit d'honorer si dignement... A ce mot, que les prêtres regarderent apparemment comme un blasphême, il s'éleva entr'eux une huée sourde, répétée par tous les laquais, par le peuple & la canaille qui s'étoient introduits, si effrayante, que la suppliante s'en trouva mal, qu'elle eut beaucoup de peine à revenir, & depuis est restée dans des convulsions qu'on regarde comme une punition de Dieu.

1 *Juillet* 1772. M. Luneau de Boisjermain a fait un dernier effort, & vient de faire imprimer un *Précis sur délibéré*, prononcé le 22 juin 1772,

dans lequel il remet de nouveau sous les yeux des juges les éléments du procès, & cherche à exciter leur commisération par les détails effrayants de toutes les persécutions que les libraires lui ont fait essuyer.

Ce dernier coup n'a pas produit l'effet qu'il attendoit, & il paroît que l'argent de ses adversaires a eu plus de succès. Les voix se sont trouvé partagées de douze contre douze, en sorte qu'il a été ordonné un appointé, ce qui renvoie l'affaire à une nouvelle instruction par écrit, & la rend ordinairement interminable, & c'est ce qui pouvoit arriver de mieux aux libraires, qui triomphent.

4 Juillet 1772. *C'est tout comme chez nous.* Tel est le titre d'une brochure nouvelle, dont ce mot seul fait déja anecdote. Il faut savoir que lors de l'écrit *A Jacques Vergès*, madame la dauphine qui l'avoit lu, avoit été frappée de l'endroit où l'auteur dit qu'ayant été voir à la comédie Italienne, *Arlequin Voleur, Prévôt & Juge*, il s'étoit écrié à la fin de la piece: *c'est tout comme chez nous*; ayant été voir à la comédie Françoise la tragédie des *Druides*, où un roi bonasse se trouve la dupe de sa crédulité envers les prêtres, permet que sa fille se consacre follement au culte du dieu des Gaulois, & laisse sous son nom propager la superstition, le fanatisme, & tous les maux qui sont à leur suite, s'étoit écrié encore: *c'est tout comme chez nous*. Cette princesse, jouant au vingt-un avec le roi, toutes les fois qu'elle avoit le même point, disoit à sa majesté, *c'est tout comme chez nous*. Le roi, s'entendant toujours corner aux oreilles ce quolibet, en demanda l'explication à madame la dauphine, qui la lui fournit, en lui faisant lire le pamphlet dont il étoit tiré.

5 *Juillet* 1772. Une nouvelle brochure intitulée, *le Palais Moderne*, cause une grande rumeur parmi les avocats, sur lesquels elle roule principalement. Elle s'étend sur la turpitude de la rentrée, & couvre de ridicule & d'infamie les auteurs, les suppôts & adhérents de cette démarche; elle est encore fort rare.

5 *Juillet* 1772. Les directeurs du colisée avoient enfin manifesté hier leur projet par des affiches, où ils avoient annoncé une *fête Chinoise*, sans en donner les détails, & avoient augmenté les places en conséquence. Le public a été fort attrapé aujourd'hui de voir que dans les nouvelles affiches il ne lui fait mention que des choses ordinaires, sans qu'on rendît compte des raisons du retard ou de la suppression totale du divertissement préparé avec tant d'emphase.

6 *Juillet*. Le roi a fait assurer l'académie, par l'entremise de M. le duc de Nivernois, dans une lettre écrite au nom de sa majesté, qu'elle ne s'opposoit désormais à l'élection des sieurs Suard & l'abbé de Lisle, & qu'elle ne trouveroit point mauvais qu'ils lui fussent proposés.

7 *Juillet* 1772. On a dit dans son temps que la nouvelle édition de l'Encyclopédie préparée à Paris par le sieur Pankoucke, avoit été enlevée & mise à la Bastille, c'est-à-dire renfermée dans de vastes emplacements de cette citadelle. On prétend que ce libraire ayant eu l'indiscrétion de se vanter qu'au moyen des présents faits à madame la marquise de Langeac, il comptoit bientôt obtenir de M. le duc de la Vrilliere la liberté de son ouvrage. Le chancelier instruit de ce projet, & qui

a dans la plus belle haine l'Encyclopédie & les encyclopédistes, & tout ce qui tend à éclairer le royaume, sur lequel il voudroit ramener l'heureuse nuit de l'ignorance, a obtenu de faire murer les portes des dépôts en question, & même un second rempart à leur enclos, pour qu'aucune surprise ne puisse favoriser les desseins de ceux qui voudroient répandre ce livre.

11 *Juillet*. Quoiqu'on s'attendît bien que les fêtes Chinoises annoncées avec une grande prétention sur l'affiche du colysée, ne répondroient pas à l'idée sublime qu'en donnoient les directeurs de ce spectacle, la curiosité toujours active dans ce pays-ci a entraîné vers ce lieu une quantité prodigieuse de monde, & l'affluence s'est trouvée encore plus grande que l'année derniere, lorsque mademoiselle le Maure y chanta pour la premiere fois. Ce coup-d'œil d'environ six mille personnes, étoit sans doute la plus belle chose que l'on peut voir. Quant au reste, c'est une farce de carnaval, digne tout au plus d'un spectacle de marionnettes, & le public a été indigné d'être rançonné, car on payoit le double, pour se voir jouer aussi indécemment. Qu'on s'imagine des Savoyards habillés de papier, des gourgandines vêtues en reines & en princesses, un cortege mesquin, & tout ce que peut offrir la mascarade la plus dégoûtante.

16 *Juillet* 1772. Depuis long-temps on parloit d'une nouvelle comédie intitulée, *le Dépositaire*, en cinq actes & en vers, envoyée par monsieur de Voltaire aux comédiens. Il paroît que ceux-ci n'en ont pas eu la même bonne opinion que des *Loix de Minos*. On assure qu'ils l'ont rejetée;

elle paroît imprimée sous le vrai nom de son auteur, & le public est en état d'en juger.

18 *Juillet* 1772. Depuis l'hiver dernier, les filles appellées *raccrocheuses*, & qui venoient en plein jour au Palais-Royal exercer leur métier, avoient été expulsées de ce jardin; mais elles y étoient insensiblement rentrées : elles recommençoient leurs agaceries avec plus de liberté & d'impudence que jamais, lorsqu'un nouvel événement vient de les faire proscrire sans retour.

M. le duc de Chartres se promenoit dans son jardin; en passant auprès d'une de ces filles il s'écria en se retournant vers sa suite: « Ah ! f..... que celle-là est laide !..... » L'amour-propre de l'offensée ne lui permit pas de rester court à ce propos, qu'elle entendit très-bien...... « Ah ! f..... « répliqua-t-elle : » vous en avez de plus laides dans votre serrail, » Ce manque de respect aussi impudent n'est pas resté impuni, & le châtiment a rejailli sur l'espece entiere : en sorte qu'il n'y a plus que les filles d'opéra, les filles entretenues, celle qu'on appelle du haut style, qui puissent se montrer dans ce lieu. Ce qui ne laisse pas de l'attrister beaucoup, car dans le nombre de ces raccrocheuses il y en avoit de très-jolies, de très-bien vêtues, qui ornoient la promenade, réjouissoient les yeux & attiroient les hommes... aujourd'hui le Palais-Royal, excepté les jours d'opéra, n'est plus qu'une vaste solitude.

22 *Juillet* 1772. L'opéra est si délabré en voix de haute-contre, qu'on est allé enlever à la Rochelle par lettre de cachet un chantre de cette ville, dont on avoit annoncé le bel organe. Il est arrivé; on le dit grand, bien bâti, d'une

figure assez noble, mais très-gauche, & ayant besoin d'être débourré avant de se produire sur la scene.

22 Juillet 1772. Des voleurs se sont établis aux environs de Paris, & ont fait diverses expéditions, dont quelques-unes méritent d'être rapportées.

Messieurs *le Preux* & *Guenet*, deux médecins de la faculté, ayant été mandés pour aller consulter chez un gros fermier des environs de Paris, ont voulu revenir, quoiqu'il fut nuit, & celui-ci les a ramenés avec ses chevaux. Ils ont été arrêtés dans leur chaise, n'ayant aucune arme sur eux ; on leur a demandé la bourse ou la vie. L'un d'eux a donné la sienne, l'autre l'a jetée ; ce dont les voleurs l'ont fort réprimandé, en lui disant qu'il falloit être poli. Ils ont voulu avoir les bijoux, & sur leur négation d'en posséder, ils les ont fait descendre, prétendant qu'ils devoient avoir au moins des montres. Ils les ont fait déculotter, & ayant trouvé celle de l'un d'eux, ils lui ont fait des reproches sur sa mauvaise foi. Pendant ce temps on les dépouilloit de leurs boucles, porte-cols, &c.; & sur ce que les docteurs ont témoigné leur crainte de trouver d'autres voleurs & de ne pouvoir les satisfaire, ceux-ci les ont rassurés & leur ont dit qu'ils pouvoient se rendre en sûreté à Paris.

L'autre histoire, non moins sûre, est plus plaisante. Une fermiere revenoit de vendre ses denrées : elle étoit à cheval sur une jument. Elle est arrêtée par un autre homme à cheval, qui demande son argent. Elle lui donne sa bourse, prétendant n'avoir rien davantage. Il n'en veut rien croire, il s'approche pour la visiter : elle avoit un sac de douze cents francs qui tombe & s'éparpille ; il met pied à terre pour ramasser l'argent. La fermiere pendant ce temps pique & s'en va tant qu'elle peut. Le cheval du voleur étoit entier : il sent la jument, il s'échappe à son maître, & court à toute force derriere elle. La fermiere croyant être poursuivie par ce quidam, n'ose regarder derriere elle, & redouble le galop. Elle arrive plus morte que vive, criant au voleur & contant son aventure. Le cheval entre avec elle. Point de cavalier : on ne voit que des sacoches, dans lesquelles on trouve une somme d'argent beaucoup plus considérable que celle qu'on lui avoit volée.

23 Juillet 1772. Les spectacles de Mlle. Guimard continuent à sa maison de Pantin. Elle y a fait jouer hier une parade toute nouvelle, qui a paru délicieuse à la société, c'est-à-dire extrêmement grivoise, poliçonne, orduriere. Vadé, le coryphée de ce genre, n'a jamais rien fait de plus épicé. On sait que les spectateurs de cette assemblée ne sont pas en général fort délicats : ce sont les filles de Paris, & les hommes attachés à cette espece de compagnie, qui la forment. Ainsi tout est analogue. Cependant des femmes qui ne veulent point renoncer à la qualité d'honnêtes, & cependant rire, vont incognito à ces fêtes, & s'y placent dans des loges grillées ; mais tout cela n'est que pour la forme, car on les déchiffre bientôt. A la fin Mlle. Guimard & Dauberval, ont dansé la fricassée, pantomime qui couronnoit à merveille le spectacle.

24 Juillet 1772. La faculté de théologie est

très-divisée à l'occasion de l'abbé Xaupi, sous-doyen, qui, conjointement avec un autre docteur, a décidé un *cas de conscience* à lui proposé par des curés du diocese de Cahors, en différend avec leur évêque ; dont il résulteroit qu'ils sont, ainsi que les premiers pasteurs, d'institution divine, & ne dépendroient en rien de l'ordinaire. On a dénoncé cette décision à la faculté comme erronnée. Elle s'est assemblée à ce sujet le 15 de ce mois. On vouloit en exclure l'abbé Xaupi, comme devenu partie ; Mais il a parlé avec une véhémence prodigieuse, quoique plus qu'octogénaire, & il a défendu sa cause si éloquemment qu'on n'a pu refuser de l'entendre, & qu'on a nommé des commissaires pour écouter tout ce qu'il auroit à dire en sa faveur.

25 *Juillet* 1772. On écrit de Marseille que M. le comte de Sade, qui fit tant de bruit en 1768, pour les folles horreurs auxquelles il s'étoit porté contre une fille, sous prétexte d'éprouver des topiques, vient de fournir dans cette ville un spectacle d'abord très-plaisant, mais effroyable par les suites. Il a donné un bal, où il a invité beaucoup de monde, & dans le dessert il avoit glissé des pastilles au chocolat si excellentes que quantité de gens en ont dévoré. Elles étoient en abondance, & personne n'en a manqué ; mais il y avoit amalgamé des mouches cantarides. On connoît la vertu de ce médicament : elle s'est trouvé telle, que tous ceux qui en avoient mangé, brûlant d'une ardeur impudique, se sont livrés à tous les excès auxquels porte la fureur la plus amoureuse. Le bal a dégénéré en une de ces assemblées licentieuses si renommées

parmi les Romains : les femmes les plus sages n'ont pu résister à la rage utérine qui les travailloit. C'est ainsi que M. de Sade a joui de sa belle-sœur, avec laquelle il s'est enfui, pour se souftraire au supplice qu'il mérite. Plusieurs personnes sont mortes des excès auxquels elles se sont livrées dans leur priapisme effroyable, & d'autres sont encore très-incommodées.

26 Juillet 1772. Le fameux procès de M. de Bombelles continue à occuper le barreau, & à exercer l'éloquence diserte des avocats. Ceux-ci, après avoir appellé le public en foule pour les entendre, répandent aujourd'hui leurs plaidoyers par la voie de l'impression pour se faire lire de ceux qui n'ont pu assister à l'audience.

Le sieur Blanc, avocat du vicomte de Bombelles, établit dans la premiere partie du sien, que dans le cas même où il y auroit eu un mariage entre la demoiselle Camp & le vicomte de Bombelles, il seroit nul, 1°. par l'incapacité des personnes, 2°. par le défaut de formes : il seroit funeste pour sa famille & pour elle, puisqu'il y auroit un délit caractérisé, qu'il faudroit punir par la rigueur des loix.

Dans la seconde partie, il établit la fausseté du mariage & la gravité de l'imposture, 1°. en ce que les deux actes de célébration que la demoiselle Camp apporte suivant le rit catholique, & suivant le rit protestant, sont controuvés l'un & l'autre ; 2°. l'inéxistence d'un mariage quelconque est démontrée par les précautions mêmes que la demoiselle Camp a prises pour paroître mariée, & par la possession respective dans laquelle sont restées les parties.

Dans la troisieme partie, le sieur Blanc détaille les torts de la Dlle. Camp., & les demandes du sieur de Bombelles contr'elle.

Ce mémoire, assez fort de choses, mais sec & peu agréable pour les lecteurs frivoles, a donné lieu à une réplique de Me. Linguet, où 1°. il répond aux reproches faits à la Dlle. Camp, par le sieur de Bombelles.

2°. Il prouve la possession d'état de la demoiselle Camp.

3°. Il rapporte les titres de cette possession.

Le rôle intéressant que la partie de l'orateur joue dans cette cause, fournit aux grands mouvements de son éloquence ; & ce plaidoyer, quoique moins raisonné, moins pressant d'arguments, fait plus d'impression par le pathétique & la chaleur qui y regnent.

26 Juillet 1772. Mademoiselle de Granville, une des courtisannes du jour les plus célebres, entretenue par M. de Jouville, Me. des requêtes, a en sous-ordre M. le chevalier de Guer. Ces jours derniers il s'est élevé une rixe entr'eux, au point que l'amant a défiguré cette beauté de la maniere la plus outrageante. Cela a fait un esclandre du diable dans le monde galant. La Dlle. est actuellement entre les mains des esculapes, & cela a donné lieu à un plaisant de répandre au colisée, aux spectacles, aux promenades & autres lieux publics, le bulletin suivant. Il faut pour mieux l'entendre, savoir que les deux médecins, *Saint-Leger* & *Soullier*, sont très-renommés parmi les filles, & absolument consacrés à leur service, ainsi que le sieur *Recolin*, très-expert dans les maladies du sexe, chirurgien de madame la comtesse Dubarri avant son élévation, & qui a conservé cette qualité. Le sieur *Bordeu* est un docteur plus relevé que les premiers, mais médecin en titre de madame la comtesse.

« Aujourd'hui 21 juillet 1772, nous soussignés, médecins ordinaires consultants de la faculté d'Amathonte, Paphos, Cythere & autres lieux, nous étant transportés chez la demoiselle Granville, une des prêtresses en titre de ces isles, pour constater l'état où l'a réduite un amant furieux & jaloux, de ce requis par ladite demoiselle, avons constaté ce qui suit.

Ayant fait lever l'appareil mis sur sa face & sur sa gorge, par Me. Recolin, chirurgien juré expert pour toutes les blessures d'amour, premier chirurgien de Vénus, notre reine & souveraine, nous avons trouvé, 1°. que ce visage céleste étoit dans un état méconnoissable & horriblement défiguré par des griffes infernales.

2°. Que le feu de ses yeux qui lançoient des traits si sûrs, étoit noyé dans une humeur abondante & visqueuse.

3°. Que ces fossettes du menton & des joues, où les ris & les graces se plaisoient à folâtrer, étoient absolument détruites & couvertes d'un sang caillé.

4°. Que sa bouche, siege de la volupté, que ses levres vermeilles, ci-devant mesure heureuse de ses charmes secrets, n'offroient en ce moment qu'une ouverture effroyable & délabrée.

5°. Que ses tettons si blancs, si bien arrondis, si fermes, étoient meurtris, flétris ramollis, &

n'excitoient plus par leur attouchement qu'une sensation triste & désagréable.

Mais après ce spectacle douloureux, ayant visité les autres parties du corps, nous avons observé avec une grande consolation, qu'au moyen des saignées légeres & répétées, le calme étoit rétabli dans les régions inférieures, que les fesses sphériques, rebondies, appétissantes avoient aussi chacune leur petite cavité ou fossette, niches de l'Amour, qu'elles pourroient parfaitement suppléer aux fonctions des tettons, sauf le danger pour le profane d'être provoqué à une adoration erronée, mais dont la nymphe nous a déclaré avoir horreur: qu'au surplus, les cuisses douillettes & potelées, étoient bien propres à ramener au vrai culte; que le ventre un peu élevé, blanc, élastique, offriroit aux regards un coup-d'œil séduisant, aux mains un tact doux & suave, à la bouche des baisers ravissants; que le tailli, chevelu, noir, épais, qui en ombrage la partie inférieure, contenoit mille jeux en embuscade; que de nouvelles levres, une nouvelle sorte de langue suppléeroient aux baisers à la florentine, à ces titillations délicieuses, à ce prurit voluptueux, qui font l'amusement des paillards impuissants; qu'enfin rien n'empêchoit les mortels favorisés d'une foi vive & robuste, marchant droit & ferme dans les sentiers de la vertu, soutenus d'une grace constante & efficace, de pénétrer jusqu'aux profondeurs du sanctuaire, & d'y faire tous les sacrifices, toutes les libations, que leurs forces leur permettront. En foi de quoi nous avons délivré le présent procès-verbal, pour être répandu parmi les amateurs, pour annoncer

ter que la nymphe reprendra inceſſamment ſes fonctions ſur ſa chaiſe longue, & ſouffrira les aſſauts multipliés qu'on voudra lui livrer. (*Signé*) *Geilles de St. Leger*, *Soullier de Choiſi*, *Recolin*.

Vu par nous, premier médecin de la grande-prêtreſſe, & ſcellé de notre ſceau de cire jaune & verte. (*Signé*) BORDEU.

30 *Juillet* 1772. On a vu paroître avec tout le luxe typographique des livres attribués à Zoroaſtre, en trois volumes in-4°. ſous le nom de *Zenda Viſta*. M. Anquetil, aſſocié de l'académie de belles-lettres, a prétendu avoir rapporté ce tréſor d'après ſes découvertes, dans ſes voyages entrepris ſur les lieux: il a dépoſé les manuſcrits à la Biblio-theque du roi & en a donné la traduction. Un anonyme l'attaque aujourd'hui, il aſſure que cette traduction eſt infidelle, que l'ouvrage n'eſt pas de l'auteur Perſan, & qu'il ne préſente que l'érudition faſtueuſe d'une imagination déréglée.

1 *Août* 1772. L'affaire de M. le vicomte de Bombelles eſt une hydre qui repouſſe ſans ceſſe de nouvelles têtes. Il paroît actuellement un mémoire pour un curé de la paroiſſe de St. Simon de la ville de Bordeaux, qui ſe plaint d'être obligé de s'arracher à ſa retraite & de s'inſcrire en faux contre un prétendu extrait de mariage entre la Dlle. Camp & le vicomte de Bombelles, qu'il aſſure n'avoir point ſigné, & dont il n'a eu connoiſſance que depuis l'étrange bruit qu'occaſione le procès en queſtion.

Me. Belot, avocat de M. Linars, ce curé, a mis ſa défenſe dans le plus beau jour: ſon mémoire eſt plein de raiſon & de ſageſſe; mais il a cru devoir cependant faire connoître aux juges l'adresse criminelle avec laquelle Me. Linguet veut mettre en cause sa partie. « Cet éclat, fait-il dire à son adversaire, réussira certainement en proportion du degré de malignité que j'y saurai mettre, & je m'y connois : » phrase directe & personnelle à l'orateur, qui l'a extrêmement piqué.

Dans un autre endroit, il lui reproche son peu de jugement, il le peint *comme un athlete indiscret, toujours occupé à polir ses armes, sans en connoître la trempe, ni en prévoir l'effet.*

On craint que ces sarcasmes ne provoquent Me. Linguet, & qu'il ne fasse quelqu'explosion violente contre son confrere: ce qui fera rire le public, mais dégrade le barreau moderne.

Au surplus, le vrai but de ce mémoire est de faire connoître aux protestants qu'ils mettent inutilement beaucoup de chaleur dans cette affaire ; qu'ils regardent comme commune à leur parti ; que non-seulement elle ne doit les intéresser en rien ; que même gagnée, elle n'opéreroit aucun changement en leur faveur ; que perdue, au contraire, elle peut leur nuire beaucoup & avoir des suites très-funestes, en excitant un œil plus attentif de la part du gouvernement sur leurs mariages irréguliers.

2 *Août* 1772. Le mausolée du maréchal de Saxe est absolument fini, & doit partir incessamment pour Strasbourg, où il est ultérieurement décidé qu'il sera transporté, suivant le vœu de l'église protestante.

On voit chez le sieur Pigal, sculpteur, auteur de ce beau monument, le modele en plâtre de la statue de M. de Voltaire.

3 *Août* 1772. Le Sr. Drouais, le peintre, au-

teur du portrait de madame la comtesse Dubatri, qui n'a fait que paroître au sallon de l'année dernière, les connoisseurs l'ayant beaucoup critiqué, est occupé aujourd'hui à faire celui d'un enfant passant pour fille de cette dame, qui est à Sainte Elisabeth, & connue sous le nom de *Pierrot*, à cause de sa gentillesse & de ses drôleries : elle peut avoir dix à onze ans ; elle doit servir de dessus de porte au pavillon de Lucienne.

4 *Août* 1772. La statue de M. de Voltaire est de grandeur naturelle : il est assis, ce qui n'offre qu'un vrai squelette. Heureusement les regards se portent d'abord sur la tête, la partie la plus essentielle d'un tel ouvrage. Elle est couronnée de lauriers. Ceux qui ont vu depuis peu le philosophe de Ferney, le trouvent très-ressemblant. Il semble porter ses regards au loin, envisager toutes les folies des hommes, s'en moquer, avec ce sourire perfide qui annonce moins une gaieté franche, qu'une satisfaction méchante de voir par-tout ses semblables.

M. de Voltaire tient de la main gauche un rouleau déployé, qui, en tombant, couvre les tristes vestiges de sa virilité. De la droite il a un poinçon. A ses pieds sont le poignard de Melpomene, le masque de Thalie, de gros livres, & tous les attributs qui peuvent caractériser ses divers genres de composition.

On n'a point encore décidé où seroit placée cette statue, qui doit être exécutée en marbre, dont la singularité sera précieuse sans doute pour la postérité la plus reculée, mais dont le spectacle répugnera toujours, sur-tout aux femmes, par le coup d'œil hideux d'un cadavre décharné, plutôt que d'un être vivant.

5 *Août* 1772. On a parlé d'un chantre de la Rochelle, enlevé par lettre de cachet au chapitre de cette ville, pour le préfenter fur la fcene lyrique. Le public étoit impatient de voir paroître ce fujet, annoncé avec beaucoup d'emphafe, comme une haute-contre de grande diftinction. On a appris enfin qu'on l'avoit fait débuter fur le théatre de Mlle. Guimard à Pantin, le jour où l'on donna *Madame Engueule*, & qu'il avoit été décidé par les amateurs qu'il ne pouvoit convenir; que fa voix étoit magnifique dans le haut, mais n'avoit point de bas. On a renvoyé ce chantre, qui après avoir goûté des filles d'opéra, répugnoit beaucoup à retourner avec les cuiftres fes confreres.

6 *Août* 1772. Il vient d'arriver de Ferney une petite piece, ayant pour titre *le Chinois catéchifé*. On peut dire que M. de Voltaire finit comme il a commencé; c'eft fon *Epître à Uranie*, plus vive, plus refferrée, plus gaie, & contenant dans un court efpace tous les myfteres de notre fainte religion: c'eft un vrai catéchifme très-orthodoxe, auquel nos théologiens ne peuvent trouver à redire que la maniere plaifante & lefte dont il eft traité en poéfie.

7 *Août* 1772. L'affaire de M. de Bombelles a enfin été jugée hier. L'affluence étoit immenfe, & l'on avoit établi une garde nombreufe pour contenir cette foule. M. l'avocat-général Vaucreffon, dont on ne connoiffoit pas encore beaucoup l'éloquence, a parlé & a été fort applaudi. Il a conclu contre la Dlle. Camp, il a mulcté Me. Linguet, il a exhorté les jeunes orateurs à ne le point prendre pour modele, foit dans fon peu de délicateffe à préfenter comme vrais des faits faux,

soit dans son art dangereux de couvrir tout de ses sarcasmes, & de travestir en satires des plaidoyers faits pour défendre l'innocence, ou atténuer le crime, soit enfin dans son audace effrénée à faire des apostrophes indécentes au public, comme pour s'en faire un rempart & forcer les suffrages des juges.

Il a été ordonné un délibéré sur le champ, qui a duré trois heures & a souffert de grands débats. Le public n'a point desemparé, il est resté dans la grand'chambre, dans la grand'salle & dans toutes les avenues du palais.

Enfin arrêt qui déboute la Dlle. Camp de sa demande, qui la condamne aux frais & dépens envers la Dlle. Carvoisin, dame de Bombelles & le curé de Bordeaux, qui ordonne que l'enfant sera mis en couvent pour être élevé dans la religion catholique apostolique & romaine, aux frais de M. de Bombelles, à raison de 600 livres par an, pour lesquelles il sera tenu de faire un fonds de 12,000 livres ; qui condamne ledit Bombelles à 12,000 livres de dommages & intérêts envers la Dlle. Camp, par forme de réparation civile, ce qui entraîne la contrainte par corps : sur le surplus met les parties hors de cour.

Les mémoires de Linguet supprimés, en ce qu'ils peuvent contenir d'injurieux aux différentes parties.

10 *Août* 1772. Messieurs de l'académie Françoise n'ayant pas trouvé de piece de poésie digne d'être couronnée cette année, le jour de la St. Louis, ont remis le prix.

11 *Août* 1772. *Madame* (on appelle ainsi la fille aînée de M. le Dauphin) restée à Versailles pendant

le voyage de Fontainebleau, a reçu avec sa sœur une fête magnifique, donnée à St. Ouen, par M. le prince de Soubise, où l'on a joué de petits jeux d'enfants, entr'autres *le gage touché*. M. l'abbé de Voisenon, très-attaché à ce prince, a voulu y servir un plat de sa façon ; il a fait les vers suivants.

    Un jour ne sachant que faire,
    Le jeune époux de Psyché,
    Les ris, les jeux & leur mere
    Jouoient *au gage touché*.
    L'Amour faillit ; pour son gage
    On lui fit chercher long-temps.
    Objet qui fût l'assemblage
    Des graces & des talents.
    Toute la troupe céleste
    Crut faire peine à l'enfant ;
    Il est, dit-elle, un peu leste
    Pour choisir bien sensément.
    Mais le dieu content dans l'ame,
    Parcourant tous les humains,
    Jeta les yeux sur *Madame*,
    Et chacun battit des mains.

13 *Août* 1772. Depuis quelques mois il a été question de faire un canal en Bourgogne, qui communiquant à la Loire, faciliteroit l'exploitation des marchandises de cette province. Diverses compagnies ont paru se former pour tendre à ce but, & toutes ont échoué quand il a fallu réaliser les fonds nécessaires pour la confection de ce

canal. Comme les avantages en font démontrés & que la province a le plus grand intérêt à son exécution, on vient de faire imprimer un mémoire pour engager les états à emprunter les fonds nécessaires pour cet objet. De gros capitalistes Génois offrent deux millions, à quatre pour cent.

13 *Août* 1772. On rit beaucoup de voir mademoiselle Guimard, cette danseuse de l'opéra, ancienne maîtresse du prince de Soubise, & pour qui ce seigneur continue d'avoir une grande considération, donner des permissions de chasse, comme une dame d'importance. M. de Soubise, comme capitaine des chasses, lui accorde dans les plaisirs du roi un canton, où elle fait chasser pour sa table, & permet à ses amis d'aller. Les danseurs, les chanteurs, les acteurs de nos spectacles briguent la faveur de cette nouvelle Diane, c'est à qui d'entr'eux jouira d'un exercice si attrayant, & dont la noblesse depuis long-temps réclame le privilege exclusif.

13 *Août.* On imprime actuellement un manuscrit trouvé dans un vieux château, qui a jadis appartenu au célèbre *Montaigne*; c'est un voyage d'Italie écrit de la propre main de ce philosophe. Toute la littérature est dans l'attente d'un ouvrage aussi précieux.

17 *Août* 1772. La foire St. Ovide vient de s'ouvrir hier, suivant le nouveau réglement, à la place de Louis XV. Pour attirer davantage les curieux sans doute, on a enfin découvert le piedestal du monument que la ville y a fait élever au roi, qui est absolument terminé. On sait que cette composition est du célebre Bouchardon, mort avant qu'il

eût pu finir son exécution, qui a été confiée au sieur Pigal.

Ce piedestal revêtu de marbre blanc veiné, est élevé sur deux marches. Tous les ornements sont en bronze. On voit à ses angles quatre figures debout, de dix pieds de proportion, représentant les quatre vertus, la force, la justice, la prudence & l'amour de la paix : les deux petits côtés de ce piedestal sont ornés d'inscriptions entourées de branches de lauriers dorées : sur la face, qui regarde le jardin des Tuileries, on lit :

LUDOVICO XV.
OPTIMO PRINCIPI
QUOD
AD SCALDAM, MOSAM, RHENUM,
VICTOR
PACEM ARMIS
PACE
ET SUORUM ET EUROPÆ
FELICITATEM
QUÆSIVIT.

Sur la face qui est à l'opposite, vers les Champs-Elysées, on lit :

HOC
PIETATIS PUPLICÆ
MONUMENTUM
PRÆFECTUS
ET
ÆDILES
DECREVERUNT ANNO
M. DCC. XLVIII.
POSUERUNT ANNO
M. DCC. LXIII.

Les grands côtés du piedestal sont décorés de trophées & de bas-reliefs, l'un représente le roi donnant la paix à l'Europe ; l'autre le représente sur un char de triomphe, couronné par la victoire & conduit par la renommée à des peuples qui se soumettent.

Cette composition a essuyé beaucoup de critiques. Représenter le roi à cheval, n'est pas d'une invention neuve ni sublime ; celle de le faire supporter par quatre vertus en forme de caryatides est bizarre. Il paroît que le cheval est en général la partie du monument qui plaît le plus aux connoisseurs. Le grand défaut c'est qu'il est peu proportionné au local, & que la statue ne paroît que comme une mouche dans cette vaste plaine.

21 *Août* 1772. Il est parvenu ici un troisieme volume de lettres de madame la marquise de Pompadour, depuis 1756 jusqu'à 1762. Leur défaut d'ensemble, leurs négligences naïves, continuent à les faire regarder comme des larcins faits à différents porte-feuilles. Il est certain qu'elles ont un caractere d'originalité & qu'elles ne sentent nullement l'auteur. Il y a pourtant quelques faits d'une fausseté trop manifeste pour que la feue marquise les eût pu adopter. Il faut mettre ces inepties sur le compte de l'éditeur, qui aura peut-être été dans le cas de restituer quelques passages, ou tronqués, ou déchirés, ou illisibles. Au surplus, c'est un problème à résoudre aux littérateurs, & plus encore aux gens de cour qui ont connu l'héroïne.

25 *Août* 1772. Bernis est un séjour délicieux, affecté, comme maison de campagne, aux abbés de St. Germain-des-Prez. M. le comte de Clermont avoit encore embelli ce lieu, & l'avoit rendu propre aux fêtes les plus magnifiques & les plus

galantes. Il y a sur-tout un théatre charmant, peu analogue aux divertissements d'un supérieur de moines, mais très-convenable à ceux d'un prince.

C'est aujourd'hui M. le prince de Marsan qui joue cette maison des économats. Une fête qu'on y a donnée pour le jour de la St. Louis, son patron, a ramené le public de ce côté-là & lui a rappellé celles de feu M. le comte de Clermont.

Il y a d'abord eu comédie, ou plutôt opéra comique : on a joué le *Tonnelier* & le *Maréchal*. C'est le spectacle ordinaire, qui s'exécute par des femmes de qualité & des seigneurs de la compagnie du prince. Les femmes sont madame la comtesse de Turpin, madame la marquise de Senneville : les hommes sont M. le marquis de Villers, M. le marquis de Toubeuf, MM. de Bertillac, freres, M. le marquis de Rohan, &c. Tous ces acteurs & actrices jouent à merveille, avec une aisance, un naturel, bien supérieurs à tous les efforts de l'art.

Après ce préambule, le prince & sa suite se sont embarqués sur la *Bievre*, petite riviere qui fait canal dans le parc. A son arrivée un député du fleuve, à la tête de ses nymphes, est venu complimenter S. A. Elle est entrée dans des gondoles galamment décorées ; les boîtes, les canons ont ronflé. Sa marche lente & majestueuse étoit précédée de feux sur l'eau. Des tritons parcouroient la terrasse, & lançoient un artifice agréable & neuf. Enfin le héros de la fête est entré dans un pavillon construit à la tête du canal, où il a soupé, après avoir reçu une nouvelle harangue des bergers & bergeres de ces cantons. Le tout a été accompagné d'une musique délicieuse.

Après le souper, il y a eu café: c'est un genre de divertissement inventé depuis quelques années, où, sous l'image naïve de ce qui se passe dans ces lieux publics, on ménage des scenes agréables & piquantes.

A côté du café se sont formé des parades ingénieuses, relatives aux circonstances de la fête, & assaisonnées de ces bons mots grivois qui font l'ame de ce genre de pieces.

Le public des environs & de Paris couvroit la terrasse & remplissoit les bosquets artistement illuminés. Au moyen de contre-marques convenues, on étoit admis dans l'assemblée, & l'on pouvoit assister à l'exécution de ces divers impromptus, où le goût des acteurs, toujours pris dans la compagnie du prince, a développé leurs talents divers.

La fête a été terminée, suivant l'usage, par un bal très-brillant, & composé de très-jolies femmes.

27 *Août* 1772. Un procès d'une espece très-singuliere doit se juger incessamment à l'opéra. Une Dlle. *la Guerre*, fille des chœurs, a été trouvée en flagrant délit dans une loge pendant une répétition. Ces répétitions sont délicieuses pour les amateurs, en ce que tout est confondu, tout est ouvert, & qu'il y regne une liberté charmante. Le président de Meslay, de la chambre des comptes, est l'heureux mortel qu'on a surpris dans l'extase amoureuse. Il est question de décider quel genre de punition on infligera à l'actrice. Le sieur Rebel, directeur général, consommé depuis long-temps dans la jurisprudence du code lyrique, doit présider à l'arrêt, avec les directeurs particuliers. On croit

qu'on appellera les matrônes les plus expertes de la troupe, mais qui n'auront que voix consultative. Cette affaire rappelle celle de Mlle. Petit, du même genre, qui fit tant de bruit il y a nombre d'années, & dans laquelle il parut des *Factums* très-plaisants.

27 *Août* 1772. M. de Voltaire a pris tellement à cœur l'affaire de M. le comte de Morangiès, qu'il vient de répandre une seconde addition très-augmentée de *l'Essai sur les probabilités*, où il défend plus que jamais ce maréchal-de-camp.

29 *Août* 1772. *Mémoires authentiques de la comtesse de Barré, maîtresse de Louis XV, roi de France, extraits d'un manuscrit que possède madame la duchesse de Villeroy, par le chevalier Fr. N. 1772, traduits de l'anglois.*

Tel est le titre d'un nouveau pamphlet arrivé en cette capitale de Hollande & d'Angleterre, après lequel on court avec avidité, & qui ne contente pas les curieux à beaucoup près. Rien de si plat, de si dégoûtant que cette brochure, qui n'est que du verbiage, pleine de lieux communs, & d'ailleurs indignement écrite. Le peu de faits qu'on y trouve, ne conviennent pas plus à l'héroïne qu'à toute femme publique, & il n'y a pas une seule anecdote qu'on puisse regarder comme approchant de la vérité. Il faut compter bien étrangement sur la sotte crédulité du public, pour avoir l'audace d'imprimer une pareille rapsodie.

30 *Août* 1772. Me. Linguet finit ainsi la consultation de son premier mémoire pour mademoiselle Camp, sur la validité d'un mariage contracté

en France suivant les usages des protestants, en date du 22 novembre 1771.

« Peut-être même le législateur instruit, par la discussion de cette cause, des abus que nécessite la situation des protestants, se décidera-t-il à révoquer enfin publiquement une loi terrible (celle qui invalide leurs mariages) que les circonstances excusoient peut-être, & qui n'auroit pas dû leur survivre. »

Les protestants de ce royaume, enthousiasmés par l'orateur, s'étoient flattés de l'espoir qu'il leur donnoit & sembloient attendre la décision du procès pour apprécier la faveur du gouvernement à leur égard, sans faire attention que ce cas particulier ne les concernoit en rien, en ce que l'avocat de la demoiselle Camp avoit pris le change & l'avoit fait prendre à ses lecteurs, puisqu'il n'étoit nullement question de savoir si un mariage fait suivant l'usage des protestants seroit valide, mais seulement si le mariage du vicomte de Bombelles avec mademoiselle Camp avoit été fait légalement, soit dans le rite catholique, soit dans le rite protestant. Que l'arrêt ne prononce rien à cet égard, sinon que par ses dispositions il indique que les magistrats n'ayant trouvé aucun acte de célébration du premier mariage, l'ont regardé comme non existant; ce qui argueroit simplement de faux les actes prétendus produits au procès par les gens d'affaire de la demoiselle Camp. Cependant on écrit de Montauban & des autres lieux, où il y a beaucoup de familles protestantes, que, découragés de cette nouvelle, plusieurs ont pris le parti d'émigrer d'un pays où elles ne peuvent jouir des droits les plus doux de la nature, & que ces malheureux emportent avec eux leurs talents, leur industrie & leur fortune, en maudissant leur ingrate patrie. Tant est dangereuse dans les suites une éloquence fausse & mal dirigée, comme celle de Me. Linguet!

1 *Septembre* 1772. Les vers de M. de Voltaire pour le 24 *Auguste* ou *Août* 1772, & qu'il a d'abord envoyés à Paris manuscrits, sont imprimés aujourd'hui. Il les a fait précéder de deux petits pamphlets, à la suite desquels ils viennent plus naturellement.

Dans le premier qui roule sur le procès de Mlle. Camp, M. de Voltaire, très-louangeur contre son ordinaire, approuve l'arrêt du nouveau tribunal, qu'il assure avoir été consacré par le suffrage du public, ce juge suprême, qui, quoique sans pouvoir, décide au fond en dernier ressort. Il prétend que tout Paris a senti qu'une loi dure ne permettant pas en France à un catholique de se marier à une protestante par le ministere d'un prétendu réformé, le mariage devoit être déclaré nul. Mais M. de Voltaire prend le change encore un coup, comme beaucoup d'autres; l'arrêt ne déclare point le mariage nul, il reconnoît simplement qu'il n'y a point de mariage, faute d'acte de célébration. C'est le seul point auquel les magistrats se sont tenus, & qui leur a fait éviter adroitement de prononcer entre Geneve & Rome.

Du reste, l'auteur gémit ensuite sur cette séparation funeste, qui a privé la patrie d'environ sept à huit cents mille citoyens utiles, & qui prolonge encore cent mille familles dans l'incertitude continuelle de leur sort. Il semble applaudir à la nécessité de la loi dans les temps de trouble & de difcorde ; il la regarde déformais comme dangereufe & funefte ; il indique les raifons de le croire & la poffibilité de la révoquer. Il finit cependant par s'interdire modeftement de toucher à une matiere fi délicate, il dit que cent volumes ne valent pas un arrêt du confeil, & il attend de la prudence & de la bonté du gouvernement ce qu'on n'obtiendra jamais par des arguments de théologie.

On connoît aifément quelles font les raifons de la modération du critique dans ces réflexions, mais on eft étrangement furpris de voir le même fangfroid, la même douceur dans le fecond pamphlet, qui eft une réponfe à l'abbé *Caveyrac*. On fait que ce dernier eft auteur d'une ancienne *apologie de la révocation de l'édit de Nantes & de la St. Barthelemi*. Apparemment cet écrivain retiré à Rome y aura fait un fecond traité fur la matiere, où il reproche à M. de Voltaire de n'être pas de fon avis, & où il lui attribue les *mémoires de Brandebourg*, parce que celui-ci les a donnés à beaucoup de perfonnes, comme fon ouvrage, & les a vendus à plus d'un libraire comme fon bien.

Quand le zele du philofophe de Ferney fe feroit échauffé contre l'exécrable apologifte de la faint Barthelemi, on l'auroit certainement pardonné à un apôtre de l'humanité ; on ne peut cependant que le louer de differter, au lieu d'injurier : ce qui eft plus admirable encore, c'eft qu'il fe contienne également dans fa propre querelle, & que fans repouffer l'outrage par l'outrage, la calomnie par la calomnie, il fe contente d'affurer avec une tranquillité ftricte que la vérité & l'honneur l'obligent de dire, qu'il n'y à personne en Europe à qui il ait jamais ni prêté, ni donné, encore moins vendu l'*Histoire de Brandebourg*, &c. Il la restitue à son auguste auteur, au roi de Prusse; il ajoute qu'il est avéré que ce monarque est le seul historien de sa patrie, comme il en est le législateur & le héros. Il finit par demander humblement à monsieur l'abbé de Caveyrac non-seulement son indulgence pour les protestants, mais encore pour le critique obligé de refuser ses opinions. Puisse ainsi M. de Voltaire en avoir désormais pour les siens!

3 Septembre 1772. Les comédiens François repetent actuellement *Arminius*, tragédie du sieur Bauvin, que cet auteur, las d'être balotté par les histrions, avoit pris le parti de faire imprimer, il y a plusieurs années; ayant enfin trouvé grace devant eux, il profite de la faveur & va le faire jouer.

4 Septembre 1772. Le pont de Neuilly est aujourd'hui le monument qui attire l'attention des curieux & des physiciens. La hardiesse de son exécution le rend le plus beau pont de France. Il a cinq arches de 120 pieds chacune, & leurs voûtes plates construites à la maniere moderne, étonnent les connoisseurs. Au surplus, il faut attendre que les ceintres en bois en soient lévés, pour mieux juger de cette belle machine. C'est en présence de S. M. que doit se faire l'opération: le jour est indiqué au 22 de ce mois. Monsieur de Trudaine, intendant des finances, chargé des ponts & chaussées, doit y présider, & donnera au roi une fête à cette occasion. Le chemin qui précede & qui suit, est aussi admirable & digne d'être comparé aux voies Romaines. M. Peronnet, ingénieur des ponts & chaussées, a fourni les desseins, & a suivi l'érection du pont en question. Tout ne sera pas encore fini, & il s'agit aujourd'hui de faire refluer un bras de la riviere, pour la faire couler sous ce pont élevé dans une isle, & qui n'embrasse encore qu'une partie de la Seine.

5 Septembre 1772. Un parent de feue madame Doublet, cette virtuose si renommée parmi les politiques, pour les mémoires manuscrits qui se rédigeoient chez elle des événements publics & particuliers, continue ce journal intéressant. Dans un de ses articles il est tombé vertement sur le sieur Marin, & a fait sentir l'imbécillité de ce rédacteur de la gazette de France, en adoptant les contes qu'on lui a envoyés sur le prétendu hydroscope, & les insérant avec la plus grande prétention, se vantant même d'être le premier auteur de nouvelles publiques qui en ait fait mention. On a renvoyé de Marseille au sieur Marin le jugement qu'on portoit de lui sur cet objet: il en a été outré; il s'est plaint au ministre des affaires étrangeres; il lui a fait accroire qu'on dégradoit la gazette de France, en vilipendant son auteur; & comme il n'étoit guere possible d'attaquer le critique sur un travail aussi innocent, on a fait arrêter son laquais dont il se servoit pour envoyer les nouvelles à ses amis, & on l'a fait mettre au Fort-l'Evêque, au secret. On a pris pour prétexte qu'il trafiquoit de ces nouvelles. Ce procédé indigne du sieur Marin donne encore plus mauvaise idée de son cœur & de son petit esprit. Il rappelle le principe du grand Colbert, qui dans ses instructions pour la marine avoit une si méchante opinion des Provençaux, qu'il recommanda expressément de n'en employer aucun dans les grandes places de l'administration & du gouvernement.

5 Septembre 1772. Mlle. Du Thé est une des courtisannes les plus renommées aujourd'hui dans cette capitale. L'honneur qu'elle a eu de donner les premieres leçons du plaisir à monsieur le duc de Chartres, l'a mise dans une grande vogue. C'est une blonde fadasse, d'une figure moutonniere, qui n'annonce aucune pétulence, aucun esprit, mais à la mode, c'est tout dire. Elle appartenoit en dernier lieu au marquis de Genlis, qui marié à une des plus jolies femmes de la cour trouva plus doux de se ruiner avec cette fille. Celle-ci sentant que les facultés de son amant baissoient, a pris le parti de le congédier. Milord d'Egremont est l'heureux mortel qu'elle veut bien admettre aujourd'hui à sa couche, moyennant mille louis pour la premiere nuit & mille écus par mois. Ces sermens réciproques seront sans doute bien exécutés, car tout Paris en est témoin, & c'est la nouvelle du moment.

7 Septembre 1772. L'*Enfant Jesus* est une communauté instituée par l'ancien curé de saint Sulpice, & établie sur sa paroisse, mais à l'extrêmité de Paris. Les places n'en sont données qu'à des filles de condition, & jolies : c'est l'obligation qu'y mettoit le feu sieur Linguet : ce qui avoit même fait dire que c'étoit *le bordel des évêques*, parce que ce curé très-patelin, très-courtisan, faisoit manger souvent ces messeigneurs avec quelques-unes de ces dames, qu'il admettoit à tour de rôle à table. Il y avoit en outre dans cette maison des filles du commun, pauvres ou orphelines, qu'on élevoit à toutes sortes de travaux champêtres & domestiques.

Madame de Marsan avoit imaginé pendant le séjour de Compiegne de procurer à madame & à sa sœur un petit spectacle, en les conduisant à cette communauté. Elles y ont été reçues avec tous les honneurs dus à leur rang ; on est allé au devant d'elles avec le dais, on les a régalées de musique, salut & bénédiction. Madame a été enchantée de ces dames, & a voulu leur donner une marque de sa satisfaction, en les baisant toutes à la joue, au nombre de vingt-huit : Madame Elisabeth ne leur a présenté que sa main à baiser.

8 Septembre 1772. Il paroît une déclaration du roi, qui établit une commission royale de médecine pour l'examen des remedes particuliers & la distribution des eaux minérales ; elle est du 25 avril dernier & n'a été publiée que depuis peu. Le bien public est l'objet de cet établissement : suivant le préambule il est question de prévenir par une recherche exacte les abus énormes qui se commettent journellement dans cette partie, & l'on forme à cet effet une commission de gens éclairés sur ces matieres, qui présideront à la visite, à l'examen & à la distribution. Il paroît difficile que ces frais n'entraînent une petite augmentation, qui sera sans doute supportée volontiers par les malades, trop heureux qu'on veille à la salubrité des médicaments qu'on leur administrera. La commission annoncée sera composée de médecins, chirurgiens, apothicaires, &c.

8 Septembre 1772. Il paroît un poëme *sur le jugement de Pâris*, par M. Imbert, jeune homme qui promet beaucoup, & dont les vers sont pleins de graces & d'harmonie, où l'on trouve d'ailleurs de l'invention & du génie dans la composition. M. Piron, ce vieillard presque nonagénaire, qui conserve encore dans le froid de l'âge tout le feu de la plus verte jeunesse, toute la gaieté la plus aimable, s'est amusé à faire une chanson en parodie du même sujet, sur l'air du *Mirliton don daine, Mirliton don don*, qui fait fortune, & malgré les gravelures dont elle est pleine, plaît beaucoup aux dames.

10 *Septembre* 1772. On parloit depuis quelque temps d'un ouvrage sur *la tactique* très-recherché, très-défendu, par l'adresse de l'auteur à y insérer des choses extrêmement fortes & hardies. Il en a percé enfin des exemplaires dans ce pays-ci : c'est un livre en deux volumes in-4°., ayant pour titre : *Essai général des Tactiques, précédé d'un discours sur l'état actuel de la politique & de la science militaire en Europe, avec le plan d'un ouvrage intitulé la France Politique & Militaire, dédié à ma patrie.*

12 *Septembre* 1772. Chanson ou parodie, sur l'air du *Mirliton don daine, Mirliton don don*.

1.

Moi que jadis eus la gloire
De chansonner pour Iris,
J'ose entreprendre l'histoire
Du Jugement de Pâris,
  Sur le Mirliton, &c.

2.

Un jour la belle Cythere,

Avec Junon & Pallas,
Se lavoit dans la riviere
Le corps, la tête & les bras,
  Et le Mirliton, &c.

3.

Quand la discorde crotée
Vint pour se laver aussi,
Junon toute transportée
Dit : retire-toi d'ici.
  L'affreux Mirliton, &c.

4.

La discorde en prit vengeance,
Savez-vous comme elle fit !
Au milieu d'elles leur lance
Une pomme d'or & dit :
  Au beau Mirliton, &c.

5.

Junon qui toujours criaille,
Veut s'en saisir tout de bon ;
Vénus, lui dit la grisaille,
N'est point du tout de saison,
  Pour le Mirliton, &c.

6.

Pallas dit d'un ton sévere :

Tous vos plaisants Mirlitons
Ont toujours maille à refaire ;
On ne voit nulles façons
  A mon Mirliton, &c.

7.

Dans la difpute elles virent
Pàris le jeune pasteur,
Auffi-tôt toutes fe dirent
Le drôle eft bon connoiffeur
  En beaux Mirlitons, &c.

8.

Le berger aux trois déeffes
Fit ôter trois cotillons,
Il vit trois paires de feffes
Et trois paires de tettons,
  Et trois Mirlitons, &c.

9.

D'une pareille corvée
Pàris ne s'épouvanta,
Il alla, tête levée,
Et tour-à-tour feuilleta
  Chaque Mirliton, &c.

10.

Junon promit la richeffe

Au jeune berger Pàris;
Pallas vanta la fageſſe:
Mais qu'offrit dame Cypris!
 Rien qu'un Mirliton, &c.

II.

A cette douce parole,
On vit le combat ceſſer,
Ce Pàris étoit un drôle
Qui ſe ſeroit fait feſſer
 Pour un Mirliton, &c.

13 *Septembre* 1772. M. le premier avocat-général projette de faire rayer Me. Linguet du tableau, à l'occaſion de divers ſarcaſmes que lui a lancés directement cet avocat en plein parquet. D'abord ſur les reproches qu'il faiſoit à ce dernier de ſes perſonnalités contre lui & monſieur de Vaucreſſon, ſon confrere, Me. Linguet s'en eſt défendu; & M. de Verges inſiſtant, ſur ce que perſonne ne s'y étoit trompé: « tant mieux, » a-t-il repris, c'eſt une marque de la vérité de » mes portraits. » M. l'avocat-général piqué au vif, lui a demandé s'il ſavoit à qui il parloit? « Oui, Monſieur, a-t-il répondu; je parle à » Me. Jacques de Vergès, avocat-général du par- » lement à *mon refus*. » Ce qui n'a qu'irrité davantage ce magiſtrat, dont le reſſentiment doit éclater à la rentrée.

13 *Septembre*. Le théatre de la comédie Italienne eſt dans le plus grand délabrement. La retraite décidée du ſieur Caillot, long-temps en

suspens, y occasione une perte difficile à réparer. Cet acteur, qui menaçoit de quitter depuis longtemps, pour se livrer à un commerce lucratif qu'exerçoit son frere mort, étoit retenu par le goût décidé qu'il a pour son métier & la sorte de considération qu'il lui donnoit. D'une autre part, la cupidité le domine beaucoup: il proposoit pour se dédommager du sacrifice qu'il faisoit du côté de la fortune, de lui donner un intérêt dans les poudres: la chose n'ayant pas réussi, il a quitté absolument, en promettant cependant de jouer quelquefois dans l'hiver gratuitement, & pour mériter de plus en plus les bontés du public. Mais il est à craindre qu'il ne se rouille faute d'usage, ou que les représentations brillantes qu'il procurera à ses camarades les jours où il paroîtra, ne fassent tort aux autres & ne les rendent très-médiocres.

Quoi qu'il en soit, malgré cette pénurie de sujet, le tripot a été fort intrigué à l'occasion du début d'une demoiselle *Colombe*, qui jusqu'à présent attachée à ce spectacle comme actrice de remplissage & comme danseuse, état très-subalterne dans la troupe, a débuté avec un succès prodigieux dans le *Huron* & dans *Tom-Jones*. Toutes les femmes chantantes sont enragées de sa réussite, & craignant avec raison d'en être bientôt éclipsées, cabalent auprès des gentilshommes de la chambre pour empêcher qu'elle ne soit reçue.

14 *Septembre* 1772. *Le traité des Tactiques*, dont on a parlé, est de M. Guibert, colonel commandant la légion de Corse, fils de M. de Guibert, maréchal-de-camp & cordon rouge. L'ouvrage n'est pas merveilleux en lui-même,

& les gens du métier n'y trouvent rien de neuf, ou de génie. La préface seule attire l'attention des curieux, & présente des choses très-repréhensibles aux yeux du gouvernement; cependant, quoique l'auteur n'ait pas mis son nom à la tête de ce traité, il y a apparence qu'il ne s'en défend point, puisque tout le monde le nomme. On craint que sa hardiesse ne lui fasse tort.

25 *Septembre* 1772. Mlle. Duperey, cette charmante danseuse de l'opéra, pleine de graces & de talents, qui s'étoit mise au couvent par dépit de n'avoir pu fixer le sieur Dauberval qu'elle vouloit épouser, montre plus de fermeté qu'on ne croyoit dans son sacrifice : elle a déja le voile blanc. En vain madame Texier, ainsi que son mari, dont elle passoit pour servir les plaisirs tour-à-tour, l'ont-ils haranguée successivement, afin de la détourner de son funeste projet : elle persiste, & la grace la rend invincible à toutes leurs séductions.

16 *Septembre* 1772. On parle beaucoup d'un *poëme sur le bonheur*, auquel M. Helvetius a travaillé presque toute sa vie, & qu'il avoit ébauché même avant son livre sur *l'esprit*. Il y a des choses fortes, qui ont fait prendre le parti à l'éditeur de faire imprimer l'ouvrage posthume de ce philosophe en pays étranger. Il a profité de cette liberté pour y mettre une préface, qu'on assure n'être pas moins hardie; ce qui fait rechercher le livre. Ce poëme est d'ailleurs peu poétique, sans fiction, sans chaleur, sans enthousiasme : il est en six chants.

17 *Septembre* 1772. Les amateurs ont assisté derniérement à une répétition de danse faite à l'opéra. Il est question du petit *Mont Gaultier*,

Tome VI. I

dont la mere, femme d'une quinte de l'opéra, est maîtresse du sieur Vestris, & qui passe pour être le fils de ce grand coryphée : c'est lui qui préside à son éducation avec toute la tendresse paternelle, & qui met la plus grande prétention à ce début. La mere y a aussi attiré beaucoup de monde, par l'honneur qu'elle a d'approcher de madame la comtesse Dubarri, qu'elle a connue autrefois en société, & qui ne l'a point oubliée dans sa gloire. On présume infiniment des talents du jeune éleve.

18 Septembre 1772. L'académie Françoise a nommé une députation vers M. le cardinal de la Roche-Aymon, pour lui demander une abbaye en faveur de l'abbé Maury. Cet orateur, dimanche dernier, avoit présenté son discours à son éminence, qui l'a très-bien accueilli, lui a déclaré être prévenu de la démarche de l'académie en sa faveur, être très-bien disposé, & l'a retenu à dîner pour mercredi avec les députés, jour auquel ils ont dû voir ce prélat.

20 Septembre 1772. On parle beaucoup d'une opération de la pierre que vient de faire le frere Côme sur un chantre de la chapelle du roi, qui a duré trente-trois minutes; ce que les gens de l'art regardent comme un événement unique. Le patient, quoiqu'âgé, mais fortement constitué, n'a point succombé dans ce cruel supplice, & l'on espere qu'il en reviendra.

24 Septembre 1772. Le bâtard du sieur Vestris, qui a débuté dans la danse le 18 de ce mois, n'est pas le fils de la dame Mont Gaultier; celui-ci est encore hors d'état de suivre les traces de son illustre pere : c'est un enfant naturel qu'il a fabriqué avec la Dlle. Allard. On doit juger quelles heureuses dispositions doit avoir cet enfant qui n'a pas treize ans; il annonce la majesté de l'un, réunie aux graces & à l'enjouement de l'autre.

27 Septembre 1772. Les comédiens François ont donné hier la premiere représentation des *Cherusques*; la nouvelle tragédie annoncée du sieur Bauvin. L'auteur est un pauvre diable du pays d'Artois, qui a été réformé de l'école militaire où il étoit professeur, âgé de près de soixante ans, & qui débute au théatre. L'exemple de M. de Belloy l'a encouragé, & les états d'Artois ayant promis une pension au poëte qui célébreroit un héros de cette province, le premier s'est évertué, & a chanté *Arminius*, l'un des chefs de ce peuple, connu autrefois sous le nom de Cherusques.

Les comédiens n'ayant paru jouer cette piece que par une pitié humiliante pour l'auteur, & le lui ayant fait sentir durement, il en a résulté un intérêt général de la part du public en sa faveur; il étoit on ne peut mieux disposé, & les deux premiers actes ont été applaudis avec une prédilection particuliere. Le 3e. acte n'a pas reçu les mêmes acclamations. Le 4e. a été foiblement soutenu. Dans le 5e. Mlle. Vestris ayant paru le casque en tête & la pique à la main, cela a formé un coup de théatre qu'on a trouvé admirable, & les battemens de mains n'ont point discontinué jusqu'à la fin. On a demandé l'auteur avec une fureur sans exemple. Mais celui-ci effrayé des huées du 3e. acte, avoit disparu, & a eu la prudence de ne pas se montrer. On a continué à crier *l'auteur!* au point qu'on n'a pu annoncer, & qu'on a eu beaucoup de peine à commencer la seconde piece.

28 Septembre 1772. Le public plaisant a baptisé le nouveau débutant dans la danse à l'opéra, du nom de *Vestr'Allard* : ce qui caractérise sa double origine. On l'applaudit de plus en plus. Il est certain que c'est un prodige, dont il n'y a peut-être point d'exemple. Le pere se complaît merveilleusement dans les acclamations qu'on accorde à son bâtard ; & dans l'excès de sa joie, il en a témoigné sa reconnoissance aux spectateurs par de très-profondes révérences, qu'il est venu faire sur le bord du théatre.

29 Septembre 1772. Les comédiens Italiens ont donné hier la premiere représentation de *Julie*, comédie nouvelle en trois actes & en prose mêlée d'ariettes : les paroles sont du sieur Monvel, jeune acteur de la comédie Françoise. La musique est du sieur Dezaides, compositeur qui n'est encore connu par aucun grand ouvrage.

29 Septembre. M. de Voltaire, qui ne laisse passer aucune occasion de faire sa cour successivement à tous les potentats, & qui saisit à merveille l'à-propos du jour, pour participer en quelque sorte à la célébrité des événements, & faire avec eux l'entretien public, vient d'adresser des vers au roi de Suede à l'occasion de la derniere révolution de ce royaume. Si l'on n'y trouve rien de bien philosophique, de bien hardi, on y lit au moins quelques beaux vers, dignes encore du chantre de Henri IV ; les voici :

Jeune & digne héritier du grand nom de Gustave,
Sauveur d'un peuple libre & roi d'un peuple brave,
Tu viens d'exécuter tout ce qu'on a prévu ;
Gustave a triomphé si-tôt qu'il a paru.

On t'admire aujourd'hui, cher prince, autant qu'on
    t'aime,
Tu viens de reffaifir les droits du diadême.
Et quels font en effet fes véritables droits ?
De faire des heureux en protégeant les loix,
De rendre à fon pays cette gloire paffée,
Que la difcorde obfcure a long-temps éclipfée,
De ne plus diftinguer ni *bonnets* ni *chapeaux*,
Dans un trouble éternel infortunés rivaux,
De couvrir de lauriers ces bêtes égarées,
Qu'à leurs difcuffions la haine avoit livrées,
Et de les réunir fous un roi généreux.
Un état divifé fut toujours malheureux :
De la liberté vaine il vante le preftige,
Dans fon illufion fa mifere l'afflige,
Sans force, fans projets, pour la gloire entrepris,
De l'Europe étonnée il devient le mépris.
Qu'un roi ferme & prudent prenne en fes mains les
    rênes,
Le peuple avec plaifir reçoit fes douces chaînes ;
Tout change, tout renaît, tout s'anime à fa voix,
On marche alors fans crainte aux pénibles exploits,
On foutient les travaux, on prend un nouvel être,
Et les fujets enfin font dignes de leur maître.

30 *Septembre* 1772. On a donné de fuite les *Cherufques* lundi & mardi, fuivant les vœux du parterre, qui a paru protéger de plus en plus l'auteur, & maltraiter les comédiens. Ce dernier jour on a apoftrophé publiquement les acteurs : on a

dit au sieur Monvel qui est venu annoncer: « on » est assez content de vous; mais dites à Molé » qu'il apprenne mieux son rôle; dites à la Vestris que nous sommes fort mécontents d'elle, » qu'elle a très-mal joué. » Et sur ce que l'orateur comique représentoit qu'il ne pouvoit se charger de faire des réprimandes de cette espece à ses camarades, on lui a répliqué de les faire venir. Ce dialogue, qui se sentoit un peu de l'ancienne liberté de notre théatre, & de celle dont jouissent encore les Anglois, étoit très-plaisant, mais a été bientôt interrompu par les alguasils, qui sont venus imposer silence. On assure qu'on a même arrêté quelqu'un.

Les comédiens cependant, ainsi mulctés par le public, jettent les hauts cris contre l'auteur; ils lui reprochent d'avoir abusé indignement de la commisération qui seule leur avoit fait recevoir sa piece, d'avoir violé la convention suivant laquelle elle n'avoit été reçue qu'à condition qu'elle ne seroit jamais jouée; d'avoir même refusé 1,500 livres qu'ils lui offroient, s'il vouloit les dispenser de le faire, lorsqu'il a exigé rigoureusement son droit de passer à son tour.

Quoi qu'il en soit, cette piece, misérable en elle-même, excite une grande sensation par la guerre qu'elle occasione entre le parterre & les acteurs; & l'auteur profite de cette dissention pour acquérir une célébrité qu'il n'auroit jamais eue par son mérite personnel. On en a parlé à M. le comte d'Artois, qui s'intéresse pour lui, & il paroît sûr qu'il aura la pension promise par les états: elle est de 600 livres. On n'exigeoit que trois représentations, & elles ont eu déja lieu.

La quatrième reeprésentation a été renvoyée à

famedi, pour donner à Molé le temps de mieux fe recorder fur fon rôle.

30 *Septembre* 1772. M. de Voltaire vient de fe répondre à lui-même : après avoir fait le *Chinois catéchifé*, il fait parler celui-ci ; il fe fert de ce cadre pour étaler divers points d'antiquité connus de la nation Chinoife, pour faire encore des plaifanteries fur notre fainte religion, & rire également & du peuple camard & du peuple chrétien.

1 *Octobre* 1772. On annonce un nouveau livre très-rare, intitulé *le Bon Sens, ou les lumieres naturelles oppofées aux lumieres furnaturelles*. On affure que cet ouvrage eft encore mieux fait que tout ce qui a été compofé fur la matiere en queftion : on le dit fupérieur au *Syftême de la nature*, en ce qu'il eft plus refferré & plus dégagé des déclamations trop fréquentes dans celui-ci.

4 *Octobre* 1772. Le fieur Deftouches, ci-devant architecte de la ville, vient de mourir : il n'eft recommandable par aucun monument d'importance, mais par beaucoup de plans, & fur-tout par celui d'une églife de Sainte Genevieve, qu'il avoit montré aux religieux, & dont M. de Marigny avoit exigé la communication. On prétend que ce directeur général des bâtiments qui favorifoit le fieur Soufflot, eut l'infidélité d'en donner verbalement une idée à celui-ci, qui d'après ces notions préliminaires, a travaillé fon plan actuel. Les amis du défunt affurent que le fien eft bien fupérieur, que le fieur Deftouches les avoit dans fon porte-feuille, comparés l'un & l'autre, & que vraifemblablement aujourd'hui, que par fa mort il ne craint plus la difgrace de M. de Marigny, on les fera paroître.

4 *Octobre* 1772. Par le récensement fait & connu du bien de M. Helvetius, à l'occasion du mariage de ses deux filles, qui doit avoir lieu incessamment & se faire double le même jour, il est tiré au clair qu'il laisse environ quatre millions de biens : ce qui prouve que ce philosophe connoissoit la maxime de Rousseau :

> Et qu'un philosophe étayé
> D'un peu de richesse & d'aisance,
> Dans le chemin de sapience
> Marche plus ferme de moitié.

Sa femme (Mlle. de Ligneville) d'une des plus illustres maisons de Lorraine, & non moins philosophe que son mari, a dit à la mort de celui-ci, aux divers prétendants qui étoient sur les rangs, qu'ils fissent, chacun pour son compte, leur cour de leur mieux à ses filles ; qu'elle ne les gêneroit en rien, & que ce seroient elles-mêmes qui nommeroient leurs époux.

Au surplus, la philosophie paroît l'apanage de toute cette famille ; car deux sœurs de madame Helvetius, comptant comme elle la noblesse pour peu de chose sans argent, ont aussi épousé chacune un fermier-général, l'une le Sr. la Garde, & l'autre le Sr. Baudon. Il est vrai que la première est devenue folle, d'une fureur utérine ; mais c'est un petit contre-temps, auquel tout philosophe est sujet.

5 *Octobre* 1772. On dit que M. Desforges, ce chanoine d'Etampes qui a la folie de vouloir voler dans les airs en cabriolet, ayant tenté de faire une petite répétition de son projet dans son jardin, est

retombé sur le champ, & s'est dangereusement blessé. C'est le second tome de M. le marquis de Bacqueville.

6 Octobre 1771. On rapporte un bon mot, dit le jour du déceintrement du pont de Neuilly. A l'arrivée de S. M. les soldats & ouvriers seulement, gagés pour cela, ayant crié *vive le roi*, ces acclamations n'ont été répétées par aucun des échafauds qui contenoient une immensité de spectateurs: ce qui faisoit un contraste très-remarquable, & dont en effet l'ambassadeur de Naples a témoigné sa surprise à quelqu'un qui l'accompagnoit: *mais, lui a-t-on répondu, lorsque le prince est sourd, les peuples sont muets*.

7 Octobre 1772. On a arrêté différentes personnes à la comédie Françoise le jour où les acteurs furent si publiquement humiliés par le parterre; en sorte qu'aux représentations suivantes tout s'est passé dans une grande tranquillité, & les personnages humiliés ont pris leur revanche, en se moquant de fait de leurs censeurs, & en jouant plus mal que jamais. Cependant les *Cherusques* vont, ou, pour mieux dire, se traînent, car ils ne sont nullement améliorés.

Le Sr. Molé, qui s'est donné les airs de faire attendre plusieurs heures à sa campagne d'Antony le pauvre auteur *Bauvin*, sans lui donner audience, sous prétexte qu'il alloit dîner en ville, & qu'il ne pouvoit l'écouter avant, a témoigné hautement dans le foyer sa surprise de l'injustice du parterre à son égard: Comment, a-t-il dit, *parce qu'un homme meurt de faim, il faut que nous nous donnions la peine d'apprendre de mauvais vers?* On lui a répondu que sa réflexion étoit juste, mais qu'il devoit la garder pour lui; que lorsque le public vouloit bien avoir la charité de venir s'ennuyer à une tragédie, il étoit de son devoir de s'efforcer à la bien jouer, & sur-tout de ne jamais être insolent.

8 Octobre 1772. Les demoiselles Verriere sont deux courtisannes du vieux serrail, puisque l'une d'elles a appartenu au maréchal de Saxe & en a eu une fille ; mais leur opulence, la société distinguée qui va chez elles, leurs talents, & l'habitude où elles sont de donner des spectacles, y attire beaucoup de monde. C'est toujours quelque auteur en titre qui a la direction de leurs plaisirs. M. Colardeau, long-temps attaché à leur char, se trouve remplacé par M. de la Harpe. On y joue de temps en temps des pieces nouvelles qui n'ont paru sur aucun théatre. Dimanche dernier on y a donné *Julie*, comédie de M. Saurin, imprimée & non représentée. Elle a fait peu de sensation ; mais *l'Espiéglerie*, petite piece en un acte, y a eu le plus grand succès : elle a paru d'une gaieté charmante, & le Sr. de la Harpe y a supérieurement bien joué. L'ouvrage est du Sr. *Billard du Monceau*, le parrain de madame la comtesse Dubarri.

9 Octobre 1772. Extrait d'une lettre de Brest, du 4 octobre 1772..... M. le comte d'Estaing s'est mis dans la tête de réaliser un ancien projet de lester les vaisseaux avec de l'eau de mer, qu'on a toujours regardé comme chimérique, par le danger qui devoit en résulter nécessairement pour la santé des équipages. En conséquence ce commandant a fait remplir de ce liquide la calle du *Robuste*, vaisseau de 74 canons ; & pour vérifier par lui-même ce qu'il en pourroit résulter de dangereux, il couche toutes les nuits à bord de ce bâtiment : ce qui ne fera pas une expérience concluante, quand même il n'en feroit pas incommodé; car, premiérement, un seul homme peut échapper à une contagion, à laquelle mille autres n'échapperoient pas : en second lieu, le danger le plus grand de ces eaux stagnantes & croupies ne doit se manifester que dans les chaleurs: en troisieme lieu, le mouvement continuel d'un bâtiment à la mer qui feroit balotter cette eau, & en détacheroit sans cesse des vapeurs & des exhalaisons, ne peut s'apprécier dans un port & dans un bâtiment tranquille : enfin, il est totalement différent de se trouver seul dans un pareil vaisseau, & de renouveller continuellement son air, en débarquant dans la journée, que d'y passer plusieurs mois de suite, avec une multitude très-nombreuse d'hommes de toutes sortes de tempéraments, & dont il y a à parier qu'une partie est déja mal-saine & infectée du scorbut.

On peut par cet exemple juger que ce commandant est un ami des nouveautés, mais que sa tête n'est pas encore bien mûre, & que d'ailleurs ses raisonnements ne sont pas extrêmement concluants. Toute la marine se moque de son expérience, & personne n'a envie de faire la partie de plaisir d'aller coucher avec lui.

10 *Octobre* 1772. Il paroît que les Artésiens ont été comblés de joie de voir un de leurs compatriotes briller au théatre. On prétend que M. Beauvin est le premier homme de la province qui ait l'honneur d'être joué sur la scene. Il y a cependant une académie littéraire à Arras, mais dont les membres s'occupent peu de la poésie.

12. *Octobre* 1772. On parle beaucoup du testa-

ment de Mde. Fremin, qui vient de mourir d'une maladie de langueur très-longue, mais qui en lui laissant la tête libre, lui a donné le temps de faire ce dernier acte de la vie humaine, avec tant de soin, qu'il passe pour un chef-d'œuvre de cette espece. Mais ce qui lui donne de la célébrité, c'est la curiosité que le roi a eu de le lire, & les éloges dont le monarque a honoré la sagesse de la défunte. Elle étoit parente du sieur de la Borde, premier valet de chambre de S. M. qui l'amuse & jouit auprès d'elle de la privauté la plus flatteuse, au point d'avoir la liberté de faire sa musique dans le cabinet du roi & sous ses yeux. Le roi lui ayant demandé de qui il étoit en deuil, & cette question ayant été suivie de tous les détails dans lesquels le roi entre sur ces matieres & qu'il aime beaucoup, il a voulu voir ce fameux testament, où cette particuliere, très-riche, rappelle tous ses parents, tous ses amis, toutes ses connoissances & les pauvres sur lesquels elle exerçoit sa charité, & les comprend chacun dans leur classe, avec une intelligence, une netteté, une division de ce calcul proportionnel, qui annonce un esprit vraiment géométrique.

14 *Octobre* 1772. *Les Voyages de Montaigne*, dont on a retrouvé le manuscrit, sont dûs à une de ces circonstances heureuses que le hasard procure au moment où l'on y compte le moins. Depuis 180 ans qu'il est mort on n'en avoit eu aucune connoissance : on savoit seulement, par ce qu'il dit dans ses *Essais*, qu'il avoit voyagé. M. l'abbé Prunis, chanoine régulier de Chancelade en Périgord, parcouroit cette province, pour faire des recherches relatives à une histoire du Périgord, qu'il compile & digere. Il

arrive à l'ancien château de Montaigne, possédé par M. le comte de Segur de la Roquette, pour en consulter les archives. On lui permet de fouiller dans un vieux coffre rempli de papiers, où l'on ne lisoit plus. C'est dans cet amas de manuscrits mis au rebut, qu'étoit le trésor en question. Ce manuscrit examiné scrupuleusement par des érudits, a été reconnu pour authentique, à raison de l'écriture, du papier & du langage, qui caractérisent à merveille la fin du 16e. siecle. Le style a été jugé parfaitement conforme à celui des *Essais*. Un tiers seulement du manuscrit est de la main d'une espece de secretaire, qui parle de son maître à la troisieme personne, qui, sans doute, écrivoit sous sa dictée: tout le reste, où Montaigne parle à la premiere personne, est écrit de sa propre main. On peut voir ce manuscrit curieux chez le sieur le Jay, libraire, rue St. Jacques, qui l'a acheté & offre de le montrer aux amateurs. Il propose actuellement cet ouvrage par souscription.

14 *Octobre* 1772. Le sieur de Mondonville, maître de musique de la chapelle du roi, est mort la semaine derniere à sa maison de Belleville. C'est une perte pour son art, quoiqu'il ne fît plus rien depuis long-temps. Il avoit composé plusieurs ouvrages pour le théatre lyrique, & surtout *Titon & l'Aurore*, qui occasiona tant de rumeur dans son temps, & contribua beaucoup à faire expulser les bouffons. Il excelloit pour le chant d'église, où il occupoit le premier rang. Ses motets ont fait long-temps le fonds le plus riche du concert spirituel. Lorsqu'il quitta la direction de ce spectacle, il les retira, mé-

content des offres de son successeur. Depuis il s'est arrangé & avoit passé un bail de neuf ans, moyennant 27,000 livres, à condition de fournir lesdits motets toutes les fois qu'il en seroit requis, d'en diriger l'exécution, de battre la mesure, &c. Contre l'ordinaire de ses confreres, il étoit si avare, qu'il est mort sans médecin, ni chirurgien, & faute de secours.

15 *Octobre* 1772. Le 4 de ce mois le sieur Desessarts a débuté aux François dans le rôle de *Lisimon* du *Glorieux*, & dans celui de *Lucas* du *Tuteur*. Il continue de représenter dans divers autres rôles dits *à manteau* & de paysan. Cet acteur, homme très-puissant, a une voix forte, & une bonne physionomie. Il est bien placé dans l'emploi auquel il se destine; il met beaucoup de franchise, de naturel & de vérité dans son jeu. Le sieur Bonneval qui se retire, laissera un vuide dans son genre qu'il est essentiel de remplir.

16 *Octobre* 1772. On étoit fort empressé de connoître l'auteur du livre *de la Félicité publique*. Cet ouvrage parvenu depuis plusieurs mois dans ce pays-ci, ne commence à se répandre que depuis peu & à faire une sorte de bruit. On sait aujourd'hui qu'il est de M. le chevalier de Chatellux, qui s'étoit déja distingué par quelques comédies jouées en société avec succès, mais qui dans le genre politique & de la morale déploie des talents bien supérieurs. On lui reproche cependant beaucoup de paradoxes & surtout un essentiel, servant de base à tout son système, savoir, que les monarques de notre génération sont plus philosophes que les précédents, & les peuples conséquemment plus heu-

reux ; en un mot, que la politique est mieux entendue, & l'art des gouvernements moins imparfait : assertion précisément contraire à celle de M. de Guibert dans son excellente introduction, qui elle seule vaut mieux que tout le traité en question.

27 Octobre 1772. On étoit fort empressé de savoir quel étoit l'auteur de la préface du poëme *sur le bonheur* de M. Helvetius, qui fait grand bruit. On l'avoit d'abord attribuée à Duclos, mais les connoisseurs l'ont jugée bien supérieure à tout ce qu'a fait cet académicien, d'un mérite trop inférieur à sa réputation : on a prétendu ensuite qu'elle étoit de M. Saurin, qui écrit en vers avec assez de hardiesse & d'énergie, mais dont la prose n'est point assortie à celle-ci : on a fait aussi l'honneur au baron d'Olbac de le nommer ; mais le jargon tudesque de cet allemand auroit subi en cette occasion une métamorphose trop merveilleuse : on a éclairci aujourd'hui que l'ouvrage est de monsieur le chevalier de Chatellux, l'auteur de la *Félicité publique*.

18 Octobre 1772. *La Réponse du Chinois*, qu'on avoit attribuée à M. de Voltaire, est de M. de la Condamine. Ce n'est pas un petit honneur pour ce dernier, qu'on ait pu un instant prendre le change, & confondre sa verve octogénaire avec celle du vieillard de Ferney.

18 *Octobre*. Dans un souper de virtuoses donné chez l'auguste Clairon, si connue par ses talents au théâtre, si avide de célébrité, cette actrice lasse de l'engourdissement du public à son égard, a voulu faire parler d'elle par quelque singularité remarquable. En effet, elle a

imaginé de faire dans cette fête l'apothéose de M. de Voltaire. On avoit placé pompeusement le buste de ce grand homme au milieu de l'assemblée, & là le sieur Marmontel, le coryphée de la maison, a présenté une ode composée en l'honneur du nouveau dieu du Pinde. Mlle. Clairon l'a lue avec son enthousiasme le plus véhément, & l'assemblée a beaucoup applaudi.

M. de Voltaire a été bientôt instruit de cette grande cérémonie ; il en a témoigné sa reconnoissance par la réponse suivante :

 Les talents, l'esprit, le génie
 Chez Clairon sont très-assidus ;
 Car chacun aime sa patrie
 Et chez elle ils se sont rendus
 Pour célébrer certaine orgie
 Dont je suis encor tout confus :
 Les plus beaux momens de ma vie
 Sont donc ceux que je n'ai pas vus !
 Vous avez orné mon image
 Des lauriers qui croissent chez vous ;
 Ma gloire en dépit des jaloux
 Fut en tous les temps votre ouvrage.

M. de Voltaire rend ainsi le change à mademoiselle Clairon, en assurant qu'elle a beaucoup contribué au succès de ses dernieres tragédies : obligation qu'il lui a en effet, ainsi qu'au sieur le Kain.

19 Octobre 1772. *Entretiens libres des puissances*

de l'Europe sur le bal général prochain, avec cette épigraphe : *qui potest capere capiat*. C'est un livre récemment arrivé d'Angleterre, recueil d'énigmes qui ne valent pas la peine qu'on pourroit se donner de les déchiffrer. On n'y trouve ni faits, ni anecdotes, ni esprit, ni méchanceté, ni plaisanterie. Il n'est ni politique, ni comique, ni satirique ; en un mot, c'est un de ces ouvrages très-plats qui ne se débitent qu'à la faveur du galimatias dont l'enveloppe l'auteur, & de la singularité qu'il affiche. Deux estampes dont il est enrichi, font ce qu'il y a de mieux dans le livre, quoique l'une signifie peu de chose, malgré la clef qu'on en donne : l'autre est un amphigouri, que le diable ne comprendroit pas.

20 *Octobre* 1772. Il vient de nous arriver deux nouveaux pamphlets de M. de Voltaire ; le premier a pour titre : *la voix du curé sur le procès des serfs du mont Jura*. Il faut se rappeller le procès des habitants de St. Claude contre les chanoines de ce lieu, ci-devant bénédictins, qui vouloient les empêcher de réclamer contre la servitude où ils les opprimoient suivant leurs prétendus droits, par lesquels ils les regardoient comme esclaves *main-mortables*. Ce mot vient, suivant l'écrivain, de ce qu'autrefois, lorsque les maîtres n'étoient pas contents des dépouilles dont ils s'emparoient dans les chaumieres de ces malheureux après leur mort, ils les faisoient déterrer ; on coupoit la main droite à leurs cadavres, & on la présentoit en cérémonie aux seigneurs, comme une indemnité de l'argent qu'ils n'avoient pu ravir à leur indigence.

Ils font esclaves dans leurs biens & dans leurs personnes ; s'ils demeurent dans la maison de leurs peres & meres, & s'ils y tiennent avec leurs femmes un ménage séparé, tout le bien appartient aux moines à la mort des premiers, sans que les maîtres soient obligés de payer les dettes des défunts.

Si un étranger vient habiter un an & un jour dans cette contrée barbare, il devient esclave des moines, ainsi que les autres habitants ; s'il acquiert ensuite une fortune dans un autre pays, elle appartient aux moines, ils la revendiquent au bout de l'univers par le droit de poursuite.

Si ces moines peuvent prouver qu'une fille mariée n'ait pas couché dans la maison de son pere la premiere nuit de ses noces, mais dans celle de son mari, elle n'a plus de droit à la succession paternelle : dans les cas douteux, on lance des monitoires, pour faire venir à révélation du fait.

Il paroît par ce mémoire, qu'un droit aussi barbare qui a déja reçu des atteintes par divers arrêts du parlement de Besançon & entr'autres par celui du 22 juin 1772, n'est pas encore radicalement détruit ; ce qui excite de nouveau le zele & l'enthousiasme de M. de Voltaire, qui s'explique aujourd'hui par l'organe du curé.

Il est affreux en effet que des moines, au nombre de 20 environ, réduisent à l'esclavage 12,000 citoyens, d'autant que, d'après une dissertation sur l'abbaye de St. Claude, ses chroniques, ses légendes, ses chartes, ses usurpations, & les droits des habitants de cette terre, leurs titres font fuppofés, & des faux, faits au douzieme & treizieme fiecle, fuivant les jurifconfultes les plus éclaircis.

Le philofophe de Ferney, après avoir raifonné dans le premier article de cet ouvrage; fe livre à fon imagination exaltée, donne une vifion à fon curé, lui fait apparoir Jefus-Chrift, & tenir à l'homme Dieu une converfation très-plaifante & peu de la gravité du mémoire, avec le pere cellerier de ces moines.

Dans le troifieme article, l'auteur fait intervenir quelques nouveaux chanoines depuis la féculari-fation de 1742, qui n'étant point imbus des maxi-mes tyranniques de leurs prédéceffeurs & de leurs anciens, confentiroient volontiers à l'extinction de leur droit barbare, mais qui n'étant point en plus grand nombre, gémiffent fur la dureté de leurs confreres.

On trouve dans ce petit écrit le même genre d'éloquence de l'auteur en faveur de l'humanité, joint au même efprit fatirique contre les moines, l'églife & la religon.

Le fecond ouvrage a pour titre : *Lettre de M. l'abbé Pinzo, au furnommé Clément XIV, fon ancien camarade de college, qui l'a condamné à une prifon perpétuelle, après lui avoir fait deman-der pardon d'avoir dit la vérité.*

On voit par cet argument combien le faint pere doit être mal équipé par M. de Voltaire, qui n'en recevra pas certainement un bref auffi flatteur que celui que lui adreffa Benoît XIV. On ne fait qui peut l'avoir ulcéré contre fa fain-teté, mais on ne peut la maltraiter plus durement qu'il le fait. Le prétendu abbé Pinzo lui rappelle fa baffe extraction, lui reproche fon ambition, son hypocrisie & la cruauté. M. le maréchal de Biron ne sera sans doute pas content de s'y voir turlupiné ; mais apparemment que M. de Voltaire ne le craint pas, ayant pour lui M. le chancelier.

21 Octobre 1772. Le jeune *Vestr'Allard*, après avoir été l'objet des complaisances & de la joie de ses pere & mere, est aujourd'hui un objet de schismes entr'eux. La Dlle. Allard le réclame, & veut l'avoir sous sa domination : le sieur Vestris lui reproche de l'avoir négligé jusqu'à présent, de lui avoir laissé le soin & les frais de son éducation ; ce qui annonceroit qu'elle ne veut s'en emparer que pour toucher ses bénéfices. De-là un grand procès, que leurs partisans cherchent à éviter.

22 Octobre 1772. Les artistes, toujours jaloux les uns des autres, se déchaînent aujourd'hui contre le nouveau pont de Neuilly & le critiquent dans toutes ses parties. Ils n'en aiment point les piles arrondies, qui, suivant eux, sont mesquines & ressemblent à de petites jambes sous un corps colossal : ils prétendent d'ailleurs qu'elles ne rompent pas le fil de l'eau aussi bien que les carnes tranchantes, & ne lui donnent pas conséquemment cette rapidité nécessaire pour passer plus sûrement sous les arches. Ils veulent aussi que l'échappement de la vive-arrête du ceintre & son évalement en ôtent toute la grace. Ils en critiquent jusques à la légéreté, en disant qu'un pont doit être un monument solide, noble, imposant, & non élégant & agréable ; enfin ils se plaignent qu'on en ait surbaissé les arches, tandis que rien n'y obligeoit. Cette censure part, au gré des gens

de goût & des connoisseurs impartiaux, plutôt d'un esprit d'envie que d'une intelligence bien raisonnée.

23 Octobre 1772. On peut se rappeller un trait inséré dans les gazettes, il y a quelque temps, sur l'empereur régnant, qui se plaît à voyager incognito & à connoître ainsi la vérité qu'on déguise trop souvent aux souverains. Ce trait de justice concerne une pauvre femme, qui se plaignit des vexations qu'elle éprouvoit de la part de certains traitants, &c. M. le Blanc a imaginé de composer un drame sur cette anecdote, ce qu'il a exécuté. Il est intitulé *Albert*; il a trois actes : les comédiens le répetent à présent, & doivent le donner incessamment.

24 Octobre 1772. C'est après-demain lundi qu'on doit jouer la piece nouvelle dont on a parlé : elle est annoncée sous le titre d'*Albert premier*, ou *Adeline*, comédie en trois actes & en vers. Si elle réussit, elle sera jouée vraisemblablement à Fontainebleau.

26 Octobre 1772. Le nouvel acteur de la comédie Italienne prend avec fureur : au plus bel organe du monde, il joint une figure noble & intéressante; il fera bientôt oublier le sieur Caillaud, si ce succès continue.

27 Octobre 1772. La comédie d'*Albert premier*, ou d'*Adeline*, annoncée pour hier, & dont on parloit avec beaucoup d'emphase, n'a point eu lieu ; elle a même disparu tout-à-fait de dessus l'affiche. On prétend qu'elle a été arrêtée à la police. Il est étonnant que les comédiens qui ont été ainsi dans le cas de frustrer le public dans son attente, par leur négligence à remplir cette formalité avant d'afficher une piece, s'y laissent pren-

dre si souvent. Celle-ci étoit d'autant plus dans le cas de cette précaution préliminaire, que prêtant à beaucoup d'allusions sensibles, & étant une critique indirecte du gouvernement actuel, elle pouvoit aisément trouver des observations & des difficultés. La secte des économistes, est en déroute de l'aventure & jette les hauts cris.

27 *Octobre* 1772. M. de Voltaire vient de répandre encore de *nouvelles probabilités en fait de justice*, où il fait un dernier effort pour les faire pencher du côté du comte de Morangiès. Il se sert de son arme ordinaire, & couvre le plus qu'il peut de ridicule les adversaires du maréchal-de-camp. Sa partialité ordinaire éclate plus que jamais dans cet écrit, & pour cette fois l'apôtre de l'humanité paroît absolument vendu à la faveur. Cette défense est beaucoup plus foible que les premieres, & l'orateur finit par insinuer que le comte de Morangiès pourroit bien perdre au fond, quoiqu'il n'eût tort que dans la forme : mais il prétend que son honneur sera toujours intact aux yeux des honnêtes gens, & que ses adversaires en gagnant n'en seront pas moins couverts d'infamie.

28 *Octobre* 1772. L'académie royale de musique a remis hier sur son théatre des fragments, composés de *l'acte de Pygmalion*, de celui de *Tyrtée*, un des actes des *Talents lyriques*, & de celui du *Devin de Village*. Ces morceaux rebattus, mais toujours agréables au public, lorsqu'ils sont bien exécutés, l'ont été si mal qu'ils ont été hués.

28 *Octobre*. On écrit de Brest que le comte d'Estaing a été attaqué de coliques violentes, qui l'ont déterminé à rompre son expérience, & à ne

plus coucher à bord du vaisseau qu'il avoit fait lester d'eau de mer; en sorte qu'il se détache de tout projet à cet égard.

28 Octobre 1772. M. Piron ayant essuyé depuis peu une chûte, qu'il dit plaisamment être la plus grave qui ait été faite depuis celle d'Adam, ne s'est pourtant fait aucun mal ; elle a donné lieu à la saillie suivante de sa part, qu'on peut regarder comme une espece d'épitaphe:

J'acheve ici-bas ma route,
C'étoit un vrai casse-cou,
J'y vis clair, je n'y vis goute,
Je fus sage, je fus fou ;
A la fin j'arrive au trou
Que n'échappe fou ni sage,
Pour aller.... je ne sais où:
Adieu, Piron, bon voyage.

29 Octobre 1772. Il paroît une *Epître à Horace* de M. de Voltaire, de près de 300 vers. Le philosophe poëte François tâche de s'y rendre digne du poëte philosophe Romain: il semble lui avoir dérobé sa lyre. Cette nouvelle production est pleine de graces, d'imagination, de raison & de sel.

30 Octobre 1772. Les ouvriers employés aux travaux & réparations du colisée ont tellement remué auprès de M. le lieutenant-général de police, que celui-ci a menacé les entrepreneurs apparents de les faire constituer prisonniers, s'ils ne se mettoient en regle vis-à-vis d'eux..... Ceux-ci qui avoient éludé jusques-là d'annoncer les pro-

priétaires utiles, ont enfin déclaré qu'ils n'étoient que prête-noms. Trois matadors de la finance sont les vrais chefs de l'affaire : ce sont les sieurs *Dangé*, *de Peyre* & *Mazieres*, trois fermiers-généraux ; au moyen de quoi les pauvres diables sont rassurés & comptent être payés sûrement.

30 Octobre 1772. La piece d'*Albert premier* semble proscrite sans retour. Madame la dauphine avoit demandé qu'elle fût jouée à Fontainebleau, mais le ministere s'y est opposé, & c'est de la cour qu'est émané, à ce qu'on assure, la défense de la donner à la ville.

31 Octobre 1772. Les comédiens Italiens doivent donner aujourd'hui le *Billet de Mariage*, comédie en trois actes mêlée d'ariettes ; les paroles sont de M. Desfontaines, la musique est de M. de la Borde, cet auteur de musique infatigable, qu'aucun échec ne décourage. Des épigrammatistes annoncent déja plaisamment que le *Billet de Mariage* pourroit bien être un *billet d'enterrement*.

31 Octobre. Monsieur le marquis de Chauvelin, tour-à-tour négociant & guerrier, se repose aujourd'hui au sein de la paix & des arts : à l'olive, au laurier qui couronnent son front, il joint le myrthe. Ami de son roi, il en partage les plaisirs : quelquefois il se dérobe au tumulte de la cour & vient se réjouir au milieu de sa famille. C'est dans une de ces fêtes qu'est éclose la piece de vers suivante.

On jouoit à la campagne au gage touché. M. Léonard eut pour punition l'obligation de faire sur le champ un conte des fées ; il fit cet impromptu : un des plus galants & des plus heureux qu'on puisse trouver.

Conte

Conte des Fées, par M. Léonard, à madame la marquise de Chauvelin, en jouant au gage touché.

Il étoit une fée aussi douce que belle,
    Les arts formoient ses attributs,
    On voyoit marcher auprès d'elle
    Et les talents & les vertus ;
Mais des graces sur-tout elle étoit le modele,
On admiroit sa voix, son souris, son regard,
Cet air de fuir l'éloge & d'oublier ses graces,
    D'attirer comme par hasard,
Et sans l'avoir voulu, tous les cœurs sur ses traces.
Elle avoit un époux, l'ornement de sa cour,
    Grand guerrier, profond politique,
Possédant l'art de plaire, autant que la tactique,
Et qui servoit la Gloire, Apollon & l'Amour.
Une autre fée (1) encor habitoit ce séjour,
Elle joignoit alors au feu du premier âge
De la maturité le solide avantage :
Tel est dans son état le midi d'un beau jour.
Des enfants dignes d'eux ajoutoient à leur gloire...
Mais qu'entends-je, une voix au moment où j'écris,
Semble me dire : arrête! ami, tu t'es mépris ;
On te demande un conte & tu fais une histoire.
    Ma Muse a manqué son objet.

---

(1) La mere de madame de Chauvelin.

Mais fur votre indulgence eft-ce à tort que je compte!

C'eft bien votre faute en effet,

Si ce récit n'eft pas un conte.

1 *Novembre* 1772. On fait la divifion qui regne à l'opéra entre Mlle. Heynel & le fieur Veftris; elle eft telle que ces deux coryphées ne veulent point danfer enfemble. Cependant à Fontainebleau madame la dauphine ayant defiré voir un pas de deux danfé par eux, ils n'ont pu s'y refufer & ils l'ont exécuté délicieufement. Les directeurs ont voulu profiter de cette circonftance pour en étayer les *fragments* qu'ils viennent de remettre, & ils ont inféré de pas de deux dans les ballets. Mais cet accouplement a tellement déplu à Mlle. Heynel, que dès le commencement du pas elle a fait femblant de fe donner une entorfe, & s'eft retirée. Du moins c'eft une malice dont on l'accufe. Ses partifans affurent que fon accident eft vrai: mais il paroît que le public n'en eft généralement pas la dupe. Les directeurs font outrés de leur côté & veulent faire révoquer le congé que cette danfeufe avoit obtenu pour aller paffer fon hiver en Angleterre.

3 *Novembre* 1772. *Le bon fens* ou *idées naturelles oppofées aux idées furnaturelles*. Tel eft le titre d'un livre annoncé depuis quelque temps & divifé en 206 paragraphes. C'eft un vrai catéchifme d'athéifme, mais ufuel, à la portée de tout le monde, des femmes, des enfants, des gens les plus groffiers & les plus ignorants: & c'eft en cela qu'il eft à craindre qu'il ne faffe beaucoup de profélytes & ne foit infiniment plus dangereux que les

traités savants sur cette matiere. L'auteur ne se sert que de raisonnements très-simples, d'apologues sensibles & propres à dévoiler efficacement l'inconséquence & l'absurdité prétendues de toutes les religions, même du déisme & du théisme. Les prêtres vont être plus furieux que jamais, d'autant qu'on y fait voir qu'ils sont les seuls intéressés à maintenir le monde dans une éternelle enfance, si l'on excepte les despotes, dont les intérêts mieux entendus encore les engageroient à chercher une base plus solide & plus glorieuse à leur puissance. Cet ouvrage est écrit purement, mais sans enthousiasme, & d'un style assorti au plan du philosophe. Il est diffus & se répete souvent, comme tous ceux qui se méfient de l'intelligence de leurs lecteurs & veulent inculquer leurs idées profondément & d'une maniere imperturbable.

4 *Novembre* 1771. *Jean Hennuyer, évêque de Lizieux: drame en trois actes.* C'est un nouvel ouvrage arrivé tout récemment d'Angleterre, & qui mérite une discussion particuliere.

4 *Novembre.* Quoiqu'on ait renoncé à finir le Louvre de long-temps, & qu'on ait pris le parti d'enlever les débris des échafauds qui tomboient en pourriture, on s'occupe pourtant de quelqu'embellissement extérieur. On fait déblayer la place en face de la colonnade, on la dégage de toutes les petites échoppes qu'on y avoit établies, & l'on se propose, quand le sol sera bien nivellé, bien égal, d'y mettre des gazons, qu'on encadrera; ce qui formera un coup d'œil agréable, & laissera toute la facilité de voir le point de vue de ce bel édifice.

5 *Novembre* 1771. *Le propos indiscret* n'est

qu'un petit pamphlet d'une feuille : c'est un commentaire d'une phrase de M. le duc de la Vrilliere aux députés des états de Bretagne. Ce ministre, lors de l'approche de leur ouverture, leur écrivit pour les prévenir que s'ils s'occupoient du rappel du parlement, les états seroient cassés dans trois jours. On fait voir toute l'indécence de cette menace, également contraire aux droits des peuples & à la légitime autorité du monarque.

7 Novembre 1772. M. de la Borde fait répéter actuellement à l'opéra son *Adele de Ponthieu*; nouvelle tragédie lyrique, qu'il est question de jouer. Comme cet ouvrage est dans le grand genre, & qu'on le juge de beaucoup au dessus des forces du compositeur, on ne doute pas qu'il n'échoue une seconde fois. Ses amis en tremblent pour lui.

8 Novembre 1772. L'académie royale des sciences vient de donner son approbation à l'invention nouvelle d'un *poële hydraulique, économique & de santé*, qui par un bain-marie combiné sagement avec les matieres combustibles, tempere la chaleur seche du bois par la chaleur humide de l'eau bouillante; en sorte qu'il en résulte un air mollement imprégné de vapeurs douces très-salubre, & une grande épargne sur la dépense. La faculté de médecine a aussi applaudi à cette découverte, & par un décret qu'elle a rendu à ce sujet, annonce tous les avantages qui en résultent pour ceux que les poëles ordinaires incommodent.

9 Novembre 1772. Il est des gens qui regrettent la piece du *Billet de mariage*, & prétendent qu'elle pourroit reparoître avec avantage. Elle roule sur une anecdote assez singuliere de la vie du pere du roi de Prusse. Ce monarque, qui aimoit les hommes de grande taille, ayant rencontré à la chasse une paysanne jeune, très-grande & bien faite, eut l'idée de la marier au plus bel homme de ses gardes ; il donna un billet à cette villageoise, sous le prétexte d'une commission pour le colonel qui les commandoit. Il lui mande de marier sur le champ, avec une dot, celle qui lui remettroit son billet, au vigoureux grenadier qu'il désignoit. La jeune personne, arrêtée par quelqu'autre objet, qui ne connoissoit pas le roi, ne tenant pas grand compte de la lettre, en chargea une vieille paysanne. L'ordre de S. M. étoit précis & l'officier n'osa prendre sur lui de différer. Il fit ce bizarre accouplement, dont le prince rit beaucoup à l'éclaircissement. On sent effectivement qu'il y avoit un parti excellent à tirer de cette plaisante aventure.

10 *Novembre* 1772. Un des livres contre la religion le plus dangereux par son adresse, sa logique & son érudition, c'est sans contredit *l'examen des apologistes de la religion chrétienne*, attribué au savant Freret. On vient d'imprimer des *recherches sur les miracles*, qu'on suppose émanées de lui & qui ne tendent pas moins que celui-là à la destruction du christianisme, en l'attaquant dans une de ses parties essentielles, dans son état le plus propre à en imposer au vulgaire crédule.

L'auteur quelconque du nouveau traité établit, 1°. Que l'on a soutenu de tout temps dans l'église que les miracles ne prouvoient point par eux-mêmes la vérité du parti dans lequel ils s'étoient faits.

2°. Que la principale preuve d'une religion véritable devoit être à la portée de tous les hommes.

3°. Qu'il est très-difficile de constater les miracles.

4°. Que les monuments, les fêtes & la tradition ne prouvent pas la vérité des miracles.

5°. Qu'on prend souvent pour miracles des choses très-naturelles.

6°. Que l'imagination produit souvent des choses extraordinaires, que l'on prend pour des miracles.

7°. Qu'on ne sauroit trop se défier de l'imposture en matiere de miracles.

8°. Qu'il faut se mettre en garde contre la crédulité des prêtres & des peuples en matiere de miracles.

9°. Que les païens, les juifs, les mahométans & presque toutes les sectes chrétiennes ont soutenu qu'il se faisoit dans leur parti des miracles qui prouvoient pour eux.

D'où le philosophe conclut, qu'il faudroit que, pour qu'une religion fût reconnue pour vraie, qu'elle eût des preuves bien plus claires & plus sensibles que celles tirées des miracles, qui, comme il le démontre, ou ne prouvent rien, ou prouvent également pour toutes les religions de la terre.

On ne peut qu'admirer l'art avec lequel l'auteur de ce traité emprunte ses armes de chez ses adversaires mêmes, & les combat par leurs propres raisonnements. Du reste, même simplicité de style, même clarté, même sens froid, que dans l'*examen des apologistes*, &c. ce qui feroit assez présumer que cet écrit soit, en effet, de la même plume.

11 *Novembre* 1772. Les ennemis du sieur Soufflot, architecte de la nouvelle église de sainte Genevieve, triomphent en ce que voilà l'année des travaux qui expire, sans que la coupole soit encore élevée. Celui-ci ne paroît point ému de ces rumeurs : il dit qu'il a voulu prévenir un inconvénient très-ordinaire en France aux édifices modernes, & dont on voit un exemple sensible dans l'église de saint Sulpice; c'est que lorsque l'essentiel est fini, on retire les secours nécessaires pour les embellissements, & l'ouvrage reste imparfait. Il a donc préféré de faire terminer les ornements extérieurs pour ne faire sa coupole qu'à la suite. D'autres veulent qu'il ait senti la force des objections de son adversaire, le sieur Patte, & qu'il s'occupe sérieusement à chercher les moyens de parer aux inconvénients qu'il lui annonce comme démontrés géométriquement.

12 *Novembre* 1772. Le drame de *Jean Hennuyer*, en trois actes & en prose, est dans le goût de la piece de *François second*, de M. le président Haynault, c'est-à-dire, qu'il roule sur des faits historiques & en embrasse une grande quantité, quoique compris sous une seule époque, qui est le *massacre de la saint Barthelemi* du 24 Auguste 1572, & en cela il est infiniment plus régulier que le modele, puisque l'auteur y a conservé les trois unités. On voit par le fond de ce riche drame, combien il doit être aussi supérieur aux autres de la même espece joués sur la scene, tels que le *Fils naturel*, le *Pere de famille*, par le grand intérêt qui en fait le pivot. Des situations romanesques & invraisemblables ne peuvent approcher

de celles que nous présente un plan établi d'après des détails qu'on trouve dans tous les mémoires du temps. Le mérite du poëte consiste donc, non dans l'invention, mais dans l'art de les avoir rapprochés & adaptés à un sujet simple & unique. Du reste, ses caracteres sont bien tragiques: on y trouve des oppositions, des repoussements, & les ombres nécessaires pour les faire ressortir. Point de hors-d'œuvre, d'incident étranger ou ridicule: la piece marche & parvient à une catastrophe heureusement déterminée, après avoir fait passer le lecteur par les diverses révolutions dont est susceptible le cœur humain.

Il paroît au surplus que ce drame n'est qu'un cadre intéressant, dont l'écrivain s'est servi pour amener plus naturellement & en action quelques dissertations vives sur la résistance qu'on doit opposer aux ordres du souverain, quand ils répugnent au bon sens, à l'humanité, à la nature, à la religion; pour faire sentir l'absurdité d'une obéissance aveugle & passive, comme les despotes l'exigent, & comme voudroient la faire adopter les apôtres du ministere actuel; pour inculquer, au contraire, cette force d'inertie si essentielle & si efficace dans les temps critiques & orageux.

On conçoit par cet exposé combien l'ouvrage doit être rare & proscrit: il est précédé d'une préface vigoureuse, écrite avec beaucoup d'énergie, où l'on répand des vérités dures à entendre aux rois, mais salutaires & qu'on ne sauroit trop divulguer. Le style du drame est plus simple, quoique d'un coloris fort & rembruni dans les morceaux qui l'exigent, & sur-tout dans la description du massacre de la saint Barthelemi.

13 Novembre 1772. Mlle. Dubois, qui depuis

long-temps étoit à la comédie Françoise, comme n'y étant point, puisqu'elle ne jouoit presque plus, a satisfait enfin au desir de ses camarades & a déclaré qu'elle se retireroit. Elle est dans la plus amere douleur de la mort de M. Gauthier, son amant; elle l'affiche avec toute l'affectation digne de son état de comédienne, & ne veut point le céder aux illustres désespoirs des Préville, des Hus, des Allard, des Peslin, &c. Elle est depuis ce temps renfermée dans l'intérieur de son appartement, elle se refuse à tous les genres de dissipation & à voir qui que ce soit. Comme cette actrice a la tête très-foible, ses amis craignent que ces vapeurs excessives ne la lui tournent tout-à-fait.

14 Novembre 1772. On annonce un tableau de Raphaël d'Urbin, qu'un arracheur de dents, brocanteur, intrigant, &c. nommé le Roy de la Faudiniere, a acheté dans une vente pour moins d'une pistole & qu'il veut vendre cinquante mille écus. Il prétend prouver l'origine de ce tableau du grand maître en question, par la gravure qui en a été faite dans le temps & qu'il a aussi retrouvée par un hasard heureux. En effet, il ne paroît pas douteux que le sujet pareil n'ait été traité par Raphaël; mais celui-ci est-il l'original ? n'existe-t-il dans aucun des cabinets de tableaux de l'Europe ? n'a-t-il pas péri dans des circonstances désastreuses, ou n'est-il pas ignoré en quelque coin comme l'étoit le tableau d'aujourd'hui ? Ce sont des questions qu'il s'agit d'éclaircir. Au reste, le possesseur ne semble pas craindre l'examen des curieux & des artistes. Après avoir restitué ce trésor dans toute sa beauté, il l'a enrichi d'un cadre superbe; il l'a intitulé *Raphaël d'Urbin*, de son autorité

& il le montre sans difficulté à tous les amateurs, qui veulent l'aller voir.

15 *Novembre* 1772. On fait actuellement les répétitions d'*Adele de Ponthieu* à l'opéra. La cessation des spectacles à Fontainebleau va mettre les acteurs en état d'exécuter incessamment celui-ci. Le sieur de la Borde s'est fait étayer pour la musique de quelques artistes & sur-tout du sieur le Berton. On n'épargne rien pour la magnificence extérieure, & les menus devoient prêter les habillements de *la Tour enchantée*, spectacle donné pour le mariage de madame la dauphine, & dont la richesse frappe d'étonnement tous les spectateurs.

17 *Novembre* 1772. La lettre écrite au roi par la noblesse de Normandie est noble, ferme & respectueuse; elle y expose dans toute leur étendue l'infraction des droits de la province, l'excès du despotisme sous lequel elle gémit, & qui s'appésantit journellement sur la tête des citoyens; mais elle en rejette toute l'iniquité sur les abus d'un ministere oppressif, & sur l'obsession où il tient le monarque. C'est donc à sa justice éclairée qu'elle a recours pour remédier à ses maux : elle n'invoque que S. M. contre S. M. même.

L'article de l'exil des princes y est traité fort adroitement & de façon à devoir les intéresser à concourir à cette requête par de nouvelles instances qu'ils auroient faites par écrit, sorte de moyen de parvenir au trône qui ne leur est pas interdit.

Cependant, c'est contre un acte de liberté aussi naturel, aussi légitime, que l'on sévit de la façon la plus absolue & la plus méprisante. Un nommé

Chenon, commissaire au châtelet de Paris, & le sieur d'Emmery, exempt de police, si fameux pour les captures, ont été envoyés seuls & sans autre appareil de magistrats & de défense, ils vont de château en château & forcent chaque gentilhomme à se rétracter, ou lui signifient une lettre de cachet qui le dépayse & l'exile en un lieu, qu'ils remplissent suivant leurs instructions. La douceur avec laquelle cette mission s'exécute, & l'existence de ces deux individus qui dans des temps plus orageux auroient disparu pour toujours depuis long-temps, sont une preuve bien sensible de la soumission de cette noblesse qu'on punit comme turbulente.

18 Novembre 1772. On trouve dans le second volume de *l'Histoire Politique du commerce des Européens dans les deux Indes*, page 179 & suivantes, imprimée il y a deux ans, une prédilection littérale & entière de la révolution arrivée en Suede. Cette anecdote singuliere a frappé les curieux & l'on est à même de vérifier la chose.

19 Novembre 1772. Avant-hier Mlle. *Virginie*, nouvelle débutante à l'opéra pour remplir les rôles de Mlle. Arnoux, a chanté pour la premiere fois un morceau séparé. L'emphase avec laquelle on l'avoit annoncée, avoit engagé beaucoup d'amateurs à s'y rendre. On a trouvé sa voix assez onctueuse: mais elle est si gauche sur la scene, qu'elle a déplu généralement; cependant on ne peut encore rien prononcer définitivement sur son compte.

20 Novembre 1772. Un nommé *Dupré*, à force de combinaisons chymiques, avoit retrouvé l'invention du *feu grégeois*, c'est-à-dire, de ce feu qui se développe dans l'eau & n'en acquiert que plus d'activité. Le gouvernement, auquel il avoit offert son secret, avoit eu la sagesse de ne vouloir pas employer ce funeste moyen de multiplier la destruction de l'humanité, & lui avoit fait en même temps une pension pour qu'il ne le vendît à aucune puissance. L'inventeur moderne vient de mourir, & l'on craint qu'on n'ait trouvé dans ses papiers des renseignements sur son art détestable ; on a pris toutes les précautions possibles pour prévenir les suites d'une telle promulgation.

21 *Novembre* 1771. Une contestation est prête à s'élever entre M. le prince de Nassau (Mailly, car il n'est pas reconnu prince en Allemagne) & Mlle. Fleury, une des impures très-renommées, qui excite actuellement les hommages de nosseigneurs. Celle-ci a vécu long-temps avec M. le prince de Nassau : il l'a quittée grosse, il en est venu un enfant, dont elle a déclaré à l'église pour père le prince en question : il a en conséquence été baptisé sous son nom. Celui-ci absent a été fort alarmé de cet événement ; il a fait des démarches pour se faire rayer de l'acte baptistaire, & comme cela n'est pas possible, il est en instance pour l'exiger en justice. On ne doute pas qu'il ne perde : l'usage constant de ce pays-ci étant qu'une fille, même publique, ayant pour elle la notoriété de l'habitation préalable, en soit crue sur sa simple déclaration ; ce qui donne au bâtard le droit d'exiger ensuite en justice une pension alimentaire de son pere.

L'enfant devoit être tenu par Mlle. Arnoux & par monsieur de Segur. Mais la premiere étant aux eaux de Spa, lors des couches de mademoiselle Fleury, le dernier n'a paru que par procuration. Ce qui lui a évité une rixe avec le prince de Nassau, qui lui attribuoit ce mauvais tour.

25 *Novembre* 1772. Il y a une grande fermentation dans le tripot comique à l'occasion du sieur Molé, qui dans un comité des histrions a dit des choses dures à la dame Préville. Son mari a pris fait & cause pour elle; ils ont porté des plaintes aux gentilshommes de la chambre : on a exigé que l'insolent fît des excuses à l'insultée : ce superbe personnage s'y est refusé, & a préféré de demander sa retraite; il doit quitter à pâque. Les amateurs du théatre esperent que cela se raccommodera d'ici-là; *querelle de vilains ne durent pas d'ordinaire*, & le sieur Molé sentira le danger de perdre ainsi huit à dix mille livres de rentes pour un faux point d'honneur.

27 *Novembre* 1772. M. le comte de Lauraguais, absent depuis plus d'un an de France, est à la veille d'y revenir. Avant qu'il prit ce parti il a engagé M. le duc son pere à en demander l'agrément au roi. Sa majesté a répondu à cet égard d'une façon très-indifférente. Il paroît que le mémoire de ce seigneur, dont on a rendu compte & qui auroit dû naturellement lui faire tort, n'a produit aucune sensation à la cour. Il est bientôt tombé dans l'obscurité, & il n'a servi qu'à prouver que son auteur n'entendoit pas même le mauvais latin des capitulaires de Charlemagne.

28 *Novembre* 1772. Le sieur Thierrot est mort depuis peu de jours âgé de soixante & seize ans. Il avoit l'honneur d'être depuis long-temps le correspondant littéraire du roi de Prusse : il s'étoit même acquitté de cette fonction, lorsque ce mo-

narque n'étoit que prince royal. C'est un homme de lettres qui n'avoit rien produit, mais puissamment riche des productions des autres, il avoit la tête meublée d'une quantité d'anecdotes extrêmement curieuses, & qu'on craint de perdre, parce qu'il n'écrivoit rien, se fiant beaucoup à sa mémoire. Il étoit bibliographe, & se connoissoit très-bien en livres.

On lui fait le reproche d'avoir été l'espion de M. de Voltaire ; c'est-à-dire d'avoir entretenu une correspondance réguliere avec ce grand poëte, où il lui rendoit habituellement compte des ouvrages qui paroissoient contre lui, lui désignoit ses ennemis, le mettoit sur leur piste, & lui fournissoit tous les matériaux nécessaires pour exercer ses vengeances implacables. Ce rôle, qu'on auroit pu attribuer à l'amitié intime dans laquelle il avoit vécu avec le philosophe de Ferney, seroit inexcusable, si, comme le prétendent les accusateurs du défunt, il ne l'eût joué qu'à titre de très-humble serviteur de M. de Voltaire & de son gagiste.

29 *Novembre* 1772. On est plus content à l'opéra de Mlle. *Virginie* : dès la seconde fois de son apparition sur la scene, elle y a eu l'air beaucoup moins gauche, & chaque jour elle fait des progrès dans son jeu, qui annoncent sensiblement son intelligence : sa voix plaît beaucoup aussi. Mademoiselle Arnoux, qui cherche à se faire regretter, doit paroître dans l'opéra de monsieur de la Borde, annoncé pour mardi prochain 1 décembre.

29 *Novembre*. On sait que *l'Amoureux de quinze ans* est une piece faite à l'occasion du mariage de monsieur le duc de Bourbon avec mademoiselle

d'Orléans. Messieurs Laujon & Martini, auteurs de cet ouvrage, & qui semblent avoir envie de mettre en opéra comique toute la vie de ces augustes époux, en ont fait une seconde à la naissance du duc d'Enghien : elle a été jouée à Chantilly avec le plus grand succès ; elle a pour titre *le Nouveau né*, & l'on assure que c'est lui qu'on répete aujourd'hui aux Italiens.

30 *Novembre* 1772. Les comédiens François répetent actuellement la tragédie *des Loix de Minos*, de M. de Voltaire. La bonne opinion qu'on en avoit répandue d'abord ne se soutient pas, & l'on dit aujourd'hui cette piece très-médiocre.

30 *Novembre*. Des étrangers se proposent de donner ici un spectacle à machines, considérable, qui représentera le jugement dernier. Comme c'est un spectacle pieux, la police leur avoit permis de construire leur théatre dans l'église de la Coûture sainte Catherine, qui est inhabitée, & qu'il a même été question de démolir pour former un marché dans cet emplacement. Mais quand il a fallu avoir la permission de M. l'archevêque pour la translation des cadavres qui sont en ce lieu, le prélat n'a jamais voulu y consentir ; il s'est même récrié si fortement contre le scandale, que la police a été obligée de rétracter son ordre, & de faire défenses aux entrepreneurs de continuer leurs travaux. Ceux-ci, qui ont déja fait beaucoup de frais, plaident au conseil, tant pour avoir un autre local que pour obtenir une indemnité. Le motif secret du prélat, est que cette église appartenoit aux genovefains, qu'on a transmis à la maison professe des jésuites ; qu'il ne désespere point du retour de ces peres, & qu'il veut toujours

laisser aux usurpateurs un lieu pour se retirer & faire place aux anciens possesseurs.

Les dévots qui n'entrent point dans la politique profonde & rafinée de M. l'archevêque, sont surpris qu'un prélat aussi religieux se soit opposé au spectacle saint dont on a parlé. Ils auroient été fort aises de trouver une occasion de jouir sans péchés d'un tel divertissement, qui peut-être auroit édifié les profanes, & ramené insensiblement ces temps heureux du théâtre en France, où l'on jouoit sur la scene les mysteres de la passion. Les gens de goût, d'un autre côté, gémissent qu'on ait songé un instant à laisser s'établir solidement une farce puérile, capable de nous replonger dans une barbarie superstitieuse, dont nous sommes à peine échappés.

1 Décembre 1772. Hier à la comédie Françoise, un instant avant que la grande piece commençât, un particulier s'est levé dans l'orchestre sur la banquette où il étoit assis, & se tournant vers le parterre il lui a demandé un moment d'audience. La nouveauté du spectacle a suspendu l'attention générale: il a dit qu'il se nommoit Billard, qu'il étoit fils d'un bourgeois, secretaire du roi, receveur des tailles; qu'entraîné par l'amour des lettres il étoit venu à Paris pour y présenter aux comédiens une piece de sa façon, intitulée, *le Suborneur*, piece approuvée par quantité de connoisseurs, mais rejetée par les histrions ; que depuis il avoit inutilement tenté auprès d'eux tous les moyens de la leur faire accepter : qu'indigné de ces refus multipliés, il avoit enfin déclaré une guerre ouverte à leur mauvais goût, qu'il les avoit traités tous en général, & chacun en particulier avec tant de mépris, qu'il ne se flattoit plus de rien

obtenir de tels juges, devenus ses ennemis : mais qu'il en appelloit au parterre assemblé ; qu'il alloit lui lire sa comédie, & que s'il la jugeoit digne de ses suffrages, il attendoit de sa bonté qu'il forceroit par ses acclamations l'aréopage comique à l'accepter. Il se mettoit en devoir de lire son *Suborneur*, lorsqu'un sergent est venu lui mettre la main sur le collet ; il a tiré un instant son épée, qui lui a été arrachée, & on l'a conduit au corps-de-garde. Pour éviter le tumulte on a commencé sur le champ le *Comte d'Essex*, & la tragédie a été écoutée fort tranquillement ; mais entre les deux pieces le sieur Molé étant venu pour annoncer, on ne l'a point laissé parler. Il ne s'est élevé qu'un cri du parterre, pour redemander l'auteur du *Suborneur*. L'acteur confus s'est retiré : le bruit ne faisant qu'augmenter, on a fait entrer trente hommes de garde dans le parterre ; on en a arrêté plusieurs, & cela a fait une scene très-tumultueuse.

Le sieur Billard cependant étoit au corps-de-garde, qui vouloit lire sa piece aux soldats & les faire juges de son procès : on l'a traité comme un fou, & il a été conduit à Charenton.

1 *Décembre* 1772. On a fait une plaisanterie assez méchante sous le nom de l'abbé Lilas, où l'on tourne en dérision l'auguste cérémonie de l'inauguration du buste de M. de Voltaire, exécutée au mois de septembre chez Mlle. Clairon. Cette facétie est attribuée à M. Dorat, maltraité précédemment par M. de Voltaire, & que son attachement au sieur Freron rend ennemi né du parti encyclopédique & de tous ses adhérents.

2 *Décembre* 1772. Quoiqu'on fût assez générale-

ment perfuadé que le nouvel opéra n'auroit aucun fuccès, le public s'y eft rendu avec un empreffement extraordinaire, moins pour la chofe même que pour l'acceffoire des décorations & des habillements.

Dans un avant-propos affez bien écrit, M. de Saint-Marc, auteur du poëme, annonce que le defir de voir fur la fcene la pompe & les ufages refpectables de la chevalerie, fans aucun mêlange fabuleux, a fait naître l'idée de cet opéra.

Rien en effet de plus fimple que le fujet. *Guillaume*, comte de Ponthieu, a pour fil'e *Adele*. Il la donne en mariage à *Alphonfe*, chevalier étranger, parce qu'il ignore la paffion qu'elle a pour *Raymond de Mayenne*, parent du comte & fimple écuyer. Celui-ci apprend que l'époux futur d'Adele a conçu des foupçons fur la vertu de cette belle; il en prend la défenfe, & offre de la foutenir dans un combat fingulier; ce qui donne lieu d'éclaircir l'amour fecret dont il brûle à fon tour pour la princeffe. Il eft vainqueur, & époufe l'héroïne.

Malgré cette fimplicité d'action, cet opéra en trois actes feulement, offre beaucoup de fpectacle, mais roulant entiérement fur les cérémonies de la chevalerie, dont le poëte a emprunté les divers détails de l'excellent ouvrage, où M. de Sainte-Palaye traite à fond cette romanefque & curieufe matiere.

Dans le premier acte s'éleve la querelle entre les deux contendants, & le défi fe donne.

Dans le fecond, Raymond eft armé chevalier par le comte, avec tout l'appareil du cérémonial néceffaire, pour qu'il puiffe paroître contre Alphonfe, déja revêtu de ce grade important.

Le troifieme préfente les divers préparatifs du combat, ce qui le précede, le combat même, & le triomphe du vainqueur.

Pour qu'un tel opéra eût le fuccès defiré, il auroit d'abord fallu de la part du poëte un art fingulier pour jeter de l'intérêt dans les fcenes, y répandre la fenfibilité de l'amour, qui eût contrafté avec les efforts généreux de l'honneur & de la gloire, & remplir par un dialogue tendre tour-à-tour & fublime le vuide du fujet. Il eût enfuite fallu qu'un muficien en état de manier les grandes paffions eût fecondé le premier de tout fon talent, & eût foutenu l'ame dans les tranfports où le poëte l'auroit exaltée : qu'il eût tempéré ces grands mouvements par des airs de fymphonie chantants & agréables, qui euffent de temps en temps donné du repos au fpectateur. Rien de tout cela : le poëme eft d'une féchereffe, d'un froid, d'un dur, d'une platitude qu'on ne peut rendre : la mufique eft un chaos non débrouillé, où tous les modes fe trouvent confondus, qui ne fait éprouver que des demi-fenfations, où le favant eft fouvent à côté du trivial, le moderne auprès de l'ancien ; mélange bizarre, qui répugne également aux diverfes efpeces de fpectateurs.

Les décorations même manquent d'optique, & le combat dont tout l'appareil eft vraiment impofant, n'a pas foutenu l'effet qu'il avoit commencé de produire par la maniere gauche & burlefque dont les champions fe font efcrimés.

De tant de chofes il n'eft donc à louer que les habillements & les ballets : les premiers font riches & galants ; quant aux feconds, nos éloges ne peuveut tomber que fur l'exécution. Nous avons dit que les symphonies étoient sans agrément & des plus médiocres.

Comme l'on annonce à la tête de l'ouvrage les sieurs *de la Borde & Berton* pour les compositeurs de la musique, que tout y est tellement confondu qu'on ne distingue aucune maniere, on ne peut savoir à qui attribuer la chûte de cet opéra, si complete au surplus que chacun peut s'en attribuer sa part.

3 *Décembre* 1772. M. de la Harpe doit faire paroître incessamment une *Réponse d'Horace à M. de Voltaire :* comme elle est annoncée avec beaucoup de prétention, la littérature est dans l'attente de cette brochure importante. Pour la faire desirer davantage, l'auteur a eu la cruauté de n'en laisser prendre copie à qui que ce soit.

3 *Décembre* 1772. C'est mardi prochain que doit se faire l'ouverture du théatre de ville de Mlle. Guimard, à sa nouvelle maison de la Chaussée-d'Antin, appellée *le temple de Terpsicore.* Cette annonce excite la curiosité des amateurs, & c'est une fureur pour avoir des billets. On doit jouer *la Partie de chasse de Henri IV*, & *la Vérité dans le vin.* Ce sont des acteurs de la comédie Françoise qui doivent exécuter la premiere piece. En vain monsieur le maréchal duc de Richelieu s'étoit opposé à cet abus & avoit arrêté avec les autres gentilshommes de la chambre qu'il n'auroit pas lieu, monsieur le maréchal prince de Soubise & le sieur de la Porte qui ont l'oreille du roi, & qui sont les principaux tenants de cette danseuse, ont fait donner aux comédiens un ordre de S. M.

qui annulle celui des gentilshommes de la chambre.

4 *Décembre* 1772. On ne sauroit rendre tout le mal qu'on dit du nouvel opéra ; le poëme est si mauvais que les acteurs même n'y peuvent déployer aucun jeu, & la musique si baroque, que le chanteur n'y trouve rien à exprimer. Mlle. Arnoux, qui a un talent si décidé pour la scene, a été obligée de s'en tenir aux attitudes & à faire les beaux bras, son rôle n'étant susceptible d'aucune onction ; & le Sr. le Gros, qui n'est point acteur, n'a pu dédommager par la beauté de son organe, dans un chant où il ne se trouve rien pour le faire valoir.

5 *Décembre* 1772. *L'épître d'Horace à M. de Voltaire* est fort au dessous de l'idée que les partisans de M. de la Harpe en avoient donnée ; elle est également indigne, & de celui qu'il fait parler, & de celui auquel il parle. Il auroit fallu, pour bien exécuter le projet, par un art fort au dessus des forces de l'auteur, y répandre cette aimable philosophie du poëte Romain, sa délicatesse à louer, sa finesse à censurer, & sur-tout éviter ce ton dur, ce style injurieux & grossier, ces personnalités directes, dont son héros lui a donné le modele, & qu'il a trop imité. On est surpris que la police ait toléré dans cet écrit, qui se vend publiquement, une pareille licence, bien digne de son animadversion.

4 *Décembre.* Les arts viennent de faire une perte considérable en la personne du Sr. Vassé, professeur de l'académie royale de peinture & de sculpture : on doit d'autant plus le regretter actuellement, qu'il laisse imparfait un grand mo-

nument dont les modeles faisoient desirer la terminaison. Il étoit chargé du mausolée du roi Stanislas, qui s'exécutoit en marbre dans son attelier : il devoit être placé à Nancy dans l'église de Bon-Secours, en face de celui de la reine de Pologne.

Il exécutoit encore en marbre un autre monument relatif au cœur de la feue reine, qui doit être placé dans la même église, selon l'intention de cette princesse.

7 Décembre 1772. Le sieur Roëttiers le fils, académicien de l'académie royale de peinture & de sculpture, graveur général des monnoies de France, vient de mourir. C'est un artiste qui n'est pas moins digne d'être regretté que le Sr. Vasté. Il étoit même plus unique dans son genre : ses médailles étoient des bas-reliefs admirables. On peut le voir tout récemment dans celle frappée en mémoire de la cérémonie du déceintrement du pont de Neuilly.

9 Décembre 1772. Lundi dernier la comédie Françoise a encore été fort orageuse : le Sr. Pontheuil, faisant le rôle d'Achille dans l'*Iphigénie* de Racine, désagréable au public & comme mauvais acteur, & comme éleve de Préville, aujourd'hui sa bête noire, depuis l'histoire du Sr. Billard, dont il a causé la folie par son impertinence outrée envers lui, a été hué dès qu'il a paru : à chaque couplet nouveaux sifflets. Il s'est échauffé, a perdu la tête & a apostrophé le public, en le suppliant de l'écouter avant de le juger. On a d'abord eu égard à sa supplique ; mais en général il a été très-vexé dans tous les endroits où il manquoit ; on l'a cependant applaudi dans quelques autres. Malgré cela les supérieurs, intimidés par la scene de Marseille qu'on avoit apprise ce jour-là, & par la fermentation qui regne depuis quelque temps dans le parterre, ont fait revenir cet acteur sur le théatre faire des excuses au public, très-plates, très-entortillées & plus indécentes que son premier propos : cela pourtant a passé.

9 Décembre 1772. Le spectacle de Mlle. Guimard s'est ouvert hier, malgré les nouveaux efforts de M. l'archevêque de Paris. Pour contenter en partie ce prélat, on a supprimé la piece de *la Vérité dans le vin*, & l'on a dit le quolibet que Monseigneur ne vouloit pas qu'elle sortît du tonneau, plus que du puits. On y a substitué une farce en pantomime, intitulée *Pygmalion*, c'est-à-dire, une parade faisant la parodie de cet acte. La salle a paru de la plus grande élégance. C'est en petit celle de Versailles. Il y a des loges ouvertes & des loges grillées. Elle contient environ 500 personnes. L'assemblée étoit charmante par la quantité de filles du plus joli minois & radieuses de diamants : en hommes la compagnie étoit très-bien composée : deux princes du sang s'y sont trouvés, M. le duc de Chartres & M. le comte de la Marche.

9 Décembre. On commence à déserter *Adele de Ponthieu*, & non sans lâcher le petit mot pour rire : on dit *que c'est un opéra de cinq marcs, qui ne pese pas une once*.

16 Décembre 1772. Une messe en musique exécutée le 4 de ce mois aux petits peres pour le repos de l'ame de Mondonville, excite une grande fermentation parmi les amateurs & gens à talent de cette espece. Elle est de la composition du sieur Floquet, jeune homme qui donne les plus grandes espérances; mais il faut voir s'il les soutiendra.

17 *Décembre* 1772. Il paroît un *testament politique de M. de Silhouette*, ancien contrôleur-général des finances. Cet écrit, s'il fût réellement sorti de la plume de ce ministre, auroit pu être aussi piquant qu'intéressant; mais ce n'est qu'une rapsodie d'idées très-communes sur l'administration des finances, & sur les moyens de rendre à la France une prééminence qu'elle a perdue par une destinée attachée aux grands empires. L'auteur, tel qu'il soit, n'a pas saisi en grand cette immense machine de notre gouvernement, comme l'auroit conçue un vrai génie plein de sa matiere, pour tracer de-là un plan économique, & indiquer les voies propres à conduire à la réforme des abus invétérés: si quelqu'un avoit pu réussir dans un tel projet, c'étoit certainement l'homme illustre dont on la emprunté le nom, & qui n'a fait que paroître un instant au ministere des finances.

17 *Décembre*. M. Billard est sorti de Charenton, il est exilé à Nancy dans le sein de sa famille; il n'a point été au fort-l'évêque, comme on l'avoit dit; il passa la nuit du jour de son aventure chez un inspecteur de police, dont il se vengea comme il put, en lui faisant essuyer plusieurs lectures de sa piece: il fut de-là transféré le lendemain à Charenton, où il a été peu de jours. Les comédiens, & sur-tout le Sr. Préville, sont bien contents d'être débarrassés de ce cruel ennemi.

21 *Décembre* 1772. Mlle. Heynel a dansé vendredi dernier pour la derniere fois de l'hiver; elle va en Angleterre faire sa tournée & sa récolte.

21 *Décembre.* On a parlé plusieurs fois du sieur Guilbert de Preval, médecin de la faculté de Paris, du spécifique qu'il prétend avoir pour préserver, au milieu des plus grandes lubricités, de la contagion des maladies vénériennes, ainsi que des expériences qu'il en a faites sur sa personne successivement en présence du duc de Chartres, du comte de la Marche, &c. La faculté a décidé qu'une telle prostitution publique d'un de ses membres, étoit déshonorante & infame; en conséquence elle a rendu un décret, qui défend audit sieur Guilbert de Preval de se présenter aux assemblées, & ordonne qu'il sera rayé du tableau. Le décrété conteste ce droit à la faculté, & lui intente un procès en réparation d'honneur, &c.

23 *Décembre* 1772. La Dlle. Guimard ayant dansé dans un petit ballet que madame la comtesse Dubarri a donné, a reçu du roi une pension de 1,500 livres. Cette légere faveur a été acceptée à cause de la main dont elle vient, car on sent que ce n'est qu'une goutte d'eau dans la mer; il y aura de quoi payer le moucheur de chandelles des spectacles de cette illustre courtisanne.

24 *Décembre* 1772. Un peintre doreur de l'académie de St. Luc occupe aujourd'hui la scene & donne matiere aux rieurs. Il s'agit de cocuage, comme l'on s'imagine aisément. Il accuse sa femme d'adultere: après avoir fait éprouver à cette victime de sa rage tout ce que peut en-

Tome VI. L

fanter de vexations la jalousie la plus effrénée, il a traduit cette malheureuse en justice & l'a fait décréter de prise de corps. Elle réclame aujourd'hui, elle attaque en subornation les témoins, & répand un mémoire où l'on trouve un plan figuré des lieux, théatre prétendu du crime de l'accusée & du déshonneur de l'époux, & le défenseur en tire la démonstration physique de l'impossibilité du fait. Ce mémoire est plaisant, & pour faire plus de bruit n'auroit besoin que d'être décoré de noms d'acteurs plus illustres.

14 *Décembre* 1772. Mlle. Raucoux a débuté hier aux François dans la tragédie de *Didon*; elle fait le rôle de cette reine, c'est pour la premiere fois qu'elle paroissoit. On ne peut exprimer la sensation qu'elle a faite, & de mémoire d'homme on n'a rien vu de pareil. Elle n'a que seize ans & demi : elle est faite à peindre, elle a la figure la plus belle, la plus noble, la plus théatrale, le son de voix le plus enchanteur, une intelligence prodigieuse : elle n'a pas fait une fausse intonation ; dans tout son rôle, très-difficile, il n'y a pas eu le plus léger contresens, pas même de faux geste. Un peu de roideur & d'embarras dans les bras, est le seul défaut qu'on lui ait trouvé. Elle a ravi généralement. Elle est éleve du sieur Brizard, & a appris 19 rôles en six mois. C'est un vrai prodige, propre à faire crever de dépit toutes ses concurrentes les plus consommées.

25 *Décembre* 1772. Il paroît un *Eloge de Racine*, par M. de la Harpe. On y voit visiblement que son but a été de mettre ce grand poëte au

deſſus de Corneille, pour mettre enſuite M. de Voltaire au deſſus de Racine.

26 *Décembre* 1772. La Dlle. Guimard devoit donner jeudi, veille de Noël, une ſeconde repréſentation ſur ſon nouveau théatre, & profiter de la vacance générale des autres ſpectacles ; mais M. l'archevêque a eu gain de cauſe entier cette fois-là ; elle a reçu défenſe de jouer.

27 *Décembre* 1772. Le début de Mlle. de Raucoux a été encore plus brillant hier que la premiere fois. La foule qui s'eſt rendue pour la voir, a été telle, qu'on a été obligé de la laiſſer ſe déborder juſques dans l'orcheſtre des muſiciens, & ſur le théatre. Quant à l'extérieur, on ne lui trouve d'autre défaut que d'être un peu trop grande, & d'avoir la tête trop petite pour ſon corps : elle n'a pas non plus les bras beaux ; mais tous les moyens de l'intelligence & de l'ame ſont à ſa diſpoſition, & elle les fait valoir déja au plus haut degré. Deux cabales puiſſantes s'élevent contr'elle : les deux Sainval, qui ſentent toute leur infériorité, & Mlle. Veſtris, qui ſe voit déja balancée par ce jeune ſujet, excitent tous leurs partiſans à atténuer le triomphe de leur rivale. Il paroît impoſſible qu'elles réuſſiſſent.

Le public eſt ſi ſatisfait du Sr. Brizard, dont Mlle. Raucoux eſt l'éleve, qu'à chaque fois il demande cet acteur pour annoncer, & le comble de ſes applaudiſſements.

Mlle. Raucoux, après avoir joué trois fois dans *Didon*, doit jouer ſucceſſivement à trois repriſes les rôles d'*Emelie* dans *Cinna*, & d'*Idamé* dans *l'Orphelin de la Chine*.

28 *Décembre* 1772. Le ſieur Daüjon, banquier

de la cour, est fort engoué de la nouvelle actrice. Quoique ce lourd financier n'ait jamais été homme de lettres, il veut presider aux leçons de cette jeune débutante, & fait faire les répétitions chez lui. On présume qu'il en veut plus à la personne qu'au talent. On souhaite fort qu'elle dégraisse un peu ce Turcaret, aujourd'hui le Plutus à la mode, & qui a pensé être pendu en 1748.

29 Décembre 1772. Les trois Siecles de notre Littérature, ou tableau de l'Esprit de nos Ecrivains, depuis François Ier. jusqu'en 1772, en forme de dictionnaire, occasionent un grand scandale parmi nos auteurs : ils prennent parti pour ou contre, suivant la cabale dont ils sont. Le but de cet ouvrage paroît être de dénigrer tous ceux qui se sont rangés sous les drapeaux de M. de Voltaire, & qu'on connoît sous le titre de Parti Encyclopédique. MM. Diderot & d'Alembert s'y trouvent extrêmement maltraités : tant en leur nom qu'au nom de leur secte, ils ont été porter des plaintes au chef de la librairie, qui a toléré & tolere la vente du livre. M. de Sartines leur a demandé s'ils étoient attaqués personnellement dans leurs mœurs & dans leur vie ? Ils ont répondu que oui, puisque l'on prétendoit que les conséquences les plus funestes, les crimes les plus atroces, pouvoient dériver de leurs principes. Le lieutenant de police n'a point cru que cette accusation fût dans le cas d'être écoutée, & il les a renvoyés, en leur conseillant de se justifier & de défendre leur doctrine.

Quoique cette diatribe volumineuse soit généralement attribuée à l'abbé Sabbatier, on ne doute pas qu'il n'ait eu des coopérateurs en méchanceté : le sieur Palissot, très-profond dans cet art, passe pour n'avoir pas été d'un foible secours à l'auteur en nom.

30 Décembre 1772. L'Histoire Philosophique & Politique des Etablissements & du commerce des Européens dans les deux Indes, dont on a parlé plusieurs fois, répandue ici depuis long-temps & dont on a même renouvellé l'édition, vient enfin d'attirer l'attention du gouvernement. Il paroît un arrêt du conseil du 19 décembre, qui le supprime, de l'avis de M. le chancelier, comme introduit de l'étranger en France, attendu que S. M. a reconnu qu'il contenoit des propositions hardies, dangereuses, téméraires & contraires aux bonnes mœurs & aux principes de la religion, &c.

31 Décembre 1772. Le Fermier & les Chiens, fable politique.

Un gros fermier qu'on appelloit Martin,
Riche en troupeaux, de commerce facile,
Près de Paris avoit son domicile :
Plus que de droit le sexe féminin
Le gouvernoit & quelquefois le vin ;
A cela près, c'étoit un honnête homme,
Tel, qu'à Paris, à Vienne, ou dans Rome
On n'en eût pu rencontrer de meilleur.
Douze grands chiens, des méchants la terreur
De la maison gardoient les avenues.
Pour s'y glisser il n'étoit point d'issues

Dont les détours ne leur fussent connus ;
A chaque instant ils y faisoient la ronde,
Un guet bien sûr, & des cris assidus.
Cela déplut, non au propriétaire,
Mais aux valets, mais à la basse-cour :
Tous ces gens-là n'aiment pas le grand jour,
Ni l'œil du chef, ni rien qui les éclaire.
Le premier plan fut de forcer les chiens
A tout souffrir, à tout voir sans rien dire ;
Pour cet effet ils prirent les moyens
Que l'industrie en pareil cas inspire :
On les flatta d'abord pour réussir ;
Mais ne tirant de-là nul avantage,
On crut devoir au bâton recourir,
Et tous les jours on en faisoit usage.
Un vieux valet d'une inflexible humeur
Les assommoit dès que sa fantaisie
Ne contenoit à son gré leur furie ;
Il redoubloit, quand, mordant le voleur
Qu'il honoroit de toute sa faveur,
Ils caroissoient l'honnête homme & le sage
Qui du fermier conservoit l'héritage.
Comme l'on vit que l'on ne pouvoit gagner
Des surveillants d'un pareil caractere,
Auprès du maître, afin de s'en défaire,
On résolut de les calomnier.
Ce n'étoit pas une besogne aisée :
Dans la maison étoit un intendant,
D'une vertu rigide & consommée,
Qui parloit d'eux avantageusement :

Non, difoit-il, on ne peut pas connoître
De meilleurs chiens. Heureux cent fois le maître
Qui réunit pour garder la maifon
Des furveillants d'une étoffe pareille ;
Ils font braillards, mais toujours la raifon
Conduit leurs dents & dirige leur veille ;
L'homme intrigant, le larron, l'affaffin,
Tentent en vain d'échapper à leur vue ;
Si vous vivez, refpectable Martin,
C'eft à leurs cris que la gloire en eft due.
On peut juger qu'avec un protecteur
Si généreux, & fi bon connoiffeur,
On n'avoit pas à craindre pour la vie
De ces bons chiens. Auffi pour l'écarter
On fit un jour ce que la calomnie
A de plus noir, ce que peut inventer
L'ame aux forfaits la plus déterminée,
Ce n'eft pas tout, une proftituée,
Dont le fermier adoroit les appas,
Qui l'endormoit tous les foirs dans fes bras,
Pour l'écrafer fe mit de la partie.
Pendant un temps le fermier chancela,
Mais la manœuvre étoit trop bien ourdie :
De la maifon un foir on le chaffa
Avec éclat, avec ignominie.
Certain maraud, efprit vil & rampant,
Un orgueilleux fans honneur, fans naiffance,
Laid de figure & que les chiens fouvent
Avoient jadis houfpillé d'importance,
Fut indiqué par le fot comité

Et sur le champ par Martin accepté
Pour occuper auprès de lui la place
Que le premier avoit dans la maison.
Ne faut jamais augurer rien de bon,
D'avantageux, quand un fripon remplace
Une ame honnête : on va dans un instant
En présenter un exemple frappant.
Notre coquin met d'abord en usage
Pour s'affermir plus efficacement
L'art dangereux du faux patelinage
Qu'il possédoit supérieurement ;
Puis, quand il eut gagné la confiance
Et qu'il se vit dans son poste assuré,
Dans un clin d'œil tout fut dénaturé ;
Il immola les chiens à sa vengeance :
Il en plaça d'autres, que dès l'enfance
Le scélérat lui-même avoit formés.
Ces nouveaux chiens toujours accoutumés
A ne flatter que gens de son espece,
Près du fripon dépouilloient leur rudesse :
Pour le seul sage ils réservoient leurs dents.
Ainsi dans peu tous les honnêtes gens
Furent bannis : chose presqu'incroyable
Et vraie encore, quoique peu vraisemblable,
Hormis un seul, on chassa les parents.
Depuis ce temps cette maison remplie
Jusques alors de sujets vertueux,
Ne reçut plus que de vils malheureux
Et qu'une horde aux crimes enhardie.
Mal en avint au bon homme Martin,

On fit entrer un soir un aſſaſſin,
Qui ne trouvant ni chien, ni ſentinelle,
Le poignarda dans les bras de ſa belle.

Morale.

Ceux qui voudront le prendre pour modele,
Auront un jour un ſort pareil au ſien.
Ne fréquentons que des hommes de bien;
Avec le fourbe auſſi-tôt qu'on ſe lie
On compromet ſon honneur & ſa vie.

ANNÉE M.DCC. LXXIII.

1 *Janvier* 1773. M. le duc de Bourbon ſera
ſûrement reçu cordon - bleu aujourd'hui. Tout
eſt diſpoſé pour la cérémonie. C'eſt M. Bertin,
le miniſtre, grand tréſorier de l'ordre, qui doit
faire les fonctions de prévôt & maître des cérémonies, à la place de M. d'Agueſſeau qui a la
goutte. En conſéquence cet officier, peu ſtylé
au cérémonial, en a fait des répétitions tous ces
jours-ci.

C'eſt à l'occaſion de cette cérémonie qu'on a dit
le joli bon mot, en réponſe à la queſtion ſur le
retour du prince de Condé à Verſailles : Qu'y
eſt-il allé faire ? —— *Ses preuves.*

1 *Janvier.* Il vient d'arriver d'Angleterre
en cette capitale un livre ayant pour titre : *les*

Efforts de la liberté & du patriotisme contre le despotisme du sieur de Maupeou, chancelier de France, ou Recueil des écrits patriotiques pour maintenir l'ancien gouvernement François. Ce recueil paroît sortir des mêmes presses que celui dont on avoit annoncé le premier volume. Mais les éditeurs se sont réformés, ont pris un plan meilleur, l'ont étendu davantage, & ils ont déja produit trois volumes contenant les morceaux les plus intéressants. Ils ont mis à la tête une préface raisonnée sur les divers ouvrages qu'ils ont ramassés, sur leur but, & ils annoncent d'avance une suite qui ne sera pas moins curieuse. Cependant on trouve encore bien des défauts dans cette compilation, & elle ne peut effrayer quelqu'un qui seroit tenté d'en faire une plus parfaite, & voudroit y donner les soins nécessaires. Au surplus, les éditeurs avertissent que ce n'est pas sans péril qu'ils ont osé se livrer à ce travail épineux, vu les persécutions que pouvoit exciter contre eux l'homme dangereux que ces ouvrages concernent spécialement.

2 *Janvier* 1773. La secte des économistes, pour mieux propager sa doctrine, avoit établi un journal peu connu, qui porte le nom d'*Ephémérides du Citoyen*. Cet ouvrage ne pouvoit guere durer, vu la nature monotone, insipide & ennuyeuse des productions dont il s'alimentoit. Aussi vient-il de prendre fin. Les auteurs rejettent cet abandon sur la difficulté d'avoir des coopérateurs, par la gêne & les entraves que leur donne continuellement le ministere. Ce livre pouvoit renfermer des vues utiles, mais tellement noyées dans un fatras de raisonnements scientifiques abstraits, qu'il falloit un courage héroïque pour les y démêler.

3 Janvier 1773. On vient de nous envoyer de Londres des *observations* imprimées, sur les déclarations des cours de Vienne, de Pétersbourg & de Berlin, au sujet du démembrement de la Pologne, avec des notes historiques & politiques, ayant 50 pages *in-8°*. L'auteur s'y éleve avec force contre la conduite de ces trois puissances. Il démontre, ou veut démontrer, que leur invasion n'est fondée que sur des motifs frivoles & des principes insoutenables; qu'elle est l'ouvrage de la force & de la violence, une usurpation manifeste, une injustice criante, & qu'elle présente au reste de l'Europe les conséquences les plus alarmantes; que la cause de la Pologne est celle de toutes les nations, & particuliérement des puissances du second ordre, qui tomberont les unes après les autres sous le joug de ces trois premieres, si elles ne se liguent promptement pour se garantir de leur chûte.

4 Janvier 1773. La nouvelle actrice a continué son début dans l'*Emilie de Cinna*. Quoique ce rôle ne prête pas autant que celui de *Didon* au développement du talent, elle en a montré autant qu'il étoit possible, & n'est pas moins admirée. Les cabales redoublent d'activité & sur-tout celle de Mlle. Vestris. Ce qui a donné lieu à un bon mot à la derniere représentation de *Cinna*. Un chat s'est trouvé dans la salle, & a fait des miaulements fâcheux; un plaisant s'est écrié : *je parie que c'est le chat de Mlle. Vestris.*

5 Janvier 1773. On fait assez volontiers à la fin de l'année des *noëls* sur la cour, qui roulent sur les anecdotes galantes ou politiques qui se sont passées durant son cours. Un plaisant vient d'en mettre au jour de cette espece, qui, s'ils ne sont pas bien piquants par leur tournure, serviront de pieces historiques pour constater quelques faits auxquels ils ont rapport.

6 Janvier 1773. Il court une pasquinade relativement à la future expulsion des jésuites, dans laquelle il y a du sel & de la finesse. On suppose que le pape présente à divers souverains de l'Europe le général des jésuites, en leur disant : *Ecce homo* !

A quoi les princes répondent ; savoir :

Le Roi de Portugal.	*Tolle, crucifige.*
Le Roi d'Espagne.	*Reus est mortis.*
Le Roi de France.	*Vos dicitis.*
La Reine de Hongrie.	*Quid enim malè fecit !*
L'Empereur.	*Non invenio in eo causam.*
Le Roi de Prusse.	*Quid ad me !*
La République de Venise.	*Non in die festo, ne fortè tumultus fieret in populo.*
Le Roi de Naples & l'Infant duc de Parme.	*Nos legem habemus, & secundùm hunc legem debet mori.*
Le Roi de Sardaigne.	*Innocens ego sum à sanguine ejus.*
Le Pape réplique.	*Corripiam & emendatum eum vobis tradam.*
Le Général des Jésuites.	*Post tres dies resurgam.*
Tous les ordres religieux.	*Jube ergo custodiri sepulcrum ejus usque in diem tertium, ne fortè veniant Discipuli ejus, & furentur eum, & dicant plebi : surrexit à mortuis, & erit novissimus error pejor priore.*
Le Pape répond.	*Ite, custodite, sicut vos scitis.*

6 Janvier 1773. La nouvelle actrice a joué hier à la cour, & a produit la même sensation qu'à la ville. Sa majesté en a été si contente, qu'elle a décidé qu'elle seroit reçue sans difficulté.

7 Janvier 1773. Les amateurs de l'opéra ont vu avec peine le départ de Mlle. Heynel pour l'Angleterre. Ils en sont d'autant plus affligés qu'il paroît que c'est sans retour. Le sort considérable qu'elle doit trouver dans ce royaume, ne peut être compensé par celui qu'on lui fait ici. On ajoute que le genre de plaisir qu'elle aime est une raison puissante pour l'y retenir. Son goût pour les femmes y a de quoi se satisfaire de la façon la plus attrayante, & quoique Paris fournisse bien des *tribades*, on veut que Londres lui soit supérieur.

8 Janvier 1773. Les philosophes du jour, vulgairement appellés *Encyclopédistes*, sont fort alarmés de la prépondérance que semble acquérir constamment le parti des dévots. Ils ont d'autant plus d'intérêt de redouter leur attaque, que tout annonce la faveur accordée par le gouvernement à leurs adversaires. Ce ne peut être que par la suggestion de M. le chancelier, ou du moins sous ses auspices, que l'université de Paris vient de proposer pour sujet du prix, fondé par J. B. Coignard, qu'elle doit distribuer cette année : *Non magis Deo quàm Regibus infensa est ista quæ vocatur hodiè philosophia* : assertion fulminante, accusation cruelle, dont on ne doute pas que ces messieurs ne se justifient complétement dans une défense publique. Leur attachement connu au parti patriotique est un grief encore plus grand que leur irréligion prétendue, prétexte seulement à la guerre qu'on leur suscite.

8 Janvier 1773. La fureur du public pour voir la nouvelle actrice des François redouble chaque jour. Elle a joué, dans *Méthridate*, le rôle de *Monime* avec un succès plus extraordinaire encore. Mais ce qu'il y a d'incroyable, c'est qu'à ses talents sublimes elle joigne un cœur pur, au point de se refuser aux propositions les plus séduisantes. On prétend qu'un amateur lui offre jusqu'à 100,000 livres pour son pucelage.

9 Janvier 1773. Les directeurs de l'opéra ont remis jeudi sur leur théatre *la Reine de Golconde*, ce qui n'est pas une nouveauté & ne leur attirera pas une grande quantité de spectateurs. Ils se disposent à remettre aussi pour les grands jours incessamment le fameux *Castor & Pollux*. Il est à craindre qu'à force d'user cette ressource, qui est leur derniere, ils ne lassent enfin le public & ne s'en privent.

10 Janvier 1773. Le roi a fait à Mlle. de Raucoux la faveur de rester à la comédie pendant tout le temps de la représentation de *Didon*, où elle jouoit. Cette circonstance a été d'autant mieux remarquée, que S. M. n'aime point le spectacle en général, & sur-tout la tragédie. Elle a eu la bonté de la présenter ensuite à madame la dauphine, sous le nom de la reine *Didon*. Elle l'a agréée, comme on a dit, pour entrer dans la troupe des comédiens François, & a ordonné qu'on lui donnât 50 louis pour marque de sa satisfaction. Mlle de Raucoux a emporté aussi les suffrages de madame Dubarri. Cette belle comtesse lui a demandé ce qu'elle aimeroit mieux, ou de trois robes pour son usage, ou d'un habit de théatre

L'actrice a répondu, que puisque la comtesse luï en laissoit le choix, elle préféroit l'habit de théatre, dont le public profiteroit aussi.

10 *Janvier* 1773. Les comédiens Italiens doivent donner demain la premiere représentation d'une comédie nouvelle, mêlée d'ariettes, intitulée: *Le bon Fils*. On la dit composée d'après un conte de M. Marmontel, dont le livre est aujourd'hui la mine féconde où puisent tous nos faiseurs d'opéra comiques. La musique est du sieur Philidor: on la dit si savante que plusieurs chanteurs n'ont pu l'exécuter, & qu'il a été obligé d'y faire des changements; ce qui en a retardé la représentation.

11 *Janvier* 1773. La faculté de médecine est fort mécontente de l'arrêt du conseil qui a nommé une commission pour l'examen des remedes particuliers, en ce que les membres de ce tribunal étant composés de médecins, de chirurgiens & d'apothicaires, son honneur se trouve compromis par ce mélange, tel qu'indépendamment de la concurrence des voix avec ces deux especes; d'artistes, que la faculté regarde comme ses subalternes: ceux-ci sont dans le cas, en se réunissant, de l'emporter continuellement sur elle par la pluralité des suffrages. En conséquence elle doit faire des représentations au roi, & elle trouve très-mauvais que ses membres y aient pris place, & que son doyen en ait accepté la présidence.

12 *Janvier* 1773. Les lecteurs du roi au college royal prétendent s'agréger à l'université de Paris. Ils soutiennent qu'ils doivent avoir part au partage des rentes, faisant partie du produit de ses messageries, fixé aujourd'hui au 28me. du bail des postes. MM. de l'université, au contraire, combattent leur assertion, & la nation de Normandie

vient de rendre public un mémoire à confulter & confultation fur la propriété des nations qui compofent la faculté des arts en l'univerfité, de leurs meffageries & fur la deftination de leur produit.

13 *Janvier* 1773. La fureur pour aller voir la nouvelle actrice augmente à tel point qu'il n'y a pas de jour où plufieurs perfonnes ne foient eftropiées au guichet des billets de parterre. Il s'eft établi à cet égard un agiotage fi confidérable, que plufieurs fe vendent auffi cher & même plus cher que les billets d'orcheftre, & qu'on les a vus monter jufqu'à 12 livres. Lundi dernier, la cabale qui la protege, lorfque l'acteur eft venu annoncer, a d'abord demandé le fieur Brizard. Celui-ci arrivé, on ne l'a point laiffé ouvrir la bouche, on a crié fortement : *Une repréfentation au profit de la nouvelle actrice.* Le fieur Brizard a été obligé de fe retirer. L'intervalle a été très-long. Enfin le comité des comédiens tenu fur cette demande s'eft féparé, & un troifieme acteur eft venu dire au public que les acteurs étoient très-difpofés à fatisfaire fon vœu ; mais que toutes leurs délibérations étoient foumifes aux gentilshommes de la chambre, & qu'ils ne pouvoient rien arrêter fans leur attache. On s'eft contenté de cette raifon, & la fermentation a ceffé. On croyoit qu'aujourd'hui il y auroit tumulte, mais la garde redoublée a effrayé les mutins.

14 *Janvier* 1773. Les comédiens Italiens ordinaires du roi ont donné lundi la premiere repréfentation de la comédie nouvelle du *Bon fils*, avec le premier titre d'*Antoine Maffon*. Elle eft en un acte & en profe, mêlée d'Ariettes. Les paroles font d'un certain abbé *le Monnier*, qui a traduit le *Térence*, mais ne s'entend en rien au théâtre.

Indépendamment des vices de construction, la forme n'a aucunes beautés : il n'y a pas une scene qui vaille quelque chose. Les ariettes mêmes sont détestables. La musique du sieur Philidor n'a pu compenser tant de défauts, & si le *Bon fils* n'est pas absolument tombé, il n'est guere possible qu'il aille bien loin.

15 *Janvier* 1773. La vertu de la nouvelle actrice se soutient contre les assauts multipliés qu'elle reçoit. Il est vrai qu'elle est fortement étayée par la brutalité du pere, qui lui a déclaré qu'il lui brûleroit la cervelle si elle forniquoit.

16 *Janvier* 1773. M. Clément, ce critique infatigable, qui, nouvel Erostrate, ne veut s'illustrer que par les dévastations & les ruines, paroît s'attacher décidément à M. de Voltaire, comme à l'homme le plus digne de la guerre qu'il respire. Il entreprend une critique générale & détaillée des œuvres les plus importantes de cet auteur illustre, & il lui adresse un cartel, dans une premiere lettre qu'il vient de faire imprimer, où il lui déclare sa résolution. Cette épître, qui est un chef-d'œuvre de littérature polémique, roule sur les manœuvres de toute espece de M. de Voltaire, pour déprimer sans relâche nos grands maîtres, & pour s'élever sur les débris de leurs trophées. Elle se lit avec d'autant plus de plaisir, que l'observateur s'est abstenu d'y répandre ce fiel qui révolte les honnêtes gens, & qu'accumulant les faits en abondance, il écrase son ennemi par les preuves les plus convaincantes, en lui rendant justice sur ses productions précieuses, en le louant, en l'exaltant, en le divinisant avec presqu'autant d'enthousiasme que ses partisans. Il est à souhaiter

que les autres lettres soient écrites du même ton, dont M. l'abbé *Guenée* a donné un exemple si admirable dans les *Lettres Critiques*, composées sous le nom de quelques juifs, & dont on a long-temps ignoré l'auteur véritable.

17 *Janvier* 1773. Les comédiens François ont reçu à pension la nouvelle actrice, n'y ayant aucune des 23 parts vacante. Ils lui ont donné 1,800 livres, quoique la petite Sainval ait cent louis. Cette distinction injurieuse indigne le public. Quant à celle-ci, elle se dispose à reparoître incessamment ; ce qui va redoubler la fureur des spectateurs, s'il est possible, pour voir lutter ces deux rivales.

17 *Janvier* 1773. M. Piron se meurt & paroît sans ressource. Il est attaqué d'une maladie de l'uretre, qui ne permet pas d'avoir la moindre espérance. Il conserve toute sa tête & le feu qu'il a toujours eu.

17 *Janvier*. Il se publie au palais un mémoire très-curieux par la nature de la cause. Il roule sur l'appel comme d'abus d'un mariage contracté par un mari pendant la vie d'une première femme, qu'il avoit fait condamner comme adultere, & sur les effets que peut produire cette condamnation rendue par contumace contre la femme, quoique résidente dans le lieu où se tenoit la jurisdiction. Cette malheureuse, ainsi condamnée en 1725, fut ensuite enfermée à la salpêtriere & y resta huit ans. Elle en sortit alors ; elle passa en Saxe ; elle eut le bonheur de plaire à la feue reine de Pologne, qui la conduisit dans ce royaume. Elle y fut chargée de l'éducation de la Palatine Podlachy, & ensuite de celle des princes & des princesses Ja-

blonosky. Libre de rester en pays-là, la guerre & la peste qui dévastent depuis tant d'années ces malheureuses contrées, l'ont obligée d'en sortir. Revenue en France, elle a appris que son mari, qui l'avoit accusée d'adultere, s'en étoit lui-même rendu coupable, & qu'il avoit joint à ce crime celui d'abuser de la bonne foi d'une seconde femme & de la sainteté du sacrement : qu'il avoit supposé la mort de la premiere & s'étoit remarié ; que par le contrat il avoit disposé des biens de la prétendue défunte en faveur de sa nouvelle épouse, & étoit mort au mois de janvier 1762.

Suit une consultation en faveur de cette veuve, *le Danois de Boishamand*, en date du 11 décembre, qui désigne le genre de procédure qu'elle doit tenter.

18 *Janvier* 1773. Un livre venu de l'étranger, & réimprimé ici avec permission, fait un bruit terrible aujourd'hui, & excite l'animadversion du ministere. Il est intitulé : *Réflexions philosophiques sur le Système de la Nature*, par M. *Holland*. Le sieur Riballier, syndic de la faculté, lui a donné une approbation très-longue, où en dégradant beaucoup le livre critiqué, il éleve aux nues la critique.

Cependant, en discutant l'ouvrage, on a trouvé deux endroits très-répréhensibles. L'un est le portrait d'un monarque, athée dans sa conduite, & superstitieux dans ses pratiques, qu'on a voulu être susceptible d'une allusion très-ressemblante au roi. L'autre est une assertion très-détaillée sur les effets du despotisme, & sur le droit que les excès donnent dans certains cas aux peuples de s'élever contre, & de lui imposer un frein.

On sent que le gouvernement n'a pu tolérer un ouvrage si dangereux dans ses principes & si criminel dans ses allusions. Il est arrêté avec le plus grand soin, & les amis du sieur Riballier craignent qu'on ne sévisse contre ce censeur.

18 *Janvier* 1773. Un prêtre, & le curé de St. Roch, sur la paroisse duquel est M. Piron, s'étant successivement présentés chez le moribond, ont été reçus tous deux par ce plaisant avec la même gaieté qu'il a répandue sur toute sa vie. Le premier l'ayant appellé *son cher frere*, il lui a dit qu'il n'en avoit jamais eu qu'un, qui étoit mort ; que c'étoit une f..... bête, & lui a demandé si c'étoit en cette qualité qu'il comptoit le remplacer ? Quant au pasteur, il ne l'a pas moins mal mené & celui-ci désespere d'en tirer parti.

18 *Janvier* 1773. On cite un trait qui feroit beaucoup d'honneur à madame Geoffrin, s'il étoit vrai. On raconte que deux seigneurs Russes ayant paru fort engoués de deux tableaux que cette dame avoit achetés à la vente de feu Vanloo, elle leur avoit déclaré qu'ils ne lui avoient coûté que 4,000 livres ; qu'elle ne vouloit point s'en défaire ; que cependant, s'ils en étoient si passionnés, peut-être à force d'argent se laisseroit-elle tenter. On ajoute que ces étrangers ayant acquiescé à la somme de 50,000 livres, madame Geoffrin ayant retiré ses 4,000 livres d'achat, a voit envoyé le surplus à la veuve du peintre.

20 *Janvier* 1773. Mlle. Raucoux continue à faire

la plus grande senfation & à être la matiere des propos de Paris. On rapporte que l'autre jour un homme est entré dans sa loge, lui a déclaré qu'elle devoit juger à son âge & à sa figure qu'aucun motif de concupiscence ne l'attiroit près d'elle ; qu'il n'étoit guidé que par un sentiment profond, par une admiration vive pour ses talents ; qu'il la prioit de ne pas trouver mauvais que dans son enthousiasme il lui donnât de foibles marques de sa reconnoissance, par un petit tribut qu'il apportoit sur sa toilette, & à l'instant il y a mis deux rouleaux de cent louis chacun. L'actrice lui a répondu fort honnêtement, que sa démarche étoit faite avec trop de noblesse & trop de graces pour qu'elle hésitat à accepter son bienfait. Il paroît que ce particulier a disparu sur le champ, sans se faire connoître, car on est aujourd'hui à conjecturer quel il peut être.

21 *Janvier* 1773. On se rappelle *la profession de foi politique de M. le vicomte d'Aubusson*, dans laquelle il annonçoit un projet de sa composition pour la restauration de l'état & l'amélioration des finances. Il paroît aujourd'hui dans un gros volume in-8°. ayant pour titre : *l'Ami des François*. Il y a apparence que toutes les idées de ce spéculateur ne sont pas dans le cas d'être adoptées par le gouvernement, puisque l'ouvrage est très-clandestin & très-cher. Quand on l'aura lu, on pourra en raisonner plus pertinemment.

22 *Janvier* 1773. M. Marmontel a fait une piece de vers sur l'incendie de l'hôtel-dieu. Cet ouvrage n'est encore connu que des enthousiastes & des amis de l'auteur, en sorte qu'on ne peut

guere s'en rapporter aux éloges qu'ils en publient. Cet académicien compte le faire imprimer : il a déclaré que le profit qui pourroit résulter de la vente de son épître, étoit destiné pour secourir cet hôpital, & que c'étoit ainsi qu'il faisoit son aumône.

22 Janvier 1773. Dans le conseil tenu dimanche, concernant les projets pour la nouvelle salle de la comédie Françoise, celui dont on a parlé depuis long-temps a été adopté, soit pour l'emplacement, soit pour l'édifice. Il n'en a pas été de même du moyen des finances. Sur la discussion des requêtes de divers particuliers qui ont présenté des mémoires relativement à leurs intérêts personnels, qu'ils prétendoient se trouver compromis, on a jugé que pour les contenter, il falloit que la ville se chargeât des fonds & de leur administration. En sorte que l'avantage le plus considérable de ce projet, qui étoit de l'exécuter sans qu'il en coûtât rien au roi, ni aux comédiens, ni à la ville ; sans que les propriétaires des terreins ou maisons en fussent lésés, puisqu'on donnoit des dédommagements & par de-là, se trouve anéanti. Cependant, S. M. a déclaré qu'elle vouloit que le sieur Liegeon, architecte, auteur des plans, fût chargé de les suivre.

23 Janvier 1773. Un plaisant a exprimé en vers les difficultés qu'on éprouve journellement à la comédie pour y avoir place, lorsque Mlle. de Raucoux joue ; il lui a adressé à ce sujet un rondeau, genre de poésie antique qu'il a rajeuni pour cette actrice, dans lequel en ne s'asservissant pas exactement aux regles, il y a mis la chose la plus essentielle, ce qui en fait l'ame, une certaine naïveté maligne : le voici :

A vous claquer quand tout Paris s'empreſſe,
Moi ſeul encor n'y ſuis point parvenu :
Déja trois fois étouffé dans la preſſe,
J'ai vu la grille & n'ai rien obtenu,
J'entends vanter vos talents, votre grace,
De votre jeu l'on m'a peint la chaleur,
Et comme un autre, obtenant une place,
J'euſſe employé ma main de bien bon cœur
   A vous claquer.

Je ſais qu'on peut, en triplant l'honoraire,
Humaniſer les traitants du parterre :
Mais payer triple enfin m'a retenu.
Euſſiez-vous cru, jeune & faite pour plaire,
Qu'on regrettât d'employer un écu
   Pour vous claquer?

23 *Janvier* 1773. M. Piron a été enterré hier.... C'eſt ſans doute une très-grande perte pour la littérature. Quoiqu'il ne fît rien depuis long-temps, il contenoit au moins le faux-goût, & s'oppoſoit à ſes progrès : il formoit quelques gens de lettres qui s'étoient rangés ſous ſes étendards, & dès-lors s'affichoient pour ennemis de M. de Voltaire, car il y avoit une haine irréconciliable entre ces deux hommes célebres. Un des plus grands regrets de M. Piron en mourant, a été de ne pas ſurvivre à ſon adverſaire. Il étoit cependant le plus âgé ; il avoit

plus de 80 ans : il étoit presqu'aveugle. Il avoit été élu de l'académie Françoise, mais M. l'évêque de Mirepoix avoit cru devoir s'opposer à la réception de l'auteur de l'*Ode à Priape*. On lui avoit obtenu une pension de cent pistoles sur la cassette du roi. C'est l'homme le plus fertile en bons mots qui ait peut-être jamais existé. On ne l'a jamais trouvé court, & dans la vieillesse où il étoit parvenu, il avoit encore la riposte vive & heureuse.

24 Janvier 1773. Il paroît une suite du *Système de la Nature*, sous le titre de *Système social, ou principes naturels de la morale & de la politique, avec un examen de l'influence du gouvernement sur les mœurs. Trois volumes.* On attribue cet écrit au même auteur du premier, c'est-à-dire, à feu M. *Mustel*, dont on ne craint pas de révéler le nom depuis sa mort.

25 Janvier. L'arrêt qui supprime le livre des *Réflexions philosophiques sur le Système de la Nature*, est du 17 de ce mois. Il énonce vaguement les motifs, & ne les fait porter que sur des propositions qui ne sont pas conformes aux principes de notre religion & de notre politique. Voici les morceux qui ont attiré l'attention du gouvernement.

Page 15 & suivantes de la premiere partie, l'auteur dit...... « un homme a droit de faire
» une chose, lorsqu'en la faisant il n'agit point
» contre son bonheur réel & durable. La même
» maxime a lieu par rapport à une société, qui
» est alors envisagée comme une personne mo-
» rale.....

» Le despotisme, qui ne connoît d'autre loi
» que la volonté capricieuse & momentanée
» du

» du souverain, est en contradiction avec tous
» les intérêts du corps politique. Le peuple qui
» se met en devoir de le secouer, ne risque ja-
» mais rien, parce que l'esclavage est assuré-
» ment le dernier degré de la misère. Non-seu-
» lement il a le droit de ne point recevoir cette
» forme de gouvernement; il a encore celui
» de la détruire, s'il a le malheur d'y tom-
» ber....

» Pour nous rapprocher de la these de notre
» auteur, supposons qu'un souverain abuse du
» pouvoir que les loix lui accordent, & qu'au
» lieu de l'exercer pour le bien de ses sujets, il
» s'en serve pour les opprimer; la nation doit-
» elle se soustraire à une autorité si mal em-
» ployée. Je réponds qu'il y a fort peu de cas
» où, tout bien pesé, il soit du véritable intérêt
» du peuple de le faire.... Mais si le gouverne-
» ment est insupportable, s'il tend à la ruine
» de la liberté & du bonheur public, s'il est
» manifestement dégénéré en tyrannie, alors il
» est de l'intérêt de la nation de réprimer effi-
» cacement les violences du souverain, non pas
» en le destituant..... mais en lui donnant un
» conseil, par exemple, ou un tuteur qui gou-
» verne en son nom..... Je conviens avec l'au-
» teur que nulle société sur la terre n'a pas voulu
» conférer irrévocablement à ses chefs le droit de
» lui nuire. Je dis plus : nulle société sur la terre
» n'a jamais donné ce droit contradictoire à per-
» sonne......

» Il est incontestable que les souverains ne
» tiennent leur autorité que du consentement de
» la nation....... Dans un état où, par la

Tome VI. M

» constitution, le souverain est tenu de conférer
» avec son conseil sur l'administration publique,
» il est clair qu'outre la Divinité, il y a des
» hommes sur la terre légitimés à lui demander
» compte de sa conduite. »

Page 174 de la seconde partie, l'auteur dit....
« Un prince, esclave de ses passions, & qui,
» plongé sans cesse dans un tourbillon de dis-
» tractions, n'a ni le temps ni la volonté de se
» replier sur soi-même, est aussi peu athée
» que religieux ; il n'est pas même homme :
» c'est un être perverti, un frénétique, qui n'a
» point de système, parce qu'il passe sa vie
» dans un délire continuel. Il croit en Dieu par
» préjugé & malgré lui ; mais il fait tous ses
» efforts pour en éloigner l'idée. Lorsque dans
» les angoisses de sa conscience bourrelée, la
» voix du cœur & les préjugés de l'enfance re-
» prennent quelque force, il passe d'une espece
» de vertige & de démence à l'autre : il tâche
» de se réconcilier par des pratiques futiles, &
» souvent par des forfaits, avec une Divinité
» qu'il ne connoît pas. Dans le cours de ses in-
» justices & de ses débauches, il pense à l'éternité,
» comme un criminel pense au gibet & à la roue.
» Sa dévotion est celle d'un malfaiteur qu'on va
» exécuter. »

25 *Janvier* 1773. L'académie royale de mu-
sique remet demain sur son théatre *Castor & Pollux*, avec des embellissements du côté des
décorations, des habits & de l'appareil exté-
rieur.

26 *Janvier* 1773. On écrit de Ferney que M.
de Voltaire, quelque dégagé qu'il soit de la matiere, a cependant encore des velléités charnelles;

qu'il a recours quelquefois au secret du bon roi David pour prolonger sa vieillesse, & qu'il admet à sa couche de jeunes filles. On ajoute que depuis peu, s'étant trouvé l'imagination exaltée, il avoit tenté d'en venir à l'acte; mais que cet effort prodigieux lui avoit procuré un évanouissement considérable, ce qui avoit alarmé toute sa maison. On assure qu'heureusement cet accident n'a pas eu de suites.

27 *Janvier* 1773. Les détails de la mort de M. Piron sont précieux, & par l'homme qu'ils concernent, & par le piquant qu'il savoit mettre à toutes ses reparties. On a dit qu'il avoit mal reçu le curé de St. Roch. Ce dernier lui ayant objecté les divers écrits scandaleux qu'il pouvoit avoir à se reprocher, l'autre lui répondit qu'il croyoit avoir facilement expié tout cela par son *de profundis* & autres ouvrages de dévotion. Sur quoi le pasteur faisant l'étonné, comme s'il n'eût rien fait en ce genre : « Eh, mordié ! » lui répliqua-t-il, M. le curé, est-ce que vous » n'êtes fait que pour fouiller dans mes or- » dures ?

Depuis, sa niece, nommée *Nanette*, lui ayant fait des représentations sur la nécessité de satisfaire aux cérémonies d'usage : « Tu sais bien, dit-il, » que je n'ai jamais aimé à mentir; allons, qu'il » vienne, mais qu'on me donne mon grand » *Widercome*, » gobelet énorme dans lequel il buvoit, comme s'il eût voulu faire passer ce calice par quelque chose de plus à son goût.

Cette niece étoit mariée, à l'insu de son oncle, à un nommé *Capron*, violon; & quoique cet hymen fut fait depuis long-temps, elle s'imaginoit que M. Piron l'ignoroit absolument.

Il disoit de temps en temps : « J'en rirai bien après ma mort, Nanette a le paquet. » Elle étoit en effet nantie d'un testament, dans lequel il dit : « Je laisse à Nanette, &c. *femme de Capron, musicien.* » Ce qui prouve qu'il n'ignoroit pas la supercherie, & qu'il avoit eu la générosité de ne rien diminuer de ses sentiments pour sa niece.

Toute l'académie Françoise a été invitée à son enterrement ; & par une indécence qui a indigné tous les gens de lettres, aucun de ces messieurs ne s'y est trouvé.

C'est le sieur Bret qui est chargé de ramasser les manuscrits de ce grand homme, de les rédiger, & de donner l'édition de ses œuvres posthumes.

La plus curieuse sans doute seroit un *Piromiana*, c'est-à-dire, le recueil de tous les bons mots & saillies qu'il a dit en sa vie. Mais il faudroit, pour présider à ce travail, un homme chaud comme l'auteur, & M. Bret n'est rien moins que tel.

28 *Janvier* 1773. *Les Loix de Minos*, tragédie de M. de Voltaire, que les comédiens François annonçoient & devoient donner incessamment, sans le succès éclatant de la nouvelle actrice, viennent d'être imprimées sous ce titre, ou *Astérie*. On en conclut que la tragédie ne sera pas jouée. L'intrigue est un réchauffé de plusieurs autres du même genre, & sur-tout des *Guebres*, du même auteur. Mais ce qui doit en dégoûter absolument, c'est la foiblesse du coloris, où l'on ne retrouve en rien le grand poëte, dont c'étoit la partie brillante.

29 *Janvier* 1773. L'actrice nouvelle commence à faire de petits soupers, qui, à ce qu'on espère, la conduiront à ce qui s'ensuit. Elle a exprimé sa reconnoissance envers le Sr. Brizard dans de petits vers qui sont tenus secrets, ce qui n'en fait pas bien augurer. On assure pourtant qu'ils ne sont pas mauvais. Du reste, elle est bien en société; elle a de la gaieté & des saillies.

Elle a joué plusieurs fois à la cour, où elle plaît de plus en plus & sur-tout au roi. Madame Dubarri la goûte beaucoup aussi, & y prend un intérêt assez vif pour l'avoir exhortée à être sage.

30 *Janvier* 1773. Le *Système social* est divisé en trois parties. L'auteur établit dans la premiere, les principes naturels de la morale; dans la seconde, ceux de la politique; & dans la troisieme, il expose les causes & les remedes de la corruption dans les sociétés. Il prétend que tous les principes de la morale découlent de la nature de l'homme, de ses besoins & de ses rapports avec ses semblables; que les anciens n'ont point eu d'idées fixes & sûres de ces principes; que les modernes, avec leurs spéculations mystiques, spirituelles inintelligibles, les détruisent, les font méconnoître, & que les hommes ne connoîtront bien & ne se régleront par eux, que lorsqu'ils renonceront à toute espece de superstition. Il veut que les principes naturels de la politique ne soient & ne doivent être que les corollaires de ceux de la morale; que les motifs d'intérêt personnel qui doivent porter chaque individu à travailler à se ménager un bonheur solide & durable, en se conciliant l'estime & l'affection de ses semblables, doivent déterminer les gouvernements,

quelles que soient leurs formes, & par rapport aux peuples gouvernés, & par rapport aux nations étrangeres. D'où il suit qu'une nation n'est heureuse qu'autant que son gouvernement est juste envers elle & envers ses voisins. Enfin l'auteur prétend que tous les vices qui infectent la société, naissent de l'ignorance où sont les peuples & les souverains de ce qui conduit au véritable bonheur, à la vraie gloire ; que le remede aux maux qui couvrent la surface du globe est dans la connoissance de la vérité ; que la vérité n'est nuisible qu'aux fripons & aux méchants. Il annonce qu'elle frappera tôt ou tard les oreilles du plus grand nombre, & que son regne s'établira un jour sur les ruines du mensonge & de la superstition.

Ce traité porte l'empreinte d'une ame énergique & courageuse. On y trouve un génie profond, accoutumé à remonter des effets aux causes, & à comparer leur influence sur les êtres sensibles. Il est écrit d'un style noble & facile : il respire des sentiments d'humanité & d'affection sociale, qui intéressent & qui attachent.

Dans la troisieme partie, on trouve un chapitre intitulé : *de la félicité domestique*, qu'il seroit à souhaiter que tous les hommes apprissent par cœur. C'est un tableau touchant & sublime de la douceur que goûtent deux ames honnêtes, sensibles & éclairées, deux époux enchaînés par les liens d'un heureux hyménée.

30 *Janvier* 1773. L'opéra de *Castor & Pollux* a été reçu avec le même empressement que par le passé. On a pris des précautions pour empêcher que la foule ne fût trop grande au par-

terre, & prévenir les malheurs arrivés à la derniere reprife de ce fpectacle. Trois fentinelles, à cinq heures, s'emparent des deux entrées du parterre, & les barrent avec leurs fufils croifés ; en forte qu'il n'eft plus poffible d'y entrer : ce qui produit un autre inconvénient, dont il réfulte des vuides qui pourroient être occupés.

31 *Janvier* 1773. Le fameux avocat Linguet, qui l'année derniere a occupé le barreau fi long-temps, eft actuellement dans un filence morne. Cependant une malheureufe aventure qui lui eft arrivée récemment avec une fille de l'opéra, a ranimé fon éloquence mordante, & il répand une lettre de fa façon à cette prêtreffe de Vénus, où il fe plaint amérement d'elle. Voici cette épître.

Lettre écrite le 7 janvier 1773, à Mlle. Landumier, dite la Caille, *ancienne figurante de l'opéra, par un de fes derniers adorateurs.*

« En vérité, ma belle voifine, vous êtes trop généreufe ! vous vous êtes mife en mouvement le 29 du mois dernier fur votre bergere, pour me donner mes étrennes. Elles fembloient être de la façon de l'amour. Je ne fais fi elles auroient pu être autrement tournées de celle de la haine. Ce qu'il y a de fûr, c'eft que je me ferois bien gardé de les recevoir, fi j'en avois connu la valeur. Mais ce n'eft que le huitieme jour que je me trouve inftruit ; & s'il eft heureufement encore temps de me débarraffer de votre préfent, il ne l'eft malheureufement plus de refufer.

Quand Apollon rencontroit des beautés rebelles, il les métamorphofoit en arbres, chargés de feuilles bien vertes & de fruits bien jaunes. Je ne fuis pas une beauté ; je n'ai été que trop docile, & cependant mon chirurgien m'assure qu'il y aura avant peu du verd & du jaune dans mon affaire. Je ne voudrois pas pour cela devenir souche, comme la jeune Daphné, mais j'enrage de grand cœur de ne l'avoir pas été du moins un jour.

Je sais à présent à quoi m'en tenir sur la maladie de M. D.... Je vois les raisons qui vous ont écartée de moi à mon retour & retenue auprès de lui dans ces moments si délicats. Nous étions tous étonnés de vous voir devenue si sédentaire auprès d'un homme sur qui vous m'accordiez, à moi indigne, toutes sortes de préférences. Je sens maintenant le principe qui vous conduisoit. Le pauvre d.... avoit une imflammation au... bas-ventre : il étoit tout naturel qu'étant aussi un peu enflammée devers ces parties-là, vous lui servissiez de garde. Les rafraîchissements devoient s'étendre, comme l'incendie que vous lui aviez causée ou simplement partagée ; que vous en fussiez la source ou le dépôt, il falloit bien que le tout devînt commun. C'étoit une économie très-sage de ne séparer ni les maux ni les remedes.

Mais qu'avois-je besoin d'être fourré dans ce bûcher infernal ? Moi, qui n'apportois que le feu le plus pur & le plus doux ; moi qui commençois à m'habituer à une privation, dont je n'accusois que votre inconstance ; moi que le plus tendre amour conduisoit à vos pieds ! quand vous avez eu la cruauté de m'y rappeller, hélas ! c'est avec bien du plaisir que je lui ai offert mes sacrifices ; mais je ne croyois pas en être la victime !

Ma toute aimable, je ne veux plus du culte de ce dieu-là, quand vous en serez la prêtresse.

Vous traitez trop rudement les cierges qu'on lui présente : on vous les confie pour les éteindre, & vous les exposez à fondre goutte à goutte.

Je n'ai plus qu'une curiosité, c'est de savoir comment se sera trouvé de son voyage le bon ami *Gourbil*? de quels remedes se sert le complaisant l'*Esc...*? & où en sont tant d'honnêtes gens qui, séduits comme moi, par l'agrément de votre figure & la solidité apparente de votre caractere, ignorent combien peut devenir dangereuse la consolatrice d'un magistrat liquidé, ont conçu, comme moi, des desirs pour vous, & ont eu probablement, comme moi, part à vos largesses. Je les plains, s'ils en ont tiré le même fruit.

Je vais, comme eux, travailler sourdement à me délivrer de ce fruit funeste. La derniere proposition que je hasarderai jamais, c'est de vous le rendre, si vous en êtes curieuse, avant que je m'en défasse.

Adieu, ma divine. Voilà bien du changement en deux jours : n'est-il pas vrai ? Mais c'est ainsi que vont les événemens de la vie, comme vous me l'écriviez si tendrement il y a un mois, en m'annonçant une retraite dont je serois heureux que vous ne fussiez jamais sortie. Vous devez être à présent plus convaincue encore de la vérité de cet axiôme. Cette lettre est bien différente de la derniere, mais c'est que mon... bas-ventre est aussi diablement changé ; ce que je déplore bien tristement. Bon jour : je vous embrasse du plus loin qu'il m'est possible, & je suis, &c. »

31 *Janvier* 1773. Un inconnu a fait offrir à la nouvelle actrice douze mille francs de pension ;

tant qu'elle resteroit sage; & si elle ne vouloit pas l'être, il a demandé la préférence, & lui en a offert 24,000 livres. On ne dit point encore quel parti elle a pris: on veut seulement que le quidam n'ait été que le porteur de parole de M. le duc de Bourbon. Si cela est, il est à présumer que sa vertu aura peine à tenir contre un prince du sang.

31 *Janvier* 1773. On a parlé de la fête exécutée chez Mlle. Clairon, pour l'inauguration du buste de M. de Voltaire. Un caustique a fait à cette occasion les vers suivants, qui ont été peu répandus jusqu'à présent. On les attribue à M. Dorat, qui les nie cependant, à cause du héros.

Vers de l'abbé Lilas, ex-jésuite, à M. de Voltaire, au sujet de son apothéose chez Mlle. Clairon.

Grand peintre, aimable, sage, & sublime écrivain,
Toi, qui sais tour-à-tour ●●● instruire & nous plaire;
  C'en est fait, ta gloire est entiere,
Te voilà le héros d'un souper libertin:
Chez une courtisanne, un laurier clandestin,
  A couronné ta tête octogénaire;
Et tu mets de moitié, dans ton brillant destin,
  Une émérite de Cythere.
Pour elle, en vérité, c'est avoir trop d'égard;
  L'auguste Clairon, qu'on oublie,
  Voudroit bien, pour comble de l'art,
Des honneurs immortels escamotter sa part;

Et couvrir Frétillon du manteau d'Athalie:
Vivre dans l'avenir eſt, dit-on, ſa folie.
  Voilà pourquoi la belle, à tout haſard,
Sur ton char de triomphe arrogamment s'appuie;
Elle eſpere qu'un jour, au temple d'Uranie,
Son buſte, avec le tien, ſera mis en regard.
Limite enfin, crois-moi, l'orgueil de la princeſſe;
  Car, entre nous, ceci paſſe le jeu ;
    Ton apothéoſe intéreſſe,
Mais chez nos bons plaiſants on la critique un peu;
    Et le renom de la déeſſe,
A te parler ſans fard, décrédite le dieu.

1 *Février* 1773. Pluſieurs littérateurs, offenſés du ton tranchant & deſpotique de l'auteur *des trois Siecles*, ont déchargé leur bile dans diverſes ſortes d'ouvrages. M. d'Aquin un des plus maltraités, a fait les deux épigrammes ſuivantes.

Certain jour, chez Pigal, en contemplant Voltaire,
Je diſois : Qu'a donc mis le fameux ſtatuaire
    Sous les pieds de notre Apollon ?
Et pourquoi lui fait-on écraſer du talon
    Ce maſque hideux, dont la bouche effroyable
      Semble ouverte pour aboyer ?
      Eſt-ce l'envie ? Eſt-ce le diable ?
      Quelqu'un cria dans l'attelier :
Oh! ce n'eſt rien ; c'eſt l'abbé Sabbathier.

Autre.

Mons Sabbathier, ta sotte paperasse,
Pour quelques mois te donnera du pain :
L'ami, je vois, à ta burlesque audace,
Que tu crains moins le bâton que la faim.

2 *Février* 1773. *Pieces philosophiques.* Tel est le titre d'un nouveau recueil contenant diverses matieres, traitées en effet philosophiquement. On y trouve *la parité de la vie & de la mort*; *Dialogues sur l'ame*; *J. Brunus Redivivus*, ou *Traité des erreurs populaires*.

3 *Février* 1773. Moliere est mort le 17 février 1673. Deux auteurs ont imaginé de célébrer l'année séculaire de ce triste événement par une comédie relative à ce grand homme. On doit les jouer successivement l'un & l'autre. C'est à quoi les comédiens se disposent aujourd'hui.

3 *Février.* C'est M. Rigoley de Juvigny qui est chargé de l'édition des œuvres de Piron. C'est un intrigant subalterne qui n'est homme de lettres que par air, & n'est guere plus propre à ce travail que monsieur Bret. Celui-ci a seulement un recueil d'anecdotes qu'il se propose de mettre au jour.

4 *Février* 1773. *Sermons prêchés à Toulouse, devant MM. du parlement & du capitoulat, par le révérend pere A. Pompée de Tragopone, capucin de la Champagne Pouilleuse.* Ce Recueil consiste en deux sermons, accompagnés d'un grand nombre de notes, dont la plupart sont

fort étendues. Elles paroissent destinées à mettre dans tout son jour le goût sanguinaire que l'auteur prétend être inspiré aux Hébreux & aux Christicoles, par les textes anciens des ouvrages de leur législateurs.

Quant aux Sermons, ce sont deux capucinades, telles que les capucins n'en font point. On y expose la marche & l'esprit de l'ancienne & de la nouvelle alliance, de maniere à en donner une idée aussi ridicule que révoltante : idée que l'on prétend puisée aussi dans l'esprit de l'ancien & du nouveau testament, dans les écrits des peres Grecs & Latins, & dans les faits consacrés par l'histoire.

On trouve à la suite de ce discours des lettres écrites par un parent de *Jean Calas*, à un des fils de celui-ci, qui s'étoit fait catholique. Elle présente un tableau touchant & détaillé de l'accusation, de la procédure & du meurtre de ce pere infortuné, dont l'histoire a fait tant de bruit.

5 *Février* 1773. Le sieur Caron de Beaumarchais annonce une comédie de sa façon, intitulée : *le Barbier de Séville*. Elle est tirée du théâtre Espagnol ; elle est fort gaie ; c'est même une farce de carnaval, qu'il est question de nous donner le mardi gras. Cet auteur veut, dit-on, nous dédommager de toutes les larmes qu'il nous a fait répandre par ses drames lugubres & romanesques.

5 *Février* 1773. La jeune Sainval n'est point découragée par les succès de la nouvelle actrice ; & quoiqu'elle n'ait pas, pour enlever les suffrages, les mêmes moyens, du côté de la taille, de la figure & de la voix, qu'a sa rivale, elle

ne craint point de paroître immédiatement après elle. Elle jouera demain dans *Inès de Castro* : c'est, il est vrai, son triomphe.

5 *Février* 1773. Un des membres de la faculté de théologie a dénoncé à la sorbonne, l'*Histoire philosophique & politique du commerce, & des établissements des Européens dans les deux Indes*, attribuée à l'abbé Raynal. Elle a nommé des commissaires pour procéder à l'examen de cet ouvrage, & tout annonce qu'elle se dispose à le juger avec la plus grande sévérité.

5 *Février.* L'abbé le Monnier, auteur du *Bon fils*, est chapelain de la sainte chapelle. Il a pris un nom postiche, & sur les imprimés on lit : par M. *de Vaux*. Cependant, comme il est notoirement connu pour le pere de cette mauvaise piece, le chapitre est furieux contre ce suppôt prévaricateur, & l'archevêque de Paris exige, dit-on, qu'il soit destitué de sa place. Ce seroit acheter bien cher la honte d'avoir produit une aussi détestable drogue.

6 *Février* 1773. Le sieur *le Mire*, graveur, vient de graver une estampe sur le partage de la Pologne, intitulée : *le Gâteau des Rois*. A ce titre allégorique on juge que c'est une caricature satirique, mais noble & décente. Elle est composée de quatre figures, toutes très-ressemblantes. Elles tiennent entr'elles la carte du royaume en question. L'impératrice des Russies est au coin de la gauche ; de ses deux mains elle embrasse une grande partie de ces états, & regarde le roi de Pologne, dont la couronne chancele sur la tête, & qui semble demander grace à sa protectrice. A la droite de la carte, sont l'empereur & le roi de

Prusse, qui de leur côté paroissent causer très-sérieusement sur ce qu'ils veulent s'approprier. Le dernier, du bout de son épée, touche Dantzick, & par ce geste expressif, annonce le principal objet de ses vœux. Le sieur *le Mire* a mis son nom au bas de cette estampe, qui sera en vente incessamment. Ce qui fait présumer qu'il a au moins une permission tacite du gouvernement pour la distribuer.

On a oublié de dire qu'une renommée plane au dessus de ces têtes couronnées. Elle embouche sa trompette, & part pour aller annoncer à l'Europe cette nouvelle intéressante. L'estampe est belle, nette & précise; le plan est bien conçu, & tout y est très-expressif.

6 Février 1773. Mademoiselle Clairon ne pouvant vivre ici avec quatorze mille livres de rentes, se dispose à passer en Allemagne, & à aller jouer la comédie chez un margrave pendant un certain temps. Elle économisera ses revenus dans cet intervalle, & pourra augmenter son capital, de façon à revenir ici plus en état de figurer, ce qu'elle aime beaucoup. Les étrangers vont être à même de juger des talents de cette *émérite de Cythere*.

7 Février 1773. La Dlle. Sainval, la jeune, a repris aujourd'hui ses débuts dans la tragédie d'*Inès de Castro*, où elle a fait le rôle d'*Inès*. On ne peut rendre l'affluence de monde qu'y a attiré la curiosité des amateurs pour faire sur le champ la comparaison de ce talent avec celui qui venoit de se manifester avec tant d'éclat. Il faut avouer que la demoiselle de Raucoux fait un tort irréparable à celle-ci. Elle a les moyens extérieurs à un si haut degré, que la Dlle. Sainval ne semble plus qu'une soubrette auprès d'elle. Elle a pourtant reçu des applaudissements, mais elle n'a pas eu cette unanimité de suffrages qui annoncent les vrais transports d'admiration. Il est à craindre que la foule ne diminue beaucoup incessamment.

7 Février 1773. L'université de Paris a proposé, comme on a dit, pour sujet du discours Latin qui doit remporter le prix cette année : *non magis Deo quàm Regibus infensa est ista quæ vocatur hodie philosophia.* Cette assertion effrayante pour les philosophes modernes a excité l'éloquence de leur coryphée : monsieur de Voltaire a pris le contre-pied, dans un discours de 19 pages d'impression, qu'il publie sous le nom de Me. Belleguier, ancien avocat. On y trouve la plus profonde érudition, & un art étonnant pour rapprocher tout ce que l'antiquité reculée peut lui offrir de favorable à la justification qu'il entreprend.

8 Fevrier 1773. Preuves démonstratives en fait de justice, dans l'affaire des héritiers de la dame Veron, contre le comte de Morangiès, avec les pieces justificatives, au nom du sieur Liégard Dujonquay, petit-fils de la dame Veron, docteur ès loix, pour servir de réponse aux probabilités de M. de Voltaire.

Tel est le titre d'un nouveau mémoire, qui réveille l'attention du public sur une affaire assoupie & non finie. A la suite de ce mémoire est une consultation du 28 janvier, signée *Falconnet* ; ce qui désigne le nom de l'auteur de l'ouvrage. On ne peut faire une réfutation plus solide & plus amusante des paralogismes continuels du philosophe de Ferney. Ce jeune orateur l'écrase absolument.

8 *Février* 1773. M. Marmontel, à ses vers sur l'incendie de l'Hôtel-Dieu, a joint quelques pages de prose, dans lesquelles il implore le secours de S. M. & porte le vœu de tous les citoyens, pour que l'emplacement de cet hôpital soit changé. Les vers sont médiocres, la prose est peu saillante; mais les vues sont bonnes, c'est-à-dire, conformes à celles du public.

9 *Février* 1773. Les sermons du prétendu capucin *A. Pompée de Tragopone*, sont trop curieux pour n'en pas donner un extrait plus détaillé.

Le premier roule sur la mort de *Jean Calas*, accusé d'avoir pendu son fils aîné le 13 octobre 1761, condamné à être rompu vif, par arrêt du parlement de Toulouse, le 9 mars 1762.

L'orateur s'appuie d'abord d'un passage du *Deuteronome*, qui lui sert de texte. Il le développe, il le commente avec une éloquence vraiment fanatique, & il en tire les deux divisions de son discours, dont le résultat doit être, que les magistrats de Toulouse ont très-bien fait de faire rouer l'infortuné vieillard, quoiqu'innocent du crime dont on l'accusoit, & de persécuter sa femme & ses enfants.

La justice de votre jugement: voilà, dit-il, mon premier point.

La récompense que vous méritez: voilà mon second point. Implorons les lumieres du Saint-Esprit.

La justice du jugement du parlement est fondée sur ce que Calas étoit hérétique, & conséquemment digne de mort, suivant la parole de Dieu même, suivant les exemples qu'il en a donnés, suivant ce qui s'est pratiqué dans l'église depuis l'origine des hérésies, suivant l'histoire, qui rapporte les actes héroïques de plusieurs grands princes catholiques en pareil cas; enfin, suivant la jurisprudence du parlement même, qui a toujours montré une soif insatiable pour le sang des novateurs.

Le révérend pere établit la récompense que mérite le parlement de Toulouse, toujours sur les autorités sacrées. Il fait voir que, quoique tout soit gratuit de la part de Dieu, il a cependant voulu s'engager spécialement envers les destructeurs des hérétiques. Après les faits tirés de l'écriture sainte, il cite encore une énumération de scenes sanglantes qu'a occasionées le triomphe de la foi. Le massacre de la saint Barthelemi y tient un rang distingué, & l'orateur s'étend sur ce sujet avec une complaisance merveilleuse. La révocation du fameux édit de Nantes reçoit aussi de sa part un éloge particulier. Et il conclut par exhorter le parlement à ranimer son zele qui s'affoiblit, & a reprendre cet esprit d'intolérance & de persécution qui l'animoit autrefois.

Beati pauperes spiritu, quoniam ipsorum est regnum cœlorum. Tel est le texte du second sermon, dont les deux divisions sont: que les sciences sont un obstacle au salut: premier point. Que la raison est pernicieuse à la piété, & que Dieu en demande le sacrifice: second point.

L'auteur du discours prouve encore ses assertions par les faits. 1°. Les juifs ont toujours été très-ignorants, suivant l'inftitution de leur faint légiflateur. 2°. Les jours les plus floriffants du chriftianifme ont été dans les fiecles des ténebres, dans ces temps fortunés où les rois courboient la tête fous les joug des papes. Jamais tant de faints, tant de miracles que dans les temps d'ignorance.

Le fecond point n'eft pas difficile à prouver. On fait que la raifon eft toujours en contradiction avec la foi ; que cette derniere ne peut s'accroître qu'aux dépens de l'autre ; il faut donc faire le facrifice de la premiere. Ces fages & vigoureufes décifions font également appuyées d'une multitude de faits, qui font un honneur infini à l'érudition & à la logique de l'orateur qui prêche l'ignorance & l'imbécillité. Il finit par un compliment au parlement de Touloufe, qui paroît convaincu de la même vérité, & s'eft dépouillé fi heureufement de fes lumieres & de fon bon fens dans l'affaire de Jean Calas.

Suivent de courtes réflexions fur les deux fermons précédents, confacrées à découvrir mieux leur bonté & leur beauté. C'eft ainfi que ces fermons, par une des tournures les plus heureufes qu'on puiffe prendre pour égayer une matiere auffi atroce, deviennent propres à jeter un ridicule indélébile fur le fanatifme des prêtres & la crédulité des peuples.

Les notes, remplies d'anecdotes hiftoriques, piquantes & amufantes, ne contribuent pas peu à jeter plus d'intérêt & d'agrément dans la lecture de cette production très-courue.

16 *Février* 1773. *Lettre de M. de Voltaire à M. le maréchal de Richelieu, au sujet de l'évanouissement dont on a parlé.*

Ferney, le 21 décembre 1772.

> Quoi, toujours la cruelle envie
> Poursuit ma réputation !
> On dit qu'une nymphe jolie
> Dans ma derniere maladie
> M'a donné l'extrême-onction :
> Et que j'emporte en l'autre vie
> Ce peu de satisfaction.
> Voyez l'horrible calomnie !
> Seigneur, il n'appartient qu'à vous,
> A votre jeuneſſe immortelle,
> De faire encor de ſi beaux coups,
> Et d'être entre les deux genoux
> D'une coquine fraîche & belle.
> Je fens que je ſuis au tombeau,
> Cet état me fait de la peine ;
> Mais il ne faut que le roſeau
> Vive auſſi long-temps que le chêne.

Mon héros exige que je lui conte le fait, parce qu'il veut être inſtruit de ce que ſes ſujets, jeunes & vieux, font dans ſon empire. Je lui dirai donc, comme devant mon Dieu, que madame Denis faiſant les honneurs d'un grand dîner, je mangeois dans ma chambre un plat de légumes, comme vous en uſâtes quand vous honorâtes mon taudis de votre préſence ; une belle demoiſelle de la compagnie, plus grande que madame

M..... de deux doigts, plus jeune, plus étoffée, plus rebondie, vint me consoler. Les Genevois sont malins, & les calvinistes sont bien aises de jeter le chat aux jambes des papistes. Mais le fait est que cette auguste demoiselle me faisoit trembler de tous mes membres, & que si je m'évanouis, c'étoit de crainte & de respect.

Je vous jure que j'aurois plutôt fait la scene de *Sylla*, de *Pompée* ou de *César*, dont vous me parlez, que je n'aurois fait un couplet avec cette belle personne. Depuis que j'ai des lettres de capucin, je mets toutes ces impostures aux pieds de mon crucifix, & je ne dis à personne : *ouvrez le loquet*, &c.

(*Signé*) le vieux malade de Ferney, à qui l'on a fait trop d'honneur.

On voit par cette lettre que M. de Voltaire, en niant le fait, l'avoue, ou du moins n'est pas fâché qu'on le croie.

11 *Février* 1773. L'estampe dont on a parlé, concernant le partage de la Pologne intitulée : *le Gâteau des Rois*, vient d'être arrêtée chez le sieur le Mire, & enlevée avant d'être mise en vente, par ordre du gouvernement ; cependant on se flatte qu'elle reparoîtra. On présume que c'est une tournure pour prévenir les plaintes des ministres qu'elle intéresse, & que sourdement on en relâchera les exemplaires au graveur. En effet, il est difficile de croire que celui-ci se soit hasardé à faire les frais d'une entreprise aussi délicate, sans être sûr d'une approbation au moins tacite.

11 *Février*. On a dit qu'on avoit remarqué avec indignation que de tous les membres de l'académie françoise, invités à l'enterrement de monsieur

Piron, aucun ne s'y étoit trouvé. Un plaisant a fait à cette occasion l'épigramme suivante:

Des Quarante, priés en vain à ton convoi,
Aucun n'en a voulu grossir le petit nombre!
Ne t'en plains pas, Piron: c'est qu'ils avoient, ma foi,
  Encore peur, même de ton ombre!

13 *Février* 1773. Le procès concernant l'Encyclopédie se réveille. Les libraires associés à l'impression de cet ouvrage, par une astuce digne de leur mauvaise foi, ne veulent pas délivrer aux souscripteurs les derniers volumes de planches qu'ils ne donnent un certificat qui décharge lesdits libraires associés de tous les engagements qu'ils ont pu prendre avec eux, lesquels ils annullent, ayant été pleinement remplis, &c. Ils esperent par cette manœuvre dépouiller certainement de leurs titres les personnes qui ne sont point instruites de l'infidélité contre laquelle on réclame. Ils font également une autre surprise aux libraires de province, dont le détail est inutile, & qui tend à consolider de plus en plus leur iniquité.

En conséquence les sieurs le Guay & consorts, souscripteurs, &c. viennent de présenter une requête au nouveau tribunal, à ce qu'il lui plaise ordonner que lesdits sieurs Briasson & le Breton, soient tenus de délivrer lesdits volumes sur les certificats de souscription seulement, & aux conditions des formalités convenues, sauf par lesdits souscripteurs à déposer chez tel notaire qu'il plaira nommer à la cour, les sommes différentes que lesdits libraires associés veulent induement exiger, &c.

14 *Février* 1773. M. le marquis de Louvois fait aujourd'hui l'entretien des foyers de l'opéra. Il a pris quelque goût pour la Dlle. Grandi, une danseuse de ce spectacle, & celle-ci, qui n'est pas cruelle, l'a admis à sa couche. Elle a fait les choses très-généreusement, s'en rapportant à la munificence de ce seigneur, & n'imposant aucune condition. Le lendemain son amant lui a demandé ce qui lui feroit plaisir : elle a parlé de châtons qui s'assortiroient à merveille avec un collier qu'elle avoit, & le rendroit beaucoup plus brillant. Le surlendemain il est arrivé une caisse à Mlle. Grandi pleine de petits chats. Cette facétie fait beaucoup rire, & l'on ne doute pas qu'il ne lui succede quelque chose de plus sérieux de la part de M. de Louvois.

15 *Février* 1773. M. Luneau de Boisjermain, qui depuis long-temps dirigeoit un projet dont il sentoit toute l'utilité pour le public, vient enfin de le faire connoître au gouvernement, & d'obtenir la permission de répandre des prospectus sur ce sujet. Il est question d'un *abonnement littéraire*, servant pour la province à l'expédition, par la poste, de tous les livres brochés, & autres nouveautés littéraires, imprimés avec permission & privilege, lesquels seront remis, port franc & poste restante, dans toutes les ville du royaume aux personnes qui les demanderont, au prix auquel chaque article sera vendu publiquement chez les différents libraires de Paris.

Par ce moyen, les amateurs seront à même de jouir très-promptement, dans les extrémités les plus reculées du royaume, des objets particuliers de leur curiosité. On ne doute pas qu'un tel projet ne prenne beaucoup, qu'il ne s'améliore,

& que la spéculation ne s'en étende jusqu'aux pays étrangers, lorsque par quelques années d'essai, on aura pu prévenir les inconvénients, & lever les difficultés.

16 Février 1773. Il paroît une requête en forme au roi, des maire, échevins & habitants de la ville de Rochefort, pour supplier sa majesté de rendre le port marchand de cette ville, nommé *la Cabane quarrée*, libre, & le comprendre au nombre des ports du royaume qui jouissent du bénéfice des lettres-patentes du mois d'avril 1717. On y voit relatés tous les avantages détaillés d'un tel projet, & qui sont si lumineusement exposés dans les divers mémoires de M. Dulaurens, maire & député de Rochefort. Ce digne citoyen a enfin surmonté les plus grands obstacles qu'on lui opposoit, & est actuellement très-bien venu des ministres, & il a tout lieu de se flatter qu'il recueillera le fruit de sa constance. Sa requête doit avoir d'autant plus de poids dans le conseil, qu'elle est appuyée des requêtes des cités d'Angoulême, de Xaintes, de St. Jean-d'Angely, de Charente, de Jarnac & de Cognac, qui toutes se joignent à la ville de Rochefort pour demander une liberté dont elles profiteront, par le débouché qui en résultera pour la vente de leurs denrées. M. Dulaurens n'a plus à combattre que l'opposition des fermiers-généraux & celle des négociants de la Rochelle. Quant aux premiers, on leur fera voir aisément qu'ils entendent mal leurs intérêts; & quant aux seconds, qu'ils les entendent trop bien, mais que l'intérêt particulier ne doit jamais prévaloir contre l'intérêt général.

17 Février 1773. *Le Barbier de Seville*, comédie

médie de M. Caron de Beaumarchais, qu'on avoit annoncée, est différée par une aventure très-singuliere, arrivée à l'auteur.

Il est fort lié avec M. le duc de Chaulnes, (ci-devant Pequigny). Celui-ci l'a introduit chez sa maîtresse, nommée *Mesnard*. M. de Beaumarchais est aimable & insinuant auprès des femmes, en sorte qu'il avoit acquis une grande intimité auprès de celle-ci, chez laquelle il alloit beaucoup depuis un an. Depuis quelques jours le duc de Chaulnes en a conçu une telle jalousie qu'il a voulu le tuer. Il étoit d'abord convenu de se battre avec le sieur Caron, en présence de M. le comte de la Tour-du-Pin, pris pour juge du combat; mais ce seigneur n'ayant pu sur le champ se rendre à l'invitation, la tête du duc de Chaulnes s'est exaltée à un tel point, chez son rival même, qu'il l'a voulu tuer dans sa propre maison, & qu'il a été obligé de se défendre contre lui à coups de pied & de poing, mais à son détriment, son adversaire étant un des plus gros, grands & vigoureux personnages de France. Les domestiques ont été obligés de s'en mêler: la garde, les commissaires sont arrivés, & l'on a dressé procès-verbal de cette scene tragi-comique. Il a fallu donner un garde à M. de Beaumarchais pour le garantir des fureurs de son adversaire, dont on cherche à guérir la tête.

17 Février 1773. Les comédiens François ont donné aujourd'hui la piece qu'on a annoncée faite pour célébrer la commémoration du siecle révolu depuis la mort de Moliere, exécutée par un ballet héroïque.

On a ajouté sur l'affiche que le profit de cette représentation seroit consacré à l'érection d'une statue en l'honneur de ce grand homme; ce qui a augmenté la foule des curieux & excité la munificence des grands seigneurs.

18 *Février* 1773. Les comédiens François ont donné aujourd'hui *la Centenaire*, comédie en un acte & en vers, sur le même sujet que celle d'hier. Celle-ci est d'un autre auteur. C'est M. Artaud, secrétaire de M. le duc de Duras.

22 *Février* 1773. Le sieur Liegeon s'occupe à force à rédiger tous les plans qui doivent être présentés au roi au commencement du carême & arrêtés définitivement. Comme il n'est plus question de bâtir la nouvelle salle par économie, le jeune architecte se donne de la marge & taille plus en grand. Il cherche aussi à contenter les comédiens, relativement aux distributions intérieures.

C'est décidément le roi qui se charge de faire les frais de la construction. S. M. a dit qu'elle verroit avec son contrôleur-général aux moyens d'y pourvoir. Elle a, en attendant, ordonné à la ville de faire les avances, &, pour mieux accélérer, elle doit faire un emprunt, c'est-à-dire, prendre les fonds de la compagnie qui s'offroit.

On espere que ce travail ira vite. S. M. l'a fort à cœur, sur-tout depuis l'incendie de l'hôtel-dieu. Elle a toujours craint que les comédiens ne missent le feu à la salle des Tuileries & ne fissent brûler le château : ses alarmes ne font que redoubler depuis cette funeste catastrophe.

25 *Février* 1773. Suivant le plan de M. Liegeon pour la construction de la nouvelle salle de la comédie Françoise, il y aura dans le péristile de

quoi placer six statues en pied. Celle de Moliere, dont l'erection est décidée depuis son apothéose, & à laquelle on doit appliquer les fonds de la premiere représentation de la piece intitulée l'*Assemblée*, doit être érigée en ce lieu, & l'on ne doute pas que celle de M. de Voltaire ne soit aussi du nombre.

1 *Mars* 1773. M. Caron de Beaumarchais a été mis au Fort-l'Evêque, pour ne s'être pas exactement conformé à l'invitation que lui avoit fait faire M. le duc de la Vrilliere de ne pas sortir avant la détention de M. le duc de Chaulnes. On assure en outre que son mémoire, extrêmement vif, a déplu à toute la maison de Luynes, qu'il a répandu des copies manuscrites, & qu'elle a exigé que cette imprudence fût punie. En général, ce particulier, fort insolent, qui ne doute de rien, n'est point aimé, & quoique dans cette rixe-ci il ne paroît pas qu'on ait à lui reprocher aucun tort, on le plaint moins qu'un autre des vexations qu'il éprouve.

6 *Mars* 1773. Madame la duchesse de Mazarin, (d'Aumont en son nom) & fille du duc, est une assez belle femme de la cour, fort renommée par son goût pour le plaisir & pour les galanteries. Il y a environ quatorze à quinze ans qu'on lui donnoit publiquement pour amant, à la cour & à la ville, M. de Montazet, archevêque de Lyon, dont on prétendit qu'elle étoit devenue grosse alors. Depuis, entre ses divers esclaves, on a compté le sieur Radix de St Foix, ancien trésorier-général de la marine, financier très-célebre par son luxe insolent & par ses bonnes fortunes qu'il achete très-cher. Il est

encore le tenant, & fait aller les affaires de cette dame qui ne sont pas en bon état. Un plaisant a profité de l'occasion du mariage projeté de Mlle. Mazarin avec le comte d'Agenois, fils du duc d'Aiguillon, pour faire imprimer & courir le billet suivant : « M. l'archevêque de Lyon & M. Radix de St. Foix sont venus pour vous faire part du mariage de Mlle. d'Aumont, leur fille & belle-fille, avec M. le duc d'Aiguillon le fils, fi, fi, fi, fi, &c. »

12 *Mars* 1773. M. de Voltaire a fait une réplique au sieur Falconnet, qui a répondu aux probabilités avec tant de succès. Aussi le philosophe de Ferney baisse-t-il beaucoup le ton : il est très-modeste dans cet écrit ; il rend compte des motifs qui l'ont déterminé à défendre M. de Morangiès, & s'en rapporte sur-tout à la sagesse du nouveau tribunal. On voit qu'il a peur des menaces de la consultation, & qu'il veut éviter d'être pris à partie.

13 *Mars* 1773. C'est aujourd'hui que les comédiens François jouent *Alcidonis*, ou *la Journée Lacédémonienne*, en trois actes & en prose, avec des intermedes. Cette piece, imprimée depuis huit ans, a été présentée, il y a dix ans, à cet aréopage, qui jusqu'aujourd'hui a fait languir l'auteur. C'est un homme absolument inconnu. Il se nomme *Lonvay de la Saussaye*, & a 45 ans environ ; il est mal à l'aise, & pour ressource s'est mis prote ou correcteur d'imprimerie. Quoiqu'à la lecture ce drame romanesque soit froid & ennuyeux, les histrions en ont sans doute eu bonne opinion, puisqu'ils ont fait pour deux mille écus de dé-

pense environ, en habits, en décoration, musique, ballets, &c.

26 *Mars* 1773. M. l'abbé de Beauvais est un jeune orateur qui a déja prêché devant le roi un sermon de cene, & S. M. en fut si contente qu'elle lui fit donner sur le champ une pension de 800 livres. Il s'est exercé depuis, s'est encore perfectionné dans son talent, & il reparoît aujourd'hui à Versailles avec un nouveau succès. Il prêche le carême. Deux de ses sermons y ont déja fait grand bruit. Dans le premier, sur la mort, il a osé relever l'adulation mensongere de certains auteurs de papiers publics (le sieur Marin, rédacteur de la gazette de France), qui par une affectation puérile, présentoient une longue énumération de centenaires; comme si la vie des hommes de ce siecle étoit plus longue qu'à l'ordinaire. Il s'est élevé avec force contre la fausse & dangereuse sécurité que pouvoit donner cette idée. Il en a fait voir toute l'illusion, & il a déclaré que l'assertion du prophete du roi, annonçant que la vie de l'homme, au-delà de soixante-dix ans, n'est que misere & calamité, étoit toute aussi vraie de nos jours que de son temps.

Dans un second sermon, il a rappellé au roi le détail des pertes successives qu'il avoit faites. M. le duc de Bourgogne, M. le dauphin, madame la dauphine, la reine; dans les objets les plus chers, a-t-il ajouté, péris successivement à la fleur de l'âge (ses maîtresses). Il s'est étendu sur la retraite de madame Louise, & a exalté la pénitence de cette princesse avec un zele apostolique, mais avec une satire amere de la vie de cour.

Les courtisans ont trouvé ces endroits si forts, qu'ils ont voulu en faire un crime au prédicateur auprès du roi. Mais S. M. a déclaré qu'il faisoit son métier. Il a parlé aussi des malheurs de l'état & de la dépravation des finances, ainsi que de l'abus de l'autorité.

C'est cet aveu du roi qui a favorisé un bruit qui se répand depuis quelques jours de la disgrace de madame la comtesse Dubarri, & de la dévotion dans laquelle le monarque veut donner. Des gens de cour, bien instruits, assurent qu'il n'en est rien.

Du reste, l'abbé de Beauvais est d'une naissance obscure, neveu du garde des archives du clergé; mais il a percé par son mérite, & figure aujourd'hui dans le monde religieux & littéraire.

17 *Mars* 1773. Un anonyme, qu'on croit être un ex-jésuite, a fait une critique du *nouveau Catéchisme du diocese de Lyon*, donné depuis peu par le prélat de cette ville à ses paroissiens pour leur instruction. Cette critique, en forme de dialogue, imprimée sans nom d'auteur, & sans aucune désignation du lieu de l'impression, a été regardée comme un libelle par le savant prélat, & il a donné un mandement portant une condamnation fulminante du livre. On convient cependant que son affectation à citer différents coryphées du parti janséniste, à ne pas être assez précis sur les points fixes de la loi, à en traiter d'autres, équivoques, prêtoit lieu à la censure. Aussi cette querelle fait-elle un grand bruit dans un certain monde théologique; & comme le parti de M. de Montazet n'est pas aujourd'hui le parti domi-

nant, beaucoup de gens s'élevent contre lui & le condamnent.

18 *Mars* 1773. On a été surpris de voir élever à la dignité importante de secretaire perpétuel de l'académie des sciences, M. le marquis de Condorcet, associé ordinaire de cette compagnie, & qui n'a l'honneur d'en être que depuis 1769. Mais une production qu'il a donnée, contenant les éloges des académiciens morts depuis son origine en 1666, jusqu'en 1699, époque où commencent ceux du célebre Fontenelle, a été un motif pour déterminer ce choix, & a servi de preuve non équivoque de son talent en cette partie.

20 *Mars* 1773. Le sieur abbé Sabathier de Castres a fait inférer dans les papiers publics une lettre, où il dément un bruit généralement répandu, que MM. *Freron*, *Palissot*, *la Beaumelle*, *Clément*, *Rigoley de Juvigny*, &c. avoient fourni plusieurs articles à son *Dictionnaire des trois siecles de notre littérature*. Comme il craignoit que certains journaux, & sur tout le *Mercure*, ne fissent des difficultés d'inférer son épître, il a profité de sa faveur auprès de l'archevêque pour faire donner par M. le chancelier un ordre à tous ces écrivains périodiques de la recevoir & d'en faire part au public. Ce nomenclateur doit donner en outre incessamment un supplément, où il réparera ses omissions, & corrigera les erreurs dont il convient.

22 *Mars* 1773. M. Pierre Adamoli, citoyen de Lyon, ancien maître des ports, ponts & passages de cette ville, y est mort le 5 juin 1769. Il cultivoit les sciences, & dans son testa-

ment, en date du 23 octobre 1763, avoit donné des preuves de son zele pour elles. Il a fondé à perpétuité un prix, dont l'objet est l'avancement de l'histoire naturelle & de l'agriculture. Il consiste en un fonds, du produit duquel il doit résulter de deux en deux années deux médailles : la premiere, en or, de la valeur de 300 livres ; l'autre en argent, du prix du 25 livres. Elles seront accordées par l'académie de cette ville, aux auteurs qui, à son jugement, auront le mieux traité le sujet qu'elle aura proposé sur ces matieres.

L'académie a été forcée par des considérations essentielles de différer la publication de ce prix. Elle le fait aujourd'hui, en proposant pour l'année 1774, le sujet suivant.

Trouver des plantes indigenes qui puissent remplacer exactement l'hyppécaquana, le quinquina & le séné.

24 *Mars* 1773. La rixe élevée depuis peu entre le sieur de Sauvigny & le sieur de la Harpe n'aura pas de suite. Le premier, comme poëte de madame Dubarri, a été ménagé ; il a seulement été réprimandé vertement sur son incartade ; & le second a reçu injonction de s'abstenir de parler & d'écrire sur cette aventure : permis à lui de critiquer les ouvrages de son adversaire, mais sans y mêler la moindre personnalité.

25 *Mars* 1773. Il y a une grande rumeur dans le clergé à l'occasion du mandement de M. l'archevêque de Lyon, dont on a déja parlé. Non-seulement il l'a répandu avec profusion dans son diocese, mais il en a inondé la capitale ; ce qui donne lieu de l'examiner & de le discuter. M. l'archevêque de Paris, peu ami de ce

prélat, qui l'a déja mortifié dans plusieurs occasions, à raison de sa suprématie, ne seroit pas fâché de trouver à reprendre dans son ouvrage. Tous les théologiens l'assurent qu'il est entiché de jansénisme : & l'affectation de M. de Montazet de tirer ses citations d'autorités, presque toutes suspectes, d'évêques très-célebres dans le parti, donne lieu à accréditer ces soupçons. En conséquence, on le harcele de toutes parts, & l'on paroît disposer de loin les choses, pour le dénoncer à l'assemblée du clergé de 1775. Un primat des Gaules hérétique! Quel scandale dans l'église! Celui-ci, qui est fort bien en cour, malgré son vernis de jansénisme, se démene & cherche à parer le coup.

26 *Mars* 1773. Il est arrivé depuis peu d'Angleterre en ce pays-ci, un ouvrage nouveau, en deux volumes, intitulé : *la Vérité, ou les Mysteres du Christianisme approfondis radicalement, & reconnus physiquement vrais.* On sent aisément que ce titre est ironique, & qu'il en faut prendre le contrepied.

29 *Mars* 1773. On avoit voulu imprimer ici *les Capitulaires de Baluze*, c'est-à-dire, un recueil des capitulaires de nos rois, rassemblés & commentés par ce savant ; ouvrage fort essentiel dans ces circonstances, puisqu'il est la base de la constitution Françoise, & peut servir beaucoup à l'éclaircissement des points contestés. M. le chancelier a jugé qu'il étoit dangereux de laisser connoître un pareil livre, trop contraire aux principes qu'il vouloit établir. Il s'est opposé à cette entreprise. Des éditeurs courageux ont imaginé d'aller à Lausanne, y travailler; & l'on s'attend à voir incessamment

paroître ce recueil très-précieux & non moins ennuyeux.

31 *Mars* 1773. La nommée Gabrielle-Genevieve Fargès, femme de Louis-Jacques Boudin, peintre-doreur, accusé d'adultere par son mari, & qui a été condamnée au châtelet, a interjeté appel, & l'affaire est aujourd'hui pendante à la tournelle, où elle se poursuit avec beaucoup de vivacité. L'époux malheureux vient d'exposer la honte de sa situation dans un mémoire de plus de 100 pages *in-*4°. Il entre dans les plus grands détails de sa turpitude, & combat la défense de l'accusée, ainsi que le plan qu'elle a établi du local, pour prouver l'impossibilité physique qu'on l'ait vue commettre le crime. Cette cause offre des situations bien propres à piquer la curiosité des lecteurs & fait rechercher les mémoires, où, pour la décence, on est obligé de mettre quantité de passages en latin. On dit que Me. Linguet va s'égayer, en prenant la défense de la femme, qui prête aux sarcasmes & à la plaisanterie.

1 *Avril* 1773. Me. Linguet a exercé sa plume dans la cause d'adultere dont on vient de parler. Il a fait un précis en faveur de la femme, où il s'égaie aux dépens du mari. Il faut avouer cependant qu'il n'a pas tiré de la cause tout le parti possible, & qu'il n'est pas aussi propre à la plaisanterie légere qu'exigeoit un pareil sujet, qu'à verser l'amertume de son fiel, à percer de traits sanglants & vigoureux dans les causes majeures, où il peut donner carriere à toute sa méchanceté.

4 *Avril* 1773. Malgré les divers obstacles qu'a

éprouvées le projet du sieur Liegeon pour son nouveau plan de comédie Françoise, il chemine; il est fixé à 1,400,000 livres par an; ce qui en détermine la confection en trois ans, les 200,000 livres en arriérées pouvant y rester facilement. Depuis le conseil tenu extraordinairement, où le roi dit: « voilà pour la troisième fois qu'on m'a proposé ce projet! J'ai déja dit que je voulois qu'il eût lieu, & que le sieur Liegeon en suivît l'entreprise: qu'on ne m'en parle plus; » le contrôleur-général s'est concilié avec l'architecte, & ce dernier a eu plusieurs fois l'honneur de travailler avec lui.

5 *Avril* 1773. Jamais les tribunaux n'ont retenti de tant de causes singulieres & scandaleuses. Un certain avocat, de Thouars en Poitou, nommé *de la Godiniere*, accuse aujourd'hui un pere *Louis Roure*, chanoine régulier, prêtre, profès de la congrégation de France, d'avoir fait un enfant à sa femme. *Abstinui, & tamen concepit*, dit-il dans sa lettre du 4 mars 1768, à l'abbé de Ste. Genevieve, pour lui demander justice de ce religieux. Ce procès, qui a traîné en longueur depuis lors, est pendant à la tournelle & réveille la curiosité du public, qui prend plaisir à voir des moines inculpés de galanterie. A en croire cependant Me. de Bruys, défenseur de celui-ci, il est très-innocent; mais il ne soutient pas la partie avec une éloquence bien propre à en imposer; & les rieurs qui ont admiré au palais les larges épaules de ce Génovefain, trouvent qu'elles sont un furieux indice contre lui.

6 *Avril* 1773. M. l'évêque de Langres est nom-

mé pour annoncer l'oraison funèbre du feu roi de Sardaigne, au catafalque qui, suivant l'usage, doit être élevé dans l'église de Notre-Dame, en l'honneur de cette majesté.

7 *Avril* 1773. Outre le mémoire pour le pere Roure, dans la nouvelle cause d'adultere, pendant au palais, il y en a un pour la dame Trouin de la Godiniere, accusée par son mari d'avoir commis ce crime avec ce religieux. Il est d'un jeune avocat, nommé *Marmotant*, qui annonce déja un talent prématuré. Il a déployé dans cet écrit une éloquence tendre, douce, insinuante, bien propre à lui concilier les juges & le public. Après avoir parcouru les nullités de la procédure tenue jusqu'à présent, il établit ensuite que la plainte en adultere n'est ni admissible ni fondée. La grande raison est la même que celle de la femme Fargès : c'est que le mari a couché avec sa femme depuis le prétendu crime d'adultere.

8 *Avril* 1773. On est dans l'attente des rentrées des deux académies des sciences & des belles-lettres pour juger de l'éloquence des deux nouveaux secretaires. C'est M. le marquis de Condorcet qui doit ouvrir la séance dans la premiere, & M. Dupuy dans la seconde. On connoît le talent du nouvel officier de l'académie des sciences. Quant à celui de l'académie des belles-lettres, c'est un savant qui n'a fait encore aucune preuve dans le genre en question.

13 *Avril* 1773. M. l'abbé de Beauvais finit à la cour son carême avec autant de courage qu'il l'a commencé. Il ne paroît pas au surplus que la grace y ait beaucoup opéré, mal-

gré son éloquence. Il a donné lieu seulement à plusieurs bons mots, entr'autres à un du maréchal duc de Richelieu qui mérite d'être cité. Un jour que ce prédicateur avoit tonné fortement contre les vieillards vicieux qui conservent encore au milieu des glaces de l'âge les feux impurs de la concupiscence, le roi, en apostrophant ce seigneur paillard après le sermon, lui dit: « Eh bien, Riche-
» lieu, il me semble que le prédicateur a jeté
» bien des pierres dans votre jardin? —— Oui,
» Sire, a répondu ce vieux renard, si fortement
» qu'il en est rejailli jusques dans le parc de Ver-
» sailles. »

14 *Avril* 1773. Le docteur Vernage, médecin très-renommé, & célébré par monsieur de Voltaire dans un de ses discours philosophiques en vers, vient de mourir. Son enterrement s'est fait hier avec une pompe peu commune. Toute la faculté y a assisté *in fiochi*, & le reste du convoi répondoit à cette magnificence. Il avoit resté long-temps garçon, & s'étoit retiré. Depuis il étoit devenu amoureux de Mlle. Quillemont, jeune personne de condition, sans fortune: il l'avoit épousée, & pour satisfaire au luxe de cette nouvelle compagne, il avoit repris les fonctions de son état, malgré l'extrême jalousie qu'il en avoit conçue. C'étoit un grand praticien, qui n'a jamais écrit. Il laisse 30,000 livres de rentes à sa femme, 25,000 livres de rentes à son beau-frere, & une fortune considérable encore à ses héritiers.

15 *Avril* 1773. Le mausolée du maréchal de Saxe, dont on a parlé plusieurs fois, est enfin au degré de perfection auquel l'artiste vouloit le

porter. Les amateurs s'empressent d'aller admirer, pour la derniere fois, ce superbe monument, qu'on voit partir à regret pour Strasbourg, & que le public auroit désiré posséder dans cette capitale.

16 *Avril* 1773. Par un édit donné à Versailles au mois de mars, on supprime l'office de roi, & maître de menétriers, joueurs d'instruments, tant hauts que bas dans le royaume, sur la démission pure & simple que le sieur Guignon, qui occupoit cette place, a supplié sa majesté d'agréer.

La suppression est motivée sur ce que l'exercice des pouvoirs & priviléges, généralement attribués à cette charge, que le susdit s'est abstenu de mettre en usage, paroît nuire à l'émulation si nécessaire au progrès de l'art de la musique, que l'intention du roi est de protéger de plus en plus.

18 *Avril* 1773. Il n'est pas qu'on n'ait entendu parler d'une histoire de la révolution derniere de la la Russie, écrite par M. de Rulhieres, témoin de cette catastrophe.

Cette histoire ne sera imprimée de long-temps, par des raisons politiques, & par une promesse expresse qu'en a fait cet écrivain à l'ambassadeur de l'impératrice. Mais il se prête volontiers à la lire à ses amis, & aux curieux qui veulent l'entendre. Quelqu'un a parlé de cet ouvrage à monsieur le comte de Provence. Ce prince a voulu le connoître, & l'a fait mander à l'auteur. M. de Rulhieres s'est défendu de l'envoyer, par la raison donnée ci-dessus, mais a répondu qu'il étoit aux ordres de son altesse royale, & auroit l'honneur de lui en faire lecture quand elle voudroit. Elle a eu lieu au jour indiqué par le prince. Comme l'historiographe en sortoit, il a reçu injonction de passer chez monsieur le duc d'Aiguillon. Ce ministre lui a fait des reproches sur la démarche qu'il venoit de faire sans lui en faire part, & a fini par lui demander son manuscrit. L'auteur s'est défendu sur l'un & l'autre point avec fermeté, & n'a pas même été intimidé de la Bastille, dont l'a menacé le duc. Il a crû devoir en rendre compte à monsieur le comte de Provence, qui l'a reçu, lui a dit qu'il le prenoit sous sa protection, & le faisoit son secretaire ordinaire. Cependant monsieur le duc d'Aiguillon a écrit à monsieur le lieutenant de police, & lui a enjoint de mander monsieur de Rulhieres avec son manuscrit, & d'en exiger la remise. L'écrivain a fait le même refus, & l'a de plus écrit, en le motivant, comme il l'avoit fait au ministre. Il en a envoyé copie au prince, son protecteur, qui a mandé monsieur de Sartines le vendredi-saint, & lui a manifesté d'une façon plus authentique la faveur dont il honoroit monsieur de Rulhieres; ce qui paroît avoir mis fin aux vexations dont on le tourmentoit.

19 Avril 1773. Monsieur le lieutenant-général de Police a fait faire l'essai des rossignols merveilleux, dont on parle à l'occasion des vols fréquents arrivés depuis peu dans cette ville, qui s'alonge, se raccourcissent, se recourbent, se redressent, & prennent toutes les formes qu'on veut. Ils ouvrent tout ses tes de serrures, & celle de sa porte cochere à trois tours & de l'espece la plus compliquée, n'a pu résister à la subtilité du passe-par-tout en question. Cette découverte jette la consternation dans

Paris, & fait reprendre l'ufage des verroux, qu'on avoit profcrits comme antiques, & préfentant un vilain coup-d'œil. Tous les ferruriers font occupés à en faire, & c'eft à qui pourvoira le plutôt à fa fûreté.

21 *Avril* 1773. Monfieur Diderot ne pouvant réfifter aux follicitations de l'impératrice des Ruffies, fe difpofe enfin à fe rendre auprès de cette fouveraine, mais pour lui préfenter fes hommages feulement, & dans l'efpoir de revenir bientôt dans fa patrie. Il doit aller d'abord en Hollande, ou l'on efpere qu'il fera valoir les manufcrits crouftilleux qu'il pourroit conferver dans fon portefeuille. On eft fâché qu'il ait brûlé une certaine lettre fur l'athéifme, qu'il avoit écrite à mademoifelle Clairon, & dont celle-ci, effrayée d'être qualifiée difciple d'une pareille doctrine, exigea le facrifice. Il jeta le manufcrit au feu devant elle, mais on ne doute pas qu'il n'en ait confervé une copie.

22 *Avril* 1773. Le public a vu avec plaifir, mercredi dernier, à la rentrée publique de l'académie des fciences, le portrait du roi de Suede, dont fa majefté qui a honoré cette compagnie de fa préfence, lors de fon féjour ici, lui a fait préfent en témoignage de fon fouvenir. On n'a pas été moins flatté d'y trouver le bufte de monfieur de Maupertuis, que monfieur de la Condamine a envoyé auffi à l'académie Françoife. Monfieur de Condorcet n'eft point encore entré en poffeffion de fes nouvelles fonctions, & c'eft toujours M. de Fouchy qui a continué à remplir la place de fecretaire, le premier étant en campagne. Il faut obferver que monfieur de Condorcet

est encore fort jeune. C'est un éleve de monsieur d'Alembert, qui fait infiniment d'honneur à son maître.

23 *Avril* 1773. On parle beaucoup d'une tragédie du *Connétable de Bourbon*, par M. de Guibert, le sublime auteur du discours préliminaire de *l'Essai sur la Tactique*. Ce jeune militaire ne peut se refuser aux sollicitations de ses amis, qui lui en demandent la lecture ; & derniérement, dans une maison où il ne devoit se trouver que deux ou trois voisins, il se vit honoré d'un cercle de cent cinquante personnes. En sorte que tout Paris la connoîtra bientôt successivement. On ne croit pas qu'elle puisse jamais être mise sur la scene. Elle fait un bruit du diable par les hardiesses dont elle est susceptible, & que son auteur a fait valoir avec toute la vigueur de son génie.

24 *Avril* 1773. La majorité du régiment d'Anhalt vient d'être donnée avec un traitement extraordinaire à M. le baron de Pirch, originaire d'une famille illustre de la Poméranie Prussienne, que des raisons particulieres ont engagé à venir servir en France. Il est entré d'abord comme capitaine de dragons à la suite de la légion de Corse. Cet officier a eu l'honneur d'être présenté au roi la semaine derniere : il l'a été aussi à la famille royale. On parle très-avantageusement de ce jeune étranger, qui vient de faire un ouvrage particulier sur la tactique, & l'a remis à M. de Monteynard.

25 *Avril* 1773. L'académie royale des belles-lettres est furieuse contre son secretaire, qui manquant à la dignité de ce corps, s'est servi dans l'éloge de M. Bignon de plusieurs expressions peu convenables. Le mot de *protéger*, en

parlant du respect que ce prévôt des marchands devoit avoir pour elle, a sur-tout révolté. Ce qu'il a dit du fils, *le seul espoir de sa famille, des lettres & de la compagnie*, n'a pas moins scandalisé, & plusieurs membres en ont dit leur avis à monsieur Dupuy. On observe à cet égard combien il est inconséquent d'exiger qu'aucun membre particulier ne lise un mémoire sans l'avoir soumis à l'examen de l'académie, & que le secretaire ait celui de prononcer des éloges, plus susceptibles d'écarts, de détails dangereux, ou de réflexions à supprimer, sans en avoir donné aucune part. C'est cet abus contre lequel on réclame & qu'on voudroit faire supprimer.

25 Avril 1773. Il est question de faire des changements dans les phares ou feux entretenus sur les côtes pour la sûreté des vaisseaux revenant des voyages de long cours. On veut les perfectionner, & sur-tout économiser sur la dépense de ces fanaux, qui coûtent fort cher. Le sieur Bourgeois de Château-Blanc, qui est chargé de l'illumination de Paris, & qui, après avoir fait une étude suivie & constante des lanternes, y a acquis des connoissances particulieres, en a imaginé une propre aux usages maritimes en question. On en a fait aujourd'hui l'expérience à l'observatoire, & elle doit durer quinze jours. Elle est composée de huit meches à franges, c'est-à dire larges de deux pouces. La lanterne est à reverbere. La lumiere est si vive qu'elle se voit de sept lieues. Il est question d'examiner si les diverses températures de l'air ne pourront point y faire tort.

27 Avril 1773. Mlle. de Raucoux a joué dans

Didon, avec les applaudissements soutenus qu'elle a toujours reçus.

On parle de donner incessamment à la comédie françoise la tragédie de *Térée & Philomele*, du sieur Renou, peintre, agréé de l'académie, devenu poëte par une anecdote assez singuliere. Le sieur le Mierre dissertant sur la tragédie devant lui, prétendoit qu'on ne sauroit mettre trop de tableaux, c'est-à-dire, trop de coups de théatre en tragédie. Le sieur Renou traitoit alors en peinture le sujet de sa piece actuelle : « Eh » bien, puisque vous allez sur nos brisées, nous » irons sur les vôtres ; & moi, je veux mettre ce » tableau en tragédie. » Ce qu'il a fait. Le pubic décidera s'il est meilleur poëte que peintre.

28 *Avril* 1773. M. de Chamousset vient de mourir. C'etoit un citoyen qui avoit rêvé toute sa vie au bien public. On dit *rêvé*, parce que peu de ses projets s'étoient réalisés. Le seul de la petite poste a réussi & subsiste. Comme tous les faiseurs de spéculation, il avoit mangé à ce métier une partie de son bien. Il laisse encore beaucoup de papiers à mettre en ordre, & peut-être y trouvera-t-on quelques idées plus heureuses.

28 *Avril*. Une brochure, nouvellement arrivée d'Angleterre, fait grand bruit ici dans le monde politique. Elle a pour titre : *L'insuffisance des pretentions de sa majesté Prussienne sur la grande Pologne, démontrée, avec une préface de l'éditeur, pour servir d'introduction*. C'est cette préface qui cause le plus de scandale. Elle est écrite avec une fierté républicaine : on y prétend dévoiler la politique du roi de Prusse, qu'on regarde comme le moteur de tout ce qui se passe aujourd'hui. C'est lui, suivant l'écrivain, qui sentant ne pou-

voir exécuter son projet d'agrandissement sans exciter la jalousie des puissances voisines, a imaginé le projet de partage, & a divisé le gâteau pour mieux s'assurer sa portion. On y trouve un portrait de l'état actuel de la France, d'une grande vérité ; & en général cette préface est écrite avec beaucoup de noblesse, de raison & d'enthousiasme.

Les pièces qui composent le recueil, sont : *Réflexions d'un gentilhomme de la grande Pologne. Précis des recherches sur la Poméranie, & les Recherches sur la nouvelle Marche.* Tous écrits où l'on veut en démontrer l'injustice, & où l'on répond aux divers écrits publiés au nom de ce monarque, & insérés dans les gazettes étrangeres.

29 Avril 1773. L'expérience des grosses lanternes à reverbere, qu'on veut substituer aux feux allumés sur les côtes, réussit à merveille. On les apperçoit de huit lieues. Mais comme les nuits sont belles & sereines, on ne peut encore juger si dans les brouillards, dans les nuits obscures & profondes, elles produiront le même effet.

1 Mai 1773. Un avocat nommé Desessarts, attaché à monsieur l'avocat-général Vergès, profitant de l'époque du renouvellement de la magistrature dans tout le royaume, vient de commencer un *Journal des causes célebres, amusantes & intéressantes des diverses cours souveraines du royaume.* Le premier volume paroît & n'est point mal écrit. Cet ouvrage, qui doit avoir environ huit volumes par an, peut être fort instructif pour les jeunes magistrats, car il doit contenir non-seulement l'historique des faits, mais le résumé des plaidoyers des avocats-généraux, les arrêts & les motifs qui ont pu les déterminer. On pourra faire un parallele avec la jurisprudence de l'ancienne magistrature.

2 Mai 1773. Me. Falconnet vient de faire paroître une *réplique aux observations de Me. Linguet en faveur du comte de Morangiès*, où il articule des faits importants & qui tendroient à la conviction du coupable, & même à inculper son défenseur dans la subornation des témoins. Il y a beaucoup de force & de logique dans cette premiere partie.

Dans la seconde, le jeune orateur se permet plus de sarcasmes, tant contre son confrere, que contre M. de Voltaire. Il témoigne sur-tout son indignation contre la rage avec laquelle le premier a dénoncé le mémoire dudit Falconnet au ministere public comme un libelle : sa fureur s'exhale en cette occasion, & il rappelle à son rival les diverses anecdotes scandaleuses de sa vie, & principalement celles qui ont empêché si long-temps l'ordre des avocats d'inscrire le candidat sur le tableau. Il étoit question de cent louis que monsieur Dorat accusoit Me. Linguet de lui avoir escroqués dans le temps où ils vivoient, demeuroient ensemble, & avoient un secretaire commun : au moyen de quoi Me. Falconnet ne trouve pas étonnant que Me. Linguet prenne en main la cause d'un autre escroc. M. Dorat, au surplus, eut la charité de donner à l'accusé un certificat, dans lequel il nioit le fait. Indépendamment de ces faits graves & connus de tout le monde, le jeune avocat mêle quelquefois de très-bonnes plaisanteries parmi quantité d'autres qui ne valent rien.

3 *Mai* 1773. Une nouvelle actrice doit débuter après demain aux François dans les rôles de mademoiselle d'Oligny. Elle commencera par celui de *Junie* dans *Britannicus*. A en juger par son attrait pour l'art de la déclamation, elle doit réussir : il est tel, qu'elle a vendu environ pour dix à douze mille francs de biens-fonds qu'elle avoit en Champagne, pour acheter & se faire faire des habits de théatre.

4 *Mai* 1773. Mlle. Dubois, éprise d'un amour violent pour le sieur d'Auberval, qui, ralenti de temps en temps depuis dix ans, se réveille par intervalle avec plus de force, aujourd'hui qu'elle a décidément quitté la comédie, voudroit mettre une fin à ses débauches, & vivre bourgeoisement dans une douce union conjugale avec cet amant chéri, dont elle prétend avoir un gage précieux en un enfant qu'elle éleve. Elle a profité des bontés qu'a pour elle madame la comtesse Dubarri : elle a épanché son ame dans son sein ; elle l'a suppliée de vouloir bien interposer son autorité pour une si bonne action : elle lui a rendu compte de sa fortune, elle lui a fait voir que ce danseur ne feroit point une si mauvaise affaire. La comtesse a bien voulu se prêter à la négociation ; elle a envoyé chercher le sieur d'Auberval, qu'elle protege & qui l'amuse ; elle lui a prescrit ses volontés. Celui-ci s'en est défendu sur ce qu'il n'avoit jamais eu un goût bien décidé pour l'actrice ; sur ce que la passion de celle-ci avoit été fort équivoque & fort intermittente, & que ce petit garçon dont elle vouloit bien le déclarer le pere, pouvoit appartenir à vingt autres comme à lui. Madame Dubarri a eu égard aux représentations du danseur & ne l'a plus pressé. Mais toujours bien disposée en sa faveur.

& voulant le rendre heureux, elle lui a proposé de lui donner mademoiselle de Raucoux. Il s'est également refusé à cette invitation. On n'en admire pas moins la bienfaifance de la comtesse, qui daigne entrer dans de pareils détails.

5 Mai 1773. Les lettres-patentes concernant l'érection de la nouvelle salle de comédie Françoise, sont enfin expédiées & remises ès mains du procureur-général, pour en requérir l'enrégistrement en la grand'chambre. Il faut une constance étrange pour résister à tous les obstacles.

5 Mai. Monsieur l'abbé de Beauvais ayant fini avec succès son carême, on préfumoit qu'il feroit amplement récompensé de son zele apostolique ; on parloit de lui donner l'évêché de Quimper : il ne l'a pas eu. On croit même que messeigneurs feront tous leurs efforts afin de ne l'avoir pas pour confrere. Ils le trouvent entaché d'un péché originel de grande conféquence parmi eux ; ils lui reprochent d'être neveu du garde des archives du clergé : ils verroient avec peine une croix d'or sur la poitrine de ce parvenu.

5 Mai. Il nous est arrivé de Geneve un gros volume qui atteste la pleine existence de monsieur de Voltaire. Il est intitulé : *les Loix de Minos, Tragédie, avec les notes de M. de Morza, & plusieurs pieces curieuses détachées*. L'ouvrage est précédé d'une épître dédicatoire à monsieur le maréchal duc de Richelieu, doyen de l'académie Françoise. On y trouve toutes fortes de choses en l'honneur & à la gloire du philosophe de Ferney, entr'autres une lettre du roi de Prusse, une autre de l'impératrice des Russies. Il est à préfumer que cet auteur pseudonyme est lui-même l'éditeur de

cette collection, ou du moins que le recueil s'est imprimé sous ses yeux.

6 Mai 1773. Dans la derniere assemblée publique de l'académie des sciences, monsieur de la Lande devoit lire un mémoire beaucoup plus curieux que ceux qui ont été lus; ce qu'il n'a pu faire par défaut de temps. Il rouloit sur les cometes qui peuvent, en s'approchant de la terre, y causer des révolutions, & sur-tout sur la plus prochaine, dont on attend le retour & qui doit reparoître dans dix-huit ans. Mais quoiqu'il ait dit qu'elle n'est pas du nombre de celles qui peuvent nuire à la terre, & qu'il ait d'ailleurs observé qu'on ne sauroit fixer l'époque de ces événements, il en a résulté une inquiétude qui s'est répandue de proche en proche & qui, accréditée par l'ignorance, a donné lieu à beaucoup de fables débitées à ce sujet. Les têtes de nos petites-maîtresses se sont exaltées, & l'on a beaucoup de peine à calmer ces imaginations effrayées. Pour rendre la tranquillité aux peureux, on doit mettre demain dans la gazette de France une annonce modérée du mémoire en question.

7 Mai 1773. *La politique naturelle, ou discours sur les vrais principes du gouvernement, par un ancien magistrat, avec cette épigraphe* : Vis consilii expers mole ruit suâ. 2 *volumes.* Tel est le titre d'un ouvrage arrivé depuis peu d'Angleterre, & qu'on annonce comme de monsieur *Helvetius.* Le premier projet avoit été de le dédier au roi de Prusse; mais il paroît que ce prince n'a pas voulu accepter cette dédicace. On vouloit, à son refus, y mettre le nom de l'impératrice des Russies. Des raisons de bienséance l'ont aussi empêché d'accepter cet hommage. Enfin il

ne se montre que sous les auspices de son mérite intrinseque, & l'on verra par ce qu'il contient, qu'il n'étoit guere admissible par aucun souverain. C'est un excellent ouvrage qui mérite qu'on y revienne d'une façon plus détaillée.

7 Mai 1773. Le Mémoire nouveau de Me. Falconnet, qu'on avoit annoncé, a tellement irrité les partisans du comte de Morangiès, & sur-tout sa famille, qu'ils ont interposé l'autorité de la police pour en arrêter la distribution. Ce jeune orateur réclame contre la défense, & voudroit ameuter l'ordre des avocats, dont c'est violer les privileges dans la personne d'un de ses membres.

7 Mai. La nouvelle actrice a débuté avant-hier avec succès dans le tragique & dans le comique. Elle faisoit dans *Britannicus* le rôle de *Junie*, & celui de la *jeune Indienne* dans la comédie de ce nom. Mais comme ce dernier est triste & larmoyant, on ne peut dire encore qu'elle possede les deux genres. Il faut la voir dans une piece qui prête davantage au comique.

8 Mai 1773. Ce qui a principalement occasioné la suspension du mémoire nouveau de Me. Falconnet, c'est une phrase, où il rappelle une anecdote injurieuse à la mémoire du pere de M. de Morangiès: « Etes-vous fils, (dit-il à ce dernier) » des Bayards, des Du Guesclin? Non, vous » êtes le fils *du défenseur de Minden.* » Or cette défense de Minden, dont étoit chargé le marquis de Morangiès, lieutenant-général, est l'opprobre de sa vie, puisque la reddition honteuse de cette place pensa lui faire perdre la tête, s'il eût été mis au conseil de guerre, comme le cas le requéroit. On exige un carton à cet endroit &

www.ingramcontent.com/pod-product-compliance
Lightning Source LLC
Chambersburg PA
CBHW071516160426
43196CB00010B/1545